U0613464

城市图书馆
文化与交往

首都图书馆 编

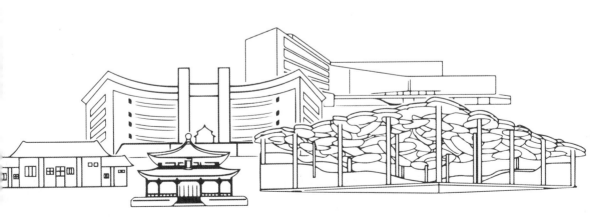

国家图书馆出版社

图书在版编目（CIP）数据

城市图书馆文化与交往 / 首都图书馆编. -- 北京：国家图书馆出版社，2024.11. -- ISBN 978-7-5013-8299-6

I. G258.22

中国国家版本馆CIP数据核字第2024Z5C132号

书　　名　城市图书馆文化与交往
　　　　　CHENGSHI TUSHUGUAN WENHUA YU JIAOWANG
著　　者　首都图书馆　编
责任编辑　高　爽　张亚娜
助理编辑　何逸竹
封面设计　胡玉林　潘　哲

出版发行　国家图书馆出版社（北京市西城区文津街 7 号　　100034）
　　　　　（原书目文献出版社 北京图书馆出版社）
　　　　　010-66114536　63802249　nlcpress@nlc.cn（邮购）
网　　址　http://www.nlcpress.com
排　　版　北京德彩汇智图文设计有限公司
印　　装　河北鲁汇荣彩印刷有限公司
版次印次　2024年11月第1版　2024年11月第1次印刷

开　　本　710×1000　1/16
印　　张　16.25
字　　数　255千字
书　　号　978-7-5013-8299-6
定　　价　98.00元

版权所有　侵权必究

本书如有印装质量问题，请与读者服务部（010-66126156）联系调换。

编 委 会

主　　　任：毛雅君　许　博
副　主　任：李念祖　刘　朝　张　娟　谢　鹏　刘思琪

主　　　编：毛雅君
执 行 主 编：刘　朝

编　　　委（按姓氏笔画排序）：
　　　　　　刘　杨　李凌霄　张震宇　陈　琼　贾　蕾
　　　　　　高　莹　潘　淼

编　　　辑（按姓氏笔画排序）：
　　　　　　王　宁　王岩玮　刘禹伶　芦　捷　芦　硕
　　　　　　李　靓　李木子　李晓晔　郑思远　董　玥
　　　　　　虞　敏

前　言

图书馆是国家文化发展水平的重要标志，是滋养民族心灵、培育文化自信的重要场所。图书馆存在于社会之中，服务于社会需求，助力社会进步，并伴随着社会发展而不断创新。2023 年 10 月，在北京召开的全国宣传思想文化工作会议，首次正式提出习近平文化思想，并强调，要把围绕在新的历史起点上继续推动文化繁荣、建设文化强国、建设中华民族现代文明，作为新的文化使命。城市图书馆的创新与高质量发展，是文化繁荣在公共文化服务领域的重要承载，也是图书馆人建设文化强国，承担新的文化使命的集中体现。

进入新时代，我国图书馆事业迎来全面迈向高质量转型发展的新时期，城市图书馆新馆建设引人瞩目、方兴未艾。山西省图书馆长风馆、江西省图书馆凤凰洲馆、上海图书馆东馆、浙江图书馆之江馆、深圳图书馆北馆等一批省级、副省级新馆相继建成开放。新场馆、新理念、新服务彰显了中国式现代化全面推进中的文化自信、传承力量和创新潜能。

2023 年岁末，北京城市图书馆开馆运行。绿心赤印、璀璨绽放，立足北京副中心、辐射京津冀，以"临山间　于树下　勤阅览"为建筑设计理念，打造城市中的"森林书苑"，成为首都文化设施的"顶流"。秉承当今世界最先进的公共文化服务理念，北京城市图书馆创下世界最大单体图书馆阅览室、世界首例超高自承重式玻璃幕墙结构建筑等 2 个"世界之最"；揽获国内藏书量最大的智能化立体书库、国内第一个综合性非遗文献阅览空间、国内专业化艺术文献馆、国内面积最大的少儿室外阅读活动空间、国内首台自助借阅的公园巡航机器人等 5 个"国内第一或首创"。融汇沉浸互动、智慧互联等新服务，充分展示全国文化中心文化建设成果与人文气象。

以北京城市图书馆开馆为契机，为促进城市图书馆文化交流与学术研究，推动公共图书馆事业高质量发展，首都图书馆推出"城市图书馆文化与交往"学术论坛系列活动。

2024年初，开展主题征文，短短2个月时间收到来自全国20余个省市的公共图书馆、高校图书馆、图情研究单位及其他社会各界人士的论文122篇。这些论文深入探讨了全国各地城市图书馆在建设与服务方面的丰富实践，以及图书馆界同人对城市图书馆未来发展的深刻洞察与理性思考。经过专家组的评审，最终评选出优秀论文22篇。

6月24日至25日，举办"城市图书馆文化与交往"暨"新质生产力赋能公共文化高质量发展"学术会议，邀请业界专家、知名学者围绕城市图书馆文化与交往发展中的热点问题、实践创新、研究成果等进行分享和交流，探寻更优质、更有效、更具前瞻性和引领性的新时代图书馆服务，以期推动城市公共文化服务的高质量发展，为构建新的城市图书馆发展格局，推动中国式现代化发展和文化强国建设提供图书馆独特的文化动力。

本论文集由专家报告和优秀论文两部分组成。其中，专家报告6篇，按照学术论坛报告顺序排序；优秀论文22篇，按照论坛分主题和第一作者姓氏笔画顺序排序。所收论文均已获得作者授权许可。

新时代以来，以习近平同志为核心的党中央高度重视文化改革发展，把文化建设作为中国特色社会主义"五位一体"总体布局的重要内容，对其作出战略部署。2024年7月，党的二十届三中全会锚定2035年基本实现社会主义现代化目标，对深化文化体制机制改革作出专门部署。《中共中央关于进一步全面深化改革、推进中国式现代化的决定》指出，必须增强文化自信，发展社会主义先进文化，弘扬革命文化，传承中华优秀传统文化，加快适应信息技术迅猛发展新形势，培育形成规模宏大的优秀文化人才队伍，激发全民族文化创新创造活力。

公共图书馆界将深入学习贯彻党的二十届三中全会精神，把全会精神同事业发展与实际工作相结合，立足新起点、勇担新使命，在对城市图书馆的理论研究和实践探索中顺应变革、与时俱进，积极运用并促发新质生产力，深化文化和旅游领域改革，全力以图书馆事业高质量发展助推社会主义文化强国建设再上新台阶！

编者

2024年9月

目　录

公共图书馆发展战略与前景规划

终身学习服务体系研究

图书馆跨界融合服务模式的实践创新

元宇宙时代的智慧图书馆建设的机遇与挑战

图书馆非遗保护和传承的路径探索

新一代图书馆的探索与实践

吴建中（澳门大学图书馆）

2019 年 10 月 4 日，美国《大西洋月刊》刊发了一篇题为《高校学生只想要普通的图书馆：高校一直致力于重塑高校图书馆，但学生只想要普通图书馆》的文章。专栏作者 Alia Wong 对近期各高校图书馆豪华且炫目的装饰质疑，认为诸如数字墙、概念实验室等都不是学生真正想要的，觉得大部分的浮华只是浮华而已，她认为学生最看重的是图书馆提供的简单、传统的服务，即提供一个安静的学习或合作研讨、能打印研究论文以及获取书籍的场所[1]。

文章刊出后引起众多讨论。一位对图书馆建筑有研究且参与过项目的设计师 Luke Voiland，于 10 月 18 日在其博客文章《作为知识基础设施的当代图书馆》（"The Contemporary Library as Knowledge Infrastructure"）中说了这样一段话："该文的怀旧情绪似乎有点走偏……图书馆不仅需要继续提供文中提到的简单功能（获取信息和学习的便利），而且还必须在新知识的生产中发挥核心作用。在今天的数字时代，这种生产正在发生根本性的转变……过去，信息验证、存储和访问通过印刷物在图书馆中进行，而现在，这些信息已分散于各种不同设备、技术和空间中。新知识的生产仍然需要有组织地获取信息，而图书馆是履行这一职能的主要机构……我们相信图书馆（包括图书馆员）现在是、将来也是继续帮助我们导航信息和获取知识的物理和社会基础设施。"[2]

这位非图书馆专业人士的专业洞察力令人敬佩。作者给予我们两点启示：一是积极拥抱创新，有些新的尝试未必完美，但为未来转型提供了经验和教训。作者引用詹姆斯·格雷克（James Glick）在《信息简史》中的一段话：每一种新的信息技术，都会在各自的时代引发储存和传播的繁荣。印刷术带来了新的信息组织方式，如字典、百科全书、年鉴以及各种汇编和分类等[3]。他提醒，在今天的信息环境下，我们不要简单地复制过去的成功模式，而是要有兼容的心态并积极参与一些实验，看看它们会为我们带来什么。二是重视知识基础设施建设。"如果图书馆是重要的基础设施，那么识别新的馆藏和媒体就需要开展实验和创新。"[4]新一代信息技术同样为我们带来了新的信息组织方式，有些是传承的，有些是创新的，也有很大一部分则充满了未知，这需要我们对新生事物有很大的包容度。

这些年来，我们一直在探讨图书馆的未来。大学图书馆的未来比较明确，很多图书馆都在朝着"图书馆作为知识基础设施"的方向走，但公共图书馆很不明朗，可以说，我们面临着很多新的挑战。国际图书馆协会和机构联合会（以下简称"国际图联"）于 2024 年 3 月发表的《国际图联趋势报告（2023 年更新版）》中提出了 12 个需要关注的风险：①在瞬息万变的世界中，图书馆越来越被视为无关紧要；②社区驱动型基础设施的价值和信息促进发展的价值越来越被低估；③在许多国家，公共支出和投资空间正在收紧；④更加多样化的社会使提供普遍服务和实现公平变得更加复杂；⑤对数字空间的监管正在加强，但鲜少考虑图书馆对支持发展有何影响；⑥世界局势的不确定性使图书馆提供服务更具挑战；⑦在建立促进发展的伙伴关系方面存在着持续不断的障碍；⑧公共服务投资的不平等使得地域不平等更为严重；⑨图书馆和情报工作者被视为辅助人员，而不是发展行动者自身；⑩全球化仍在继续，对信息获取提出了新的要求；⑪尽管互联互操作性有所改善，但数字鸿沟依然存在且越来越严重；⑫我们忙于应对危机，无暇进行战略思考[5]。公共图书馆发展趋势的不明朗使得我们很难做出正确的判断和决策。

我今天的主题是新一代图书馆的探索与实践，所谓新一代不是指下一代，而是需要我们亲身经历和直接参与。我将从三个方面展开。第一，重视知识资源建设，实现全媒体资源管理；第二，在参与读者解决问题的过程中，成为他们可信赖的合作者；第三，从提供信息到提供知识服务，着力为读者及用户提升有利于培育学习力和创造力的新环境，即全媒体、全过程和新环境。

1 重视知识资源建设，实现全媒体资源管理

由于高校图书馆大部分入藏的数据都是非书数据，书刊只占很小的百分

比，所以较早开始注重全媒体资源管理；而在公共图书馆，印刷型数据仍是主要来源，但总体趋势而言，随着新一代信息技术及其产品的普及，其占比会越来越小，因此数据管理也将成为公共图书馆资源建设的新课题。图书馆非书数据类型很多，除了音视频数据及电子书以外，还有原生数据及社交媒体等资源。哈佛大学图书馆在其一份研究报告中，将馆藏分为四大部分：实体资源（如图书）、数字化实体资源、原生数字资源、可检索的诸如研究成果和社交媒体等创新型数字资源[6]。后三部分都与数字有关。

有研究表明，全球每天生产 3.5 个 5 万亿字节（3.5 quintillion bytes）的数据[7]。数据在图书馆馆藏中的比例也急剧上升。根据一项针对美国 3397 高校图书馆的调查，2017 年至 2022 年，图书馆电子书馆藏增加了将近一倍（96.6%）[8]。而另外一项对 17500 个公共图书馆的调查表明，馆藏中电子资源的比重由 2003 年的 0.57% 增长到 2019 年的 54.75%[9]。这还不包括灰色文献等非传统的电子资源馆藏，实际上现在图书馆每年纳入数据管理范围的数字资源，如学者库、主题库等包含的资源量远远大于电子书刊的数量，数据管理已成为图书馆的主干业务。

随着数据生产量的激增，数据的有序化管理成为图书馆的新课题。新一代信息技术为扩展数据创建和存储能力创造了条件，但同时也为数据可查找、可访问、可互操作和可重用（FAIR）的规范化管理带来挑战。数据能否赋能和增值，取决于数据管理能否规范和有序化，只有当可验证、复用和活用的基本构架健全起来，数据才能真正发挥其应有的效用。

进入数字化时代，人们的思考、表达以及行为方式都已发生变化，千禧一代开始，数字化已经成为主流的生存方式，但再来看看图书馆，图书馆整个体系基本上还是 30 多年前的，也就是说适应印刷型数据的体系。图书馆系统守着自己的一套封闭方式，与谷歌、百度等难以兼容，不仅如此，我们将图书馆常用的查询和利用信息的方法灌输给读者，似乎要把读者拉回到那个时代。读者已经习惯了新的数字化生活，他们怎么会容忍图书馆的工作方式呢？

当然，前面《大西洋月刊》上所说的，读者只希望图书馆提供简单功能，是因为图书馆在转型的过程中做了很多读者认为奇怪而又不实用的尝试，就像一些只有简单统计的大数据墙、只知道放几台 3D 打印设备的创客空间等，与其这样，还不如提供一个安静的学习空间。这就是公共图书馆转型中的两难：渴望创新，致力转型，但又缺乏能让读者满意的服务。

2 在参与读者解决问题的过程中，成为他们可信赖的合作者

一个图书馆的好坏，不是看图书馆建筑有多气派，馆藏有多丰富，而是要看其是否受读者欢迎，更重要的是能否成为读者及社区（以下广义的读者均包括社区）解决问题过程中的伴侣，这是图书馆存在的价值所在。

现在图书馆转型的第一要务是摆正位置，解决"图书馆跟着读者走还是读者跟着图书馆走"的问题。跟着读者走，那么我们整体的思路和方法都需要改变。比如，是图书馆适应读者的工作流程，还是读者适应图书馆的工作流程，这是一个价值观层面的问题。"图书馆服务应建立在读者的工作流之上"，还是"读者根据图书馆服务建立自己的工作流"。澳大利亚新南威尔士州立图书馆发布其 2019 年至 2023 的战略规划[10]，该规划有一段精彩的论述："作为图书馆转型总体目标的一部分，我们的战略重点是关注公众的需求。与其要求读者和访问者通过了解图书馆的工作方式来改变自己，不如由我们主动了解他们的工作方式，让图书馆成为他们不用改变自己就能融入的大家庭。"这句话简明扼要地彰显了"由内而外"的图书馆服务宗旨。

我们既要适应读者吸收知识、处理信息的习惯，也要了解我们所服务的社区及其读者到底需要什么。在高校图书馆，我们比较容易了解和应对读者及其需求；对公共图书馆来说，这是一大难题，因为图书馆服务的范围太大、读者需求太泛，图书馆不能仅为邻居或常客服务，而是要把握好整个服务区域及其读者的需求。

如果说，我们仍然按图书馆自己的思路走，提供传统服务的话，那么图书馆真的快走到尽头了。在西方一些图书馆事业曾经很发达的国家，尤其是英国，已经给处于十字路口的图书馆指出了两条路：要么关闭，要么闯出一条新路，像"概念店"（Idea Store）和多塞特郡图书馆那样。

过去，我们向西方学习图书馆，现在西方正面临图书馆服务关闭或经费削减的挑战。穷则思变，西方图书馆在困境中转型未必不是一件好事。在赫尔辛基，我们看到了一个非常规的图书馆，其实它是被逼出来的。再来看看英国。英国是公共图书馆起源地之一，如今不行了，越来越多的图书馆关闭了。英国最近在行政上有一个常用的词语叫"第 114 条通知"，根据《1988年地方政府财政法》（*Local Government Finance Act* 1988），市政府只要认为无

力负担支出，就会发第 114 条通知。这几年越来越多的地方政府发出"第 114 条通知"，并以此为由关闭或削减文化尤其是图书馆的经费。为了防止地方理事会关闭图书馆，英国图书馆与情报工作者协会（CILIP）于 2024 年 2 月拉响了"图书馆面临危机"的警报，写信给各个地方议会主席，要求他们手下留情[11]。我们以多塞特郡为例。该郡图书馆于 2022 年在政府要求下推进改革[12]，将图书馆打造成家庭中心（family hub），成为由健康和社会服务机构运营的多功能场所。为此，多塞特郡图书馆制定了十年发展战略（2023—2033），强调图书馆除了提供图书借阅以外，还要举办社区活动、开展信息咨询、提供计算机及上网打印等服务、提供学习和办公场所、提供数据支持及上门服务[13]。如今该郡 23 个政府运营的图书馆和 8 个志愿者管理的图书馆都运作正常，并得到市民的好评[14]。在这次经费危机中，该郡不仅没有减少经费，而且图书馆还在 2024 年 3 月赢得 30 万英镑的追加拨款[15]。

在很多西方国家，图书馆设置已经从自上而下，向自下而上转变，即由地方议会决定是否办图书馆，因此图书馆与社区之间的关系越来越密切。我们要珍惜和把握好发展良机，加强与社会各方面的合作，在紧密贴近读者获取知识、处理信息的习惯的同时，适应新时代图书馆发展的需要，不断调整图书馆发展战略及服务方式。

3 从提供信息到提供知识服务，着力为读者及用户提供有利于培育学习力和创造力的新环境

图书馆以书为主体的时代已经过去了，如果我们依然守着自己的一亩三分地不放，那么我们就会遭遇像西方公共图书馆一样的困境。我觉得，国际图联于 2013 年在新加坡年会时发布的《国际图联图书馆与发展的宣言》（IF-LA Statement on Libraries and Development），为公共图书馆事业转型发展提供了指南。该宣言开宗明义，强调"图书馆是许多社区中人们获取信息的唯一场所，这些信息将有助于他们提升教育水平、发展新技能、寻找就业机会、开创事业、做出明智的农业和健康决策或深入了解环境问题等"[16]，将图书馆服务从以书为主体进一步上升到以知识为主体。

从现在开始，图书馆进入一个百花齐放的时代。就公共图书馆而言，既没有权威的指引，也没有成熟的模式，每一个创新型图书馆都是不一样的，

赫尔辛基中央图书馆和伦敦"概念店"的做法等都只是适应本地需要的一个个成功案例而已,每一个图书馆都可以独树一帜,但原则是必须与本地需求相结合。图书馆建设得再好,如果与本地需求不符合,就算不上是一个成功的图书馆。

2016 年,吉玛·约翰(Gemma John)在深入调查了荷兰、芬兰、丹麦、美国和加拿大等国的 30 多家公共图书馆以后,汇总了一份详尽的调查报告《设计 21 世纪图书馆——给予英国的启示》。该报告强调,每一个图书馆都是不同的,不可能有一个放之四海而皆准的方案(formula)。以人为本的设计是贴近本地需求的设计,只有在深入把握本地读者需求的基础上才能做好设计[17]。

图书馆不仅是读者的第二客厅,人们可以在此进行交流互动,而且是第二书房,把个人书斋向更大范围拓展,与图书馆庞大的信息资源连接起来,甚至还是第二工作室,人们通过图书馆提供的设施和设备,实现自己创新和创业的梦想。

图书馆从第二客厅到第二书房,再到第二工作室的创新过程也是图书馆事业转型的演变过程,它是一个整体,与《国际图联图书馆与发展宣言》的精神一致,现代图书馆工作已经不再局限于图书,而涉及与读者工作、学习和生活相关的各种知识。第二客厅突出的是交流功能,从 21 世纪初已经流行起来,但第二书房强调的是连接功能,将个人书房与图书馆关联起来,让个人学习与图书馆学习结合起来。图书馆的最高境界是成为人们获取知识的连接器,与社区、学校、书店甚至家庭连接在一起。第二工作室是近年来创新的产物,这是为了适应经济发展的需要,让图书馆成为人们获取创业知识、体验创业工具的空间,这是近年来图书馆创新发展的新亮点,有利于提升读者的学习力和创造力。

参考文献

[1] College Students Just Want Normal Libraries Schools have been on a mission to reinvent campus libraries—even though students just want the basics. [EB/OL]. [2019-10-04]. https://www.theatlantic.com/education/archive/2019/10/college-students-dont-want-fancy-libraries/599455/.

[2][4] Executive Vice President for Practice Strategy—Shepley Bulfinch [EB/OL]. [2024-03-26]. https://www.linkedin.com/pulse/contemporary-library-knowledge-infrastructure-

luke-voiland.

[3]GIEICK J. The information: a history, a theory, a flood[M]. New York: Pantheon Books, 2011: 12.

[5]IFLA trend report update 2023: Realising libraries' potential as partners for development [EB/OL]. [2024-03-26]. https://www. ifla. org/news/influencing-impact-ifla-trend-report-update-2023-explores-what-shapes-libraries-ability-to-shape-development/.

[6]Advancing Open Knowledge [EB/OL]. [2020-11-30]. https://library. harvard. edu/advancing-open-knowledge.

[7]How much data is generated every day in 2024? [EB/OL]. [2024-02-16]. https://earthweb. com/how-much-data-is-created-every-day/.

[8]2022 Academic Library Trends and Statistics Data Now Available [EB/OL]. [2023-06-13]. https://acrl. ala. org/acrlinsider/2022-academic-library-trends-and-statistics-data-now-available/.

[9]State of US public libraries—More popular & digital than ever [EB/OL]. [2022-02-17]. https://wordsrated. com/state-of-us-public-libraries/.

[10]Strategic plan for 2019—2023 [EB/OL]. [2019-07-31]. https://www. sl. nsw. gov. au/about-library/strategic-plan.

[11]Libraries at risk: update [EB/OL]. [2024-03-18]. https://www. cilip. org. uk/news/667668/Libraries-at-Risk-Update. htm.

[12]Dorset libraries could become "family hubs", council says[EB/OL]. [2022-06-22]. https://www. bbc. com/news/uk-england-dorset-61893479.

[13]Dorset library strategy, 2023—2033 [EB/OL]. [2024-05-07]. https://www. dorsetcouncil. gov. uk/ documents/35024/3756309/Dorset+Library+Strategy+-+easy+read+version. pdf/636dfaec-5f59-343b-c033-79b74ed7dff5.

[14]Dorset Council takes next steps in modernising libraries [EB/OL]. [2023-11-14]. https://www. dorsetecho. co. uk/news/23914977. dorset-council-takes-next-steps-modernising-libraries/.

[15]Four libraries in Dorset receive £300k Government funding [EB/OL]. [2024-04-01]. https://www. bou-rnemouthecho. co. uk/news/24223216. four-libraries-dorset-receive-300k-government-funding/.

[16]IFLA Statement on Libraries and Development [EB/OL]. [2013-08-16]. https://www. ifla. org/wpcontent/uploads/ files/assets/alp/statement_on_libraries_and_development. pdf.

[17]Designing Libraries in 21st Century [EB/OL]. [2017-01-20]. https://media. churchillfellowship. o-rg/documents/John_G_Report_2015_Final. pdf.

人民图书馆

——作为社会基础设施的城市图书馆

陈　超（上海图书馆）

在百年未有之大变局中，新一轮科技革命和产业变革正在深入发展之中，全球图书馆都在面临很多新情况、新问题、新挑战，特别是公共图书馆的未来充满了不确定性。但是，如果能够更全面地去看目前整个全球公共图书馆界发展情况，特别是社会、经济、政治正在发生的一些变化，也许能看出一点点端倪。当前的公共图书馆，正在经历从知识基础设施向社会基础设施的发展和转型。图书馆作为知识基础设施已经是人类的共识。2022 年国际图书馆协会与机构联合会（IFLA，中文简称"国际图联"）和联合国教科文组织（UNESCO）再次发布了新版的《公共图书馆宣言》，宣言里第二段写道："公共图书馆是各地通向知识之门，为个人和社会群体的终生学习、独立决策和文化发展提供了基本的条件。它在不受商业、技术和法律障碍限制的条件下，为包括科学知识及地方知识在内各类知识的创造和分享提供途径并使其成为可能，借此来支撑知识社会的健康发展。"宣言虽然没有用"知识基础设施"描述公共图书馆，而是用"各地通向知识之门"的表述，但已经很明确地强调了公共图书馆作为知识基础设施的重要价值。这一版的宣言全文约 1300 字（英文版），共出现了 14 次"知识"（knowledge），IFLA 官方中文版中出现了 17 次"知识"。这样的人类共识由来已久。在描述公共图书馆的文献中，公共图书馆常常被称为"人民的大学"（People's University）。在大学里，图书馆又被认为是"大学的心脏"。"The Library is the heart of the university"（图书馆是大学的心脏），据说就是出自哈佛大学历史上任职校长时间最久（40 年，1869—1909 年）的查尔斯·威廉·艾略特（Charles William Eliot）。因此，不管是公共图书馆还是大学图书馆，一直被看作是知识基础设施。

如今，大数据时代已经到来，知识创造的新范式——数据密集型科学发现已经出现，图书馆作为拥有人类已有知识数据最多的机构之一，必然应该成为未来基础研究、科学研究的重镇或者是基础设施之一。当然，如何服务支撑第四范式的科学研究仍是图书馆面临的新挑战和新机遇。2009 年微软公司出版了《第四范式：数据密集型的科学发现》（*The Fourth Paradigm：Data-intensive Scientific Discovery*）一书。全书以图灵奖的得主吉姆·格雷提出科学研究第四范式的著名演讲开篇，邀请国际著名科学家对数据密集型科学发现的理念、应用和影响进行了全面分析。在吉姆·格雷关于第四范式的这个演讲发表 17 天之后，他驾驶的帆船在大西洋上失联了，但是他留下的思想，需要人们去探索和实践。

总之，图书馆作为关键的知识基础设施是毋庸置疑的。图书馆在我们的社会中的角色作用其实一直在变化，因为图书馆的用户在变、技术在变、环境在变。在市场经济中早已出现"图书馆要作为第三空间"的需求。这个概念第一次在全球图书馆界引起热议，或者引起高度关注是 2009 年第 75 届国际图联年会上，这次年会前有一个卫星会议，由公共图书馆、图书馆建筑与设备等 5 个专业委员会一起参与主办的这个卫星会议的主题叫"作为空间和场所的图书馆"（Libraries as Space and Place），其中一个子主题叫"作为第三空间的图书馆"（Libraries as Third Places）。2009 年之后，中外图书馆界都把"第三空间"作为除知识基础设施外，对图书馆提出的新要求。

1 "第三空间"与公共图书馆

首先提出"第三空间"（Third Place）概念的是 20 世纪 80 年代末美国社会学家雷·奥登伯格（Ray Oldenburg）。其著作《绝好的地方》（*The Great Good Place*，也有译为《绝妙之地》），出版于 1989 年，书中认为我们人类的第一空间是家庭居住空间，第二空间是我们工作的场所，第三空间就是包括图书馆、咖啡馆、城市公园等的社会公共空间。雷·奥登伯格就是因为这本书，因为第三空间的概念成为一位有世界性影响力的社会学家。

关于第三空间的内涵和特征，UNESCO 网站上是这样介绍："它是中立的场所，人人都可进入，无需受到邀请。没有组织架构，人人来去自由。价格亲民。它是谈话的场所。主要活动是交谈，不过下棋和麻将等各种游戏也很常见。距家或工作场所不远。理想情况下，步行即可到达第三空间。有常客，但也欢迎陌生人。闲聊、玩笑和调侃都是第三空间不可或缺的内容。"[1]

英文里面还有一个"第三空间"（Third Space）的概念，是美国学者爱德华·W. 索杰（Edward W. Soja，又译苏贾）提出的哲学概念，一般认为他是一个西方马克思主义的专家学者，他认为的第一空间是真实的地方，第二空间是想象的地方，第三空间就是在真实和想象之外、又融构了真实和想象的"差异空间"，一种"第三化"以及"他者化"的空间[2]。其实在英文中"Third Place"和"Third Space"是不会混淆的，由于中文转译时我们把"Third Place"译为"第三空间"，让很多人产生了困惑。

2009 年之后"第三空间"也成为我国公共图书馆研究的热点话题之一。国家图书馆出版社出版的褚树青馆长编著的《城市图书馆研究：第三文化空间思辨》一书阐述了中国图书馆人从"第三空间"到"第三文化空间"的思考成果，也介绍了很多国际图书馆的实践。

2 从"第三空间的图书馆"到"人民的宫殿"

所谓作为"第三空间的图书馆"的理念，就是反映了社会对于公共图书馆的新需求，公共图书馆不仅要继续发挥好知识基础设施的作用和价值，还要扮演好"第三空间"的新角色——满足最广大用户休闲、社交等的需求。从全球视野看，特别是新冠疫情以后，国外图书馆关于第三空间的实践又有了新动向、新发展。2023 年 9 月美国 Business Insider 网站发布的一个报道，标题是《感到孤独吗？去图书馆吧！》。该报道介绍了 2023 年 9 月 14 日周四晚上，美国国会图书馆举行的一场盛大的文学化装舞会（Literary Costume Ball），那天晚上 6 点到 9 点，居然有 2000 多人盛装出席了这个活动。但是参加这个化装舞会有一个很重要的要求，即大家要扮演文学经典中的各种角色，进行角色扮演。参与者有的扮演文学巨匠，有的扮演文学巨匠作品中的角色。这天晚上美国国会图书馆安排了很多的活动，参观珍善馆藏、欣赏音乐、鸡尾酒会、舞池派对等等。这种转变是从 2022 年 5 月 5 日开始的，美国国会图书馆每周四晚上都开展延时服务，特别策划了一个名为"图书馆现场"（Live at the Library）的品牌系列活动，闭馆之后继续延时服务三个小时，这段时间不是延续传统的安静阅读学习服务模式，而是提供形式丰富多样的文化服务，有表演、音乐会、课程、展览、讲座等。之前的美国国会图书馆给人的感觉是很"高冷"的，是一个研究型图书馆，虽然面向公众开放，但是从来不会搞这样的活动。但这场别开生面的文学盛宴展示了美国国会图书馆作为研究机构之外的另一面——图书馆也可以是一个公共社交场所，即所谓的"第三空间"。

美国国会图书馆是美国的国家图书馆，也是世界上最大的图书馆。它既是世界一流的研究机构，也是著名的文化地标和旅游目的地——更多因为其历史、馆藏和建筑。如今它在探索扮演更多重的角色。美国国会图书馆馆长卡拉·海登（Carla Hayden）明确提出，美国国会图书馆要成为华盛顿特区居民的超级第三空间（Uber Third Place）。目前的美国国会图书馆馆长是其历史上第一个女馆长，由前总统奥巴马任命，也是第一个非洲裔的馆长，同时也是 20 世纪 70 年代以来第一个具有图书馆专业背景的馆长。这位馆长说美国国会图书馆要成为华盛顿特区的超级第三空间，这样的文化场景是社会场景的一部分，它要在社区中扮演多重角色。研究型图书馆对于"第三空间"的最新探索实践，值得公共图书馆去观察和思考。

"第三空间的图书馆"前沿实践的出现主要在于环境的变化。伴随着信息化的进程，人们工作和生活中的在线化场景不断增多，特别是这次新冠疫情以后，很多行业和职业继续保持"混合办公"（Hybrid Work）模式，就像疫情期间一样，每周只要一到两天去公司上班，其他时间是在线办公，所以第二空间——工作空间正在被"消灭"。但是人是社交动物，人需要交往，所以人们对于"第三空间"的需求在增长。"混合办公"态势已经引起高度关注，因为其更大的颠覆性影响在管理、产业、就业等社会经济方面。

其实在美国、欧洲，早已经不局限于讨论图书馆的"第三空间"角色，而是用更宏大的一个概念——社会基础设施（Social Infrastructure）来思考研究公共图书馆的功能与价值。

经济学中的基础设施是指为社会生产和居民生活提供公共服务的工程设施，是用于保障国家或地区社会经济活动正常进行的公共服务系统。它是社会赖以生存发展的一般物质条件，包括交通、邮电、供水供电、商业服务、科研与技术服务、园林绿化、环境保护、文化教育、卫生事业等市政公用工程设施和公共生活服务设施等。因此，现代公共图书馆一直是社会基础设施的组成部分，但是过去人们更多地认为公共图书馆是一种知识基础设施，主要通过提供普遍、均等、无门槛的阅读服务帮助人们提升读写能力和文化素养，图书馆是全民阅读和终身学习的重要场所，这就是"人民的大学"的由来。如今欧美很多学者认为，公共图书馆不仅是"人民的大学"（知识基础设施）还应是"人民的宫殿"（社会基础设施）。2018年纽约大学的一位社会学家埃瑞克·克林伯格（Eric·Klinenberg）出版了其著作《人民的宫殿：社会基础设施能如何抗击不平等、两极分化和公共生活的衰落》（*Palaces for the People：How Social Infrastructure Can Help Fight Inequality，Polarization，and the Decline of Civic Life*）一书。埃瑞克·克林伯格认为，社会的未来不仅取决于共同的价值观，还取决于共同的空间，即图书馆、儿童保育中心、教堂和公园，这些地方作为社会基础设施在空间作用上形成了重要的联系，但他也认为公共图书馆作为社会基础设施可能对人们的帮助是最有效的，书中写道："图书馆是那些具有不同背景、激情和兴趣的普通人可以参与生活民主文化的地方。"这本书的书名"人民的宫殿"来自于苏格兰裔美国实业家和慈善家安德鲁·卡内基（Andrew Carnegie）对他资助的数百个图书馆的描述。卡内基可能是20世纪对全球图书馆事业贡献最大的一个资本家，他在全世界捐建了超过2500个图书馆，其中约有1700座在美国。他把自己捐献的这些图书馆称之为"人民的宫殿"。

　　埃瑞克·克林伯格在他这本书中的主要观点就是，包括公共图书馆在内的社会基础设施可以帮助人类社会解决不平等、两极分化和公共生活衰落等社会问题。其实"图书馆作为基础设施"的观点至少在十年前就已经在媒体上出现，2014年美国的 *Places* 杂志上发表了一篇题为"Library as Infrastructure"的文章，这篇文章已经明确阐述了图书馆不仅要做知识基础设施，还要做社会基础设施。该文梳理了图书馆的历史沿革，并从基础设施的视角，阐释了图书馆这种公共物品在不断变化的政治、经济、技术、文化环境中角色是如何转变的，探讨了其未来的可能性——从阅读学习空间到社会服务中心，再到创新实验室。我们能将公共图书馆延伸到何处？在此篇专栏文章中，从社会基础设施的视角，作者列举了一个很重要的服务案例：2012年桑迪飓风过后，纽约大学图书馆开放给社会，成为一个避难所。毛姆说过阅读就是一个随身携带的避难所，而今天21世纪的西方公共图书馆真的担负起了避难所的职责。中国的图书馆也有同样的生动实践——2021年的7月，在那场百年一遇的大暴雨之中，我国河南省郑州市图书馆也成了读者和市民的庇护所，这上升为网络上的热门讨论话题。

关于公共图书馆应成为社会基础设施的共识已经被广泛认同。2023 年底，英国图书馆与情报专家学会（Chartered Institute of Library and Information Professionals，CILIP）发布了一篇研究报告，该报告题名为《风雨无阻：在不确定的时代为公共图书馆的未来做好准备》（Come Rain or Shine：Preparing Public Libraries for the Future in an Age of Uncertainty），报告从七个角度去做了公共图书馆的 SWOT 分析，第七个角度就是社会基础设施，报告分析认为，公共图书馆作为社会基础设施的角色越来越重要。美国国家人文基金会的网站上曾报道过一篇文章，题目就是《现代公共图书馆的复杂角色》[3]。其主要观点就是今天的公共图书馆不仅仅要帮助人们提升读写能力、消除文盲、消除数字鸿沟，可能还要发挥更多的作为社会基础设施角色的作用价值。在这篇文章里面举这样一个案例：2017 年 2 月美国的丹佛公共图书馆发生了一件事情，一位青年男子在图书馆内突发疾病死亡。这促使该图书馆后来在馆内准备了相应药品。这个事情引起美国公共图书馆界的讨论与关注，包括旧金山公共图书馆在内的其他图书馆也纷纷效仿，开始储备一些救命药物，以防这样的意外再发生。虽然国情不同，但我们的公共图书馆也同样面临一些社会问题，上海图书馆的两大馆舍已经在地方红十字会的协助下都安装了自动体外除颤器（AED），同时训练馆员能够使用 AED 设备去救治需要帮助的人。要真正成为人民需要的社会基础设施，我国的公共图书馆还有更多的课题要研究。

公共图书馆，既要发挥知识基础设施的作用，又要担负社会基础设施的职责。这是公共图书馆的未来。图书馆作为基础设施，最本质、最关键的其实是其公平、多元、包容的核心价值观永远不能改变，这也是其存在的理由。中国公共图书馆事业已经开启一个崭新的时代，从上海图书馆东馆到首都北京城市图书馆，从浙江图书馆之江新馆到深圳图书馆北馆，都有国际一流的建筑外观和硬件设施，但是，我们要走向更远的未来，可能要从更高的站位即整个社会发展的进程中找到自己的位置，去满足最广大人民的需求，成为真正的人民图书馆。

参考文献

[1]第三空间，真正的公民空间[EB/OL].[2024-04-24]. https://courier. unesco. org/zh/ar-
ticles/disankongjianzhenzhengdegongminkongjian.

[2]索杰.第三空间：去往洛杉矶和其他真实和想象地方的旅程[M].陆扬，译.上海：上海
教育出版社，2005：10-15.

[3]The complicated role of the modern public library[EB/OL].[2024-04-25]. https://www.
neh. gov/article/complicated-role-modern-public-library.

全球图书馆服务创新与品牌营销

聂　华（北京大学图书馆）

当今世界唯一能确定的是：这个世界充满不确定性。图书馆行业的基因是一种寻求有序和确定的基因，而当下的世界正处在一个充满不确定性的时代中。因此，无论是公共图书馆，还是研究型图书馆和高校图书馆，正在承受我们所在的时代和环境所带来的巨大冲击。本文希望从三个方面来阐述图书馆在这样一个时代中所面临的挑战及应对对策。首先，我们所在的环境具有哪些带来变化、冲击、颠覆的变量；其次，我们如何应对这样的环境所带来的挑战，特别是如何通过借鉴和应用管理学范畴的营销学理论进行尝试和创新，在不确定性中寻找确定性；最后，通过对国际图书馆协会与机构联合会（以下简称"国际图联"）"图书馆营销奖"获奖案例和优秀案例的分享，介绍图书馆营销的理论和实践，解析成功的营销项目的关键特征和核心要素，并以国际图联营销奖为样本，总结归纳当前国际图书馆的创新路径和发展趋势。

1　乌卡时代（VUCA）的环境变量及其对图书馆的影响

乌卡（VUCA），指不稳定性（volatility）、不确定性（uncertainty）、复杂性（complexity）和模糊性（ambiguity）。事实上，乌卡这一概念是在20世纪90年代由美国军方提出的，用以描述冷战结束后整个世界多变、多边、动荡不安、充满不确定性和不稳定性的世界政治格局："这样一个世界秩序中，威胁既分散又不确定，冲突既固有又不可预测，我们捍卫和促进国家利益的能力可能受到物资和人力资源的限制。简而言之，（这是）一种以波动性、不确定性、复杂性和模糊性（VUCA）为特征的环境。"乌卡这一概念在过去的四分之一世纪中，更多地在商界和学界得到广泛应用，并逐渐成为一个用来描述当今这个复杂多变、快速迭代、持续颠覆的世界的"通用词"。而在更深层的意义上，乌卡作为后互联网时代中商业和非商业机构进行战略规划、策略制定以及业务决策的重要背景参照，已然成为一个通用的、重要的现代概念。这一概念首先从军界和国际关系领域被延伸到商界和学术界，时至今日，我们所处的整个世界、我们的社会、我们的经济、我们个人的工作和生活等方方面面，都可以用一个词形容概括性地表达，这就是乌卡。

在这样的环境中，任何一种类型的组织或者机构，其管理策略、管理框架，甚至组织和机构的形态和结构，都会发生响应式的改变。我们经常听到的一个词叫"跨界抢劫"，方便面销量急剧下降是因为外卖行业的兴起；柯达退出我们的视野不是因为来自尼康或者佳能的竞争，而是智能手机的普及；最终"取缔"了"黑车"的并不是政府，而是网约车。科幻小说《三体》中的一句话——我消灭你，与你无关——成为"跨界抢劫"的贴切写照。

那么，人类社会之所以步入这样一个乌卡时代，是由很多环境变量所驱动和影响的。其中，颠覆性技术、数字化转型、新新人类是最为显著和突出的几个环境变量。首先，未来世界充满不确定性，颠覆性技术的不断涌现和发展是带来不确定性的最大变数。我们每天都会谈到和听到的一个热门词是AI，AI就是颠覆性技术的代表，AI给我们的时代带来的最大现象，就是驱动了所有事物的快速变化，近到日常生活中的人脸识别，远到从科幻走入现实的脑机接口，AI正在渐进式但全方位地为我们构建一个新世界。

我们可以对几项影响人类社会的重要技术发明的用户数增长速度做一个回顾，以用户数从0增长到5000万所用的时间为标准。在第二次工业革命阶段，新的发明，比如飞机、汽车、电话，其用户数从0增加到5000万，平均要用55年的时间。到了新技术革命的阶段，比如信用卡、电视、电脑、手机等发明，其用户数从0增加到5000万的时间缩短了一半，平均是20年。到了互联网技术开始普及阶段，很多产品用户数从0增加到5000万的时间，从20年迅速地缩短到一年左右。再到互联网快速普及的时代，比如脸书、微信、增强现实游戏等应用，其用户数从0增加到5000万，分别只用了3年、1年和19天。其中增强现实游戏只用了19天，其用户数就从0增加到5000万。更近一些的发明，比如Chat-GPT的应用，仅仅5天的时间，用户数就突破了

100万，2个月的时间其用户数就达到了1亿。颠覆式技术的迅猛发展以及其应用的飞速普及，是乌卡时代的不稳定性（volatility）、不确定性（uncertainty）、复杂性（complexity）和模糊性（ambiguity）的最重要的原因。

其次，造就乌卡时代的第二个重要的环境变量，是由颠覆性技术发展带来的整个社会的持续不断的数字化转型。从商业领域来说，很多商业巨头在一夜之间，或者在很短的时间内就走向衰落，转瞬即逝，轰然倒掉。几年前我们可能还会为柯达、诺基亚的消失而叹息。但今天我们已经见证了太多企业在短时间内转瞬即逝。如果你不能快速地适应这样一个新的世界，成功地在数字化转型中有所突破，那么生存就会是一个问题。

图书馆在从20世纪80年代末到90年代，再到21世纪前四分之一个世纪的时间，一直都走在数字化转型的道路上。图书馆是一个对技术应用非常敏感的机构，其数字化转型基本上分为三个阶段：第一阶段，主要是进行将物理信息变成数字信息的处理，也就是纸本实体文献的数字化；第二阶段，图书馆更加侧重于整个业务流程的数字化，事实上是信息化的过程；第三个阶段，其概念和内涵又有了更大的扩展和提升。转型不仅仅是扫描一本书或者开发一个系统，不仅仅是如何合理化业务流程，提升业务流程效率，或者如何解放人力，而是一系列深入而协调的文化劳动力和技术的转变。从高等教育的角度来讲，数字化转型体现在实现新的教育模式和运营模式，并转变机构的运营、战略方向和价值主张。这个是数字化转型更深层次的意义。

最后，第三个重要的环境变量与图书馆所服务的读者群体高度相关。图书馆曾经可以很自信地说，我们了解读者的习惯，我们了解读者的特点。这种自信多少来自读者全体的相对的同质化。但是对于在网络时代和数字世界中出生和成长起来的年轻一代，即所谓的Z世代，包括00后、10后、20后。他们主要就是以网络原居民的优势身份，带着对科技产物的天生敏感进入这个世界舞台。他们更加依赖智能手机和互联网来获取和传递信息，并且以互联网为大本营，建立他们独有的价值、审美和文化体系，他们会成为我们当今世界不容忽视的经济和文化力量。这个新人类群体更加多元化和多样性，因为他们所在的世界是更加多元化和多样性的一个生态。新人类的多元化为图书馆的工作带来了更大的复杂性。图书馆要为他们的到来，为他们走上这个世界的舞台成为主角，做好充足的准备。特别地从高等教育的角度来说，高校图书馆在数字化转型过程中面临着更大的复杂性。高校图书馆所依附的高等教育机构，在数字化转型过程中，它的底层架构和业务流程，都受到数字化转型的冲击。高等教育正面临着在数字化转型中解构和重构的挑战。

美国大学和研究型图书馆协会（ACRL）2020 版趋势报告首次引用了乌卡（VUCA）这一在商业管理教育中已经非常流行和惯用的概念，并强调图书馆的领导者迫切需要学习和掌握应对乌卡环境的新能力，进而能够面对和迎接乌卡时代的危机和挑战。ACRL 每隔一年发布图书馆发展趋势报告，旨在乌卡时代敏锐洞察高校图书馆的发展趋势。近年来的一些显著的发展趋势包括：图书馆人力资源的挑战；图书馆空间的"反传统"利用；一种新型的学术成果和重要的信息资源——研究数据的管理和服务；人工智能在图书馆的应用；全面的开放，包括开放教育、开放科学和开放获取。ACRL 趋势报告是对乌卡时代的图书馆的一个环境扫描，在近十年中，ACRL 趋势报告观察并记录了图书馆在充满不确定性的乌卡时代，如何在持续的变化中寻找和把握方向。

2 以营销驱动图书馆创新

乌卡时代的不确定性，使得我们对未来的预见变得更加困难，获得明确的方向感更为不易。然而在充满不确定性的环境中，我们的任务也许不再是预见，而是创造。国际图联"图书馆营销奖"的设立正是图书馆突破自身边界以营销驱动图书馆创新的一个案例。自 2002 年该奖项创设以来，已历时 23 届，评选出的获奖项目和参报的优秀项目正是全球图书馆在乌卡时代以营销驱动图书馆创新所进行的尝试和努力的一个集中展示。可以说，奖项的设立本身即为国际图联历史上一次颇具开拓意义的图书馆营销。

笔者自 2017 年到 2023 年担任了国际图联图书馆营销奖的评委，有机会近距离了解和观察该奖项的运作，并有机会学习和研究全球范围内图书馆营销和服务创新的优秀案例。该奖项创设的初衷，是为了打破图书馆传统、保守和自闭的形象，向公众、合作机构、政府展现图书馆的崭新形象，进而引入商业管理范畴中营销（marketing）的概念。通过推介和宣传全球范围内最佳图书馆营销项目，鼓励图书馆的营销实践，为图书馆业界提供全球范围内能够提高营销经验和专业知识的机会。

该奖项的意义是从图书馆可持续发展的角度引起负责提供图书馆服务资金和其他支持的人对图书馆服务创新的关注和了解，从而加深其对图书馆在不断的转型蜕变中的定位和角色及其作用的深度理解和认同，进而正向地、积极地影响图书馆所获得的道义层面上的认可与支持和操作层面上（如人员、经费、物资等）的投入和保障。创设以来，从申报项目所来自的国家和地区的数目逐年提升并已覆盖了全球众多国家和地区的情况来看，它已成为国际图书馆社区知名度和参与度都非常高的一个奖项。

国际图联图书馆营销奖特别鼓励项目的创新性，或者说是原创性，并特别关注项目所获得的知名度和支持度，以及可衡量和可评估的效果和效益。如果项目为图书馆带来了更广泛的公众知名度和公众的支持度，最好是由数据来支撑。

回顾近年来国际图联"图书馆营销奖"的获奖情况，中国图书馆，尤其是中国的公共图书馆的表现可圈可点。2017 年的第十五届图书馆营销奖，中国图书馆将第一名（北京科技大学图书馆）、第二名（上海图书馆）和第三名（武汉大学图书馆）悉数收入囊中。这是国际图联图书馆营销奖历史上首次，也是唯一一次，前三名获奖的图书馆全部来自一个国家。而自 2019 年开始，中国成为提交申报项目最多的国家，并且一直保持至今。从 2017 年中国图书馆囊括全部奖项，到 2019 年开始申报的项目数量独占鳌头，无论是从获奖成绩还是申报参与度，中国图书馆都在全球图书馆中脱颖而出。这既是值得中国图书馆骄傲的一个历史印记，也是中国图书馆在图书馆服务创新和市场营销方面飞速进步的显著标志，更是从一个侧面佐证了近年来中国图书馆在创新发展和功能转型中取得的成就，以及日益增强的具有中国特色的道路自信、图书馆的领导能力和管理实力。

从图书馆营销奖看全球图书馆的创新发展态势，可以归纳为四个方面：①图书馆发展路径探索和服务模式创新，也就是吴建中馆长和张晓林馆长在报告中提及的由内而外（Inside-Out）和由外而内（Outside-In）；②图书馆传统形象的自我颠覆和再造；③与时俱进的开放边界和跨界转型；④图书馆对商业管理范畴的营销学在理论层面上和实践层面上的习得和应用，尤其是在原创性和创新性方面表现优异。

2.1 图书馆发展路径探索和服务模式创新

我们以佛山图书馆的邻里图书馆项目为例。邻里图书馆项目通过将公共图书馆的资源（书籍、技术、系统、人力等）转移并下沉到普通居民的家庭中来建立家庭微型图书馆。在图书馆的全方位支持和协助下，由一个个家庭向邻里、亲人、朋友及陌生人提供书籍借阅、阅读推广等服务。邻里图书馆不仅嵌入家庭这一社会细胞，而且深植于邻里之间的社区网格，倡导"奉献，友爱，互助，进步"的志愿精神，践行"平等，包容，全民参与"的理念。邻里图书馆，除了借阅图书之外，也开展很多类型的活动，比如阅读推广、亲子活动等，引领了全民阅读的良好风气。从图书馆的角度，邻里图书馆的建立不仅延伸了其服务前端，还有效地缓解了图书馆长期以来空间和人力有限的压力。图书馆通过邻里图书馆为社区搭建"图书馆+家庭"的服务体系，从而有效地依托和借力于社会力量扩展图书馆的影响。而从社会治理的角度，这是公共图书馆参与社会治理，完成从被管理对象转向治理主体的理念革新。邻里图书馆的模式不仅具有显著的创新性，而且是可复制和可持续的。

武汉大学的书香大使项目以小搏大，项目以"反哺家乡，书香远播"为口号，鼓励和组织学生利用寒暑假返回家乡的机会，或个人或团队，自主提出想法和创意，返回家乡后在家乡策划、组织并举办阅读分享活动。通过项目实践，学生从读者的角色翻转到阅读推广角色。这一角色翻转为学生提供了一个很好的履行社会责任，进行社会实践的机会，有利于大学生提升社会服务意识，增强社会实践能力，同时，大学生作为图书馆的大使，使高校图书馆的服务触角延伸到在地理上广袤、文化上多元的不同地方——学生们的家乡。该项目是高校图书馆打开边界，服务社会的一个可复制并具有很好的性价比的成功营销案例。

宁波图书馆的天一约书项目借助信息技术，有效地利用物流资源，细分并选择需求明确和显著的目标客户，推出"在线购物"式的在线选书和24小时全天候点对点送书服务。这种类型的服务，在中国的公共图书馆界已非常普及。宁波图书馆天一约书项目的巧思和创意在于最大限度地利用飞速发展的新技术和在我国非常成熟的物流资源，同时面向非常明确的细分用户对象，重点覆盖无暇到访图书馆的中青年，以及居住地点偏远的海岛渔民和山村居民等，成功地改变了公众心目中传统图书馆以图书馆为中心的形象。

佛山市图书馆2023年度再次以"易本书"项目获得第二十二届国际图联营销奖的第三名。基于区块链技术的"易本书"（英文为"EX-BOOK！"）家藏图书共享平台，打造了拥有线上线下完整生态链的全民阅读创新的营销品牌，成为国内首个实现家藏图书与公共图书馆馆藏同平台流通的公益性项目，是图书馆深度参与文化治理的又一创新实践。市民在线注册后，即可上传自家闲置图书供人借阅，也可以借阅别人家的藏书，并可选择多种流通模式：一是限期借阅，比如 60 天内归还图书；二是漂流，图书可在用户间不断漂流，除非上传图书者决定召回图书；三是赠送，下单者可获得该图书的所有权；四是仅做展示，不对外借阅。据统计，2021 年佛山市家庭平均藏书为 115 册。不少家庭还藏有家谱、地方文献资源等宝贵而独特的文化资源。"易本书"项目打破了公共图书馆馆藏边界，促使公共图书馆优化业务流程，创新服务模式，由图书文献提供者向文化资源统筹者转变，进一步提高公共图书馆服务及资源的覆盖面；突破了当前以公共图书馆为主的图书流通中的时空局限，扩大了社会主体参与范围，是社会力量参与公共文化供给的重要举措和有效途径，也是对公共阅读资源的有效补充。

2.2 图书馆传统形象的自我颠覆和再造

西班牙穆尔西亚地区图书馆的"他们住在穆尔西亚"项目的营销策略是借鉴商业营销的手段，通过各种有效的途径，尤其是新生代读者群体惯用的社交媒体网络，以富于创意的表现形式来表达、传递、再造新的图书馆形象。同时，反对流行的商业即时消费文化，着力于对图书馆馆藏的价值和使用的宣传和推介。为了吸引新生代用户群体，他们尝试穿越于线上（online）和线下（offline）之间的镜像游戏，这种颇为反叛的表现形式打破图书馆传统的僵化教条封闭的形象，激发用户的探索兴趣与求知欲望，进而促进对图书馆形象和作用的深度思考。这种强势植入的表现形式，往往可以在有限的时间中将尽可能丰富的信息尽可能深度地植入对象心中，这也正是营销所追求的效果。

另外还有加拿大大维多利亚区公共图书馆的项目"改变你的想法"，致力于通过与图书馆所在社区的充分合作和与社区居民的充分沟通，说服人们改变对图书馆的认知并最终成为图书馆的用户。项目打破思维定式，寻求挖掘非常规渠道进行营销，比如与当地的咖啡连锁店达成正式的合作协议，通过分布在社区各处的咖啡店开展宣传活动，咖啡店工作人员客串图书馆员的角色，而居民可以在咖啡店里办理读者卡。第三方调查显示，营销活动不仅带来图书馆用户数和用户对图书馆使用量（包括物理空间、实体和数字馆藏）的显著提升，而且包括非图书馆用户在内的 93% 的调查对象都认同，图书馆的存在使得社区变得更强大、更有弹性和更加包容。

温州市图书馆的获奖项目"漫画温图"由馆员自编自绘虚拟人物和漫画剧情，利用漫画这种深受年轻人喜爱的新媒体形式，将图书馆的馆藏资源、业务知识、阅读活动进行加工，重构成不同形式的漫画作品，来抓住 Z 世代的注意力，以其喜闻乐见的形式，演绎、表现和宣推图书馆，改变大众对图书馆的刻板印象，提升读者对图书馆的认知度和美誉度。

2.3 与时俱进的开放边界和跨界转型

全球各种类型的图书馆都日益认识到，图书馆与时俱进地对传统形象的颠覆，仅靠呼吁和宣传还远远不够，脚踏实地地进行图书馆功能转型和服务创新才是最根本的形象再造。

德国莱布尼兹经济信息中心（ZBW）获奖项目的口号是"打开疆界——数字化如何改变科学"。作为学术型图书馆，ZBW 长期以来一直积极参与开放科学领域的各种研究项目，尤其是重视信息技术和信息科学在开放科学中的应用，同时 ZBW 也深度参与国家层面和国际的开放科学政策的制定和实施，并致力于通过开发新技术，构建科学研究和学术交流的开放的基础设施来促进学术成果的开放访问、研究数据共享和重用。德国的研究数据开放共享平台（GeRDI）即由 ZBW 负责开发和维护。而"打开疆界——数字化如何改变科学"项目通过包括视频、社交媒体、实验和访谈等互动形式的巡展，宣传研究型图书馆在开放获取和开放科学这一新领域中的作用和责任。

中国高校图书馆也在开放科学和开放获取方面做了很多尝试和努力。比如北京大学图书馆，自 2012 年开始一直在跟踪开放科学和开放获取的理论前沿并付诸实践，陆续构建了新型的学术信息和知识资产的生态系统，包括北京大学机构知识库、北京大学开放研究数据平台、北京大学开放获取期刊网，以及北京大学学者库。与此同时，还进一步跨出学校的边界，面向全国高校连续举办三届全国高校数据驱动创新研究大赛，宣传营销开放科学和开放数据的理念，以及北京大学的开放研究数据平台。从而提升平台的知名度和曝光度；同时展示高校图书馆开放的姿态、新的业务领域和成果，以及对开放科学理念的倡导。

2.4 图书馆对商业管理范畴的营销学在理论层面上和实践层面上的习得和应用

一些项目在原创性和创新性方面表现优异。上海图书馆获奖项目"战役阅读马拉松",就是一个颇具创意的新型阅读体验活动。项目在新冠疫情初始之际,选择张文宏医生的《张文宏教授支招防控新型冠状病毒》一书,希望通过阅读让更多人能掌握新型冠状病毒的防控知识。在线阅读比赛历时一个小时,分为40分钟的阅读和20分钟的测试。项目抓住一个公共需求的热点,在很短的时间内就有来自全国各地的超过一万名读者参与,一度导致服务器宕机。这是一个抓住热点主题、应用新技术,覆盖更广泛的读者群,取得了很好效果的项目。

同样是在新冠疫情期间,澳大利亚的莫那什大学和美国的宾夕法尼亚大学联合推出"绝世珍本烘培"项目,图书馆在其特藏中挑选特色食谱,邀请读者烘培并将其烘培成品的照片发布到图书馆社交媒体上。项目借助社区力量,在新冠疫情期间为这两个图书馆的读者提供了一个有趣、有创意和"有文化"的参与渠道,以轻松的活动鼓励两个远隔重洋的社区的读者互动,促进了两家图书馆的国际合作伙伴关系、营销各自的馆藏以及图书馆作为社区机构的形象。图书馆不再仅仅作为传统意义上的文化机构和信息机构,而是成为社会基础设施不可或缺的一个重要的组成部分。

3 结语

《国际图联趋势报告(2023更新版)》中提到的一些现象是全球图书馆共同面临的困难和问题:

- 图书馆越来越被视为无关紧要的存在;
- 大家正在低估由社区驱动的基础设施和信息发展的价值;
- 在许多国家,公共开支以及投资空间都在紧缩;
- 社会更加多样化,使得提供普遍服务和实现公平变得更加困难;
- 对数字空间的监管正在加速,但没有考虑到图书馆如何发挥作用;
- 当今世界的不确定性使提供服务变得更加复杂;
- 在建立促进发展的伙伴关系方面存在着持续不断的障碍;

- 公共服务投资的不平等加剧了地域不平等现象；
- 图书馆和信息工作者被视为辅助人员，而不是发展参与者；
- 全球化仍在继续，对信息获取提出了新的期望；
- 虽有所改善，但数字鸿沟依然存在，而且越来越严重；
- 大家忙于应对危机，而无暇顾及战略思考。

图书馆服务创新与品牌营销，需要在更大的环境，比如说颠覆性技术的发展，数字化转型，以及我们面对的读者的变迁，这样一个大的环境和大的生态里面去考量。数字化转型带来一系列深入而协调的文化、劳动力和技术转变，可实现新的教育和运营模式，并转变机构的运营、战略方向和价值主张，以及对图书馆既有的业务和形态的重构和颠覆。我们需要进行更加多元化的服务拓展和创新，品牌塑造和营销。

城市图书馆文化与交往

毛雅君 （首都图书馆）

随着城市化步伐的加快，公共图书馆正逐渐成为知识传播和信息交流的核心平台，在促进文化交流和推动社会向前发展方面扮演着越来越重要的角色。本文旨在探讨公共图书馆在我国城镇化进程中的角色与发展，以及在文化交流中的功能和潜力，首先分析了城镇化与公共图书馆发展的相互作用；其次以北京城市图书馆为例，探讨了城市图书馆在文化交往中的功能和角色；最后，在新发展理念的框架下，对城市图书馆在公共文化服务中的未来可能性进行了展望。通过这一研究，本文期望为公共图书馆的持续发展提供理论依据，并为相关政策制定提供参考。

1 公共图书馆发展趋势

发展图书馆事业是我国城镇化的重要内容。改革开放以来，中国经历了世界上规模最大、速度最快的城镇化进程。城镇化率是衡量城镇化发展水平的重要指标。1979 年我国城镇人口仅占总人口数的 18.96%，到 2000 年达到 36.00%。2011—2022 年，我国城镇化率持续攀升，从 51.83% 提高到 65.22%。这是中国常住人口的城镇化率首次突破 65%，意味着"十四五"规划提出的"常住人口城镇化率提高到 65%"的目标提前实现。2023 年，城镇化率到达 66.16%，比上一年提高了 0.94 个百分点（见图 1）。

城镇化是一个涉及多维度和多层次的复杂过程。它不仅标志着人口从农村向城市地区的大规模迁移，更涉及经济结构的重塑、社会架构的革新，以及公共文化服务体系的全面升级。公共图书馆作为公共文化服务体系的关键支柱，其发展与城镇化进程紧密相连。

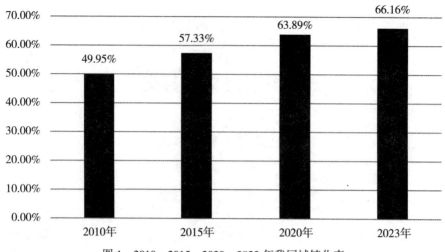

图 1　2010、2015、2020、2023 年我国城镇化率

城市图书馆的发展伴随着城镇化发展进程，我国公共图书馆在"十二五"至"十四五"规划期间，也经历了一系列政策导向的深刻变革，以适应不断变化的城市发展趋势。

通过 2011 至 2023 年间我国公共图书馆的各项服务效益指标，我们能够更为清晰地洞察公共图书馆事业与城镇化的同步发展。

1.1　图书馆发展特点之一：筑牢根基，服务网络全覆盖

从 2011 年至 2023 年，与城镇化的进程同步。在"十二五"时期，中国的城镇化率首次突破 50%，城镇人口数量首次超过农村人口，这标志着城乡结构的历史性转变。面对这一变化，公共图书馆事业的发展重点放在了基础设施的建设和服务网络的全覆盖上。在《全国公共图书馆事业发展"十二五"规划》的指导下，公共图书馆开始着力构建一个覆盖城乡、结构合理、功能完善、高效实用的服务网络，同时强调制度化、标准化和规范化建设，为图书馆事业的持续发展奠定了坚实的基础。

2010 年至 2023 年，全国公共图书馆的数量从 2884 个增至 3246 个（见图 2），图书总藏量从 61726 万册增长至 144000 万册（见图 3）。实际使用房屋建筑面积显著增加，从 900.4 万平方米增长至 2259.6 万平方米，阅览室座席数也从 63.1 万个增长到 168.0 万个（见图 4）。这不仅意味着物理空间的扩大，也体现了国家对公共文化建设的持续投入和重视。

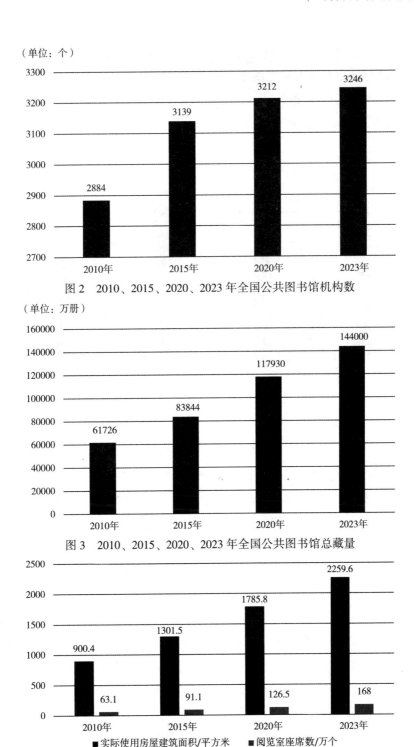

（单位：个）

图 2　2010、2015、2020、2023 年全国公共图书馆机构数

（单位：万册）

图 3　2010、2015、2020、2023 年全国公共图书馆总藏量

■实际使用房屋建筑面积/平方米　■阅览室座席数/万个

图 4　2010、2015、2020、2023 年全国公共图书馆实际使用房屋建筑面积及阅览室座席数

在图书馆专业人才队伍的优化与提升上，2010年以来，从业人员总数从5.35万人增至6.10万人（见图5）。其中2020年以来，高级职称人员占比稳定在12%左右，中级职称人员则保持在31%上下。这不仅是人员数量的扩充，更是专业能力的集中体现与优化布局。

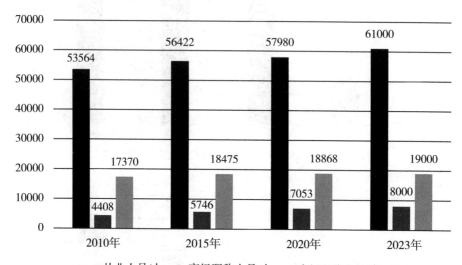

图5　2010、2015、2020、2023年全国公共图书馆
从业人员及具有高级职称、中级职称人员

值得一提的是，"十二五"以来，公共图书馆的服务效能显著提升，体现在总流通人次、书刊文献外借册次和外借人次的逐年增长上。尽管2020年受新冠疫情影响有所波动，但随后迅速恢复并实现超越。2023年，全年公共图书馆总流通人次116061万人次，同比增长46.9%；书刊文献外借78299万册次，同比增长29.0%：这彰显出图书馆在危机后的快速适应与服务创新，以及公众对图书馆服务的高度需求和认可。

此外，2010年至2023年，公共图书馆举办的各类活动数量与参与人次的持续增长。2023年，全年共为读者举办各种活动293504场次，是2010年活动场次的近5倍（见图6）。公共图书馆通过丰富活动促进了文化参与度的显著增长，反映了其在文化传播和教育方面的重要作用。

综上所述，随着城镇化不断推进，我国公共图书馆的发展呈现出基础设施日益完善、人力资源结构优化、服务效能显著增强、公众参与度大幅提升的总体趋势。

（单位：次）

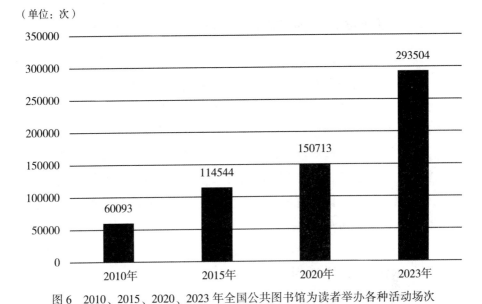

图6 2010、2015、2020、2023年全国公共图书馆为读者举办各种活动场次

1.2 公共图书馆事业发展特点之二：效能提升，拥抱数字化浪潮

随着城镇化率的稳步提升，公共图书馆事业迎来了服务效能提升和数字化转型的重要时期。2010年至2022年，我国公共图书馆电子图书资源持续增加，显示出实体与数字资源并重的发展策略。计算机与电子阅览终端数量逐年上升，为读者提供了更加舒适便捷的阅读环境和数字化服务。

《中国图书馆年鉴2016》尚未对音视频资源总量、电子文本和图片文献资源总量、线上服务人次进行统计，侧面说明公共图书馆的数字化服务尚未成规模。但2020年，音视频资源总量达1181.04千万小时，电子文本和图片文献资源总量达2066.85万TB，线上服务人次达160703.52万人次，足见公共图书馆积极拥抱数字化浪潮，推动服务创新和持续发展。

在进一步完善公共图书馆设施服务网络的基础上，《"十三五"时期全国公共图书馆事业发展规划》强调提高服务效能，推进公共图书馆服务均等化建设，加强新技术应用，提升数字化服务能力，充分利用馆藏资源，加强政策理论研究，创新管理体制机制，加强国际交流与合作。

2010年至今，我们见证了公共文化服务体系的公益性、基本性、均等性、便利性要求逐步得到落实，人民群众对公共文化服务的获得感不断增强。

1.3 公共图书馆事业发展特点之三：优化创新，追求高质量发展

"十四五"是推动新型城镇化实现更高质量发展的关键时期，公共图书馆事业的指导政策也更加突出高质量发展和公共文化服务的优化与创新。《"十四五"公共文化服务体系建设规划》明确提出，要推进城乡公共文化服务体系一体建设，建设以人为中心的图书馆，繁荣群众文艺，增强公共文化服务实效性，推动公共文化服务社会化发展，以及推动公共文化服务数字化、网络化、智能化建设。我们正致力于建设与社会主义文化强国相适应的现代公共文化服务体系，让人民享有更加充实、更为丰富、更高质量的精神文化生活，不断促进人的全面发展和社会全面进步。

2 城市图书馆的功能与角色

发展图书馆事业是我国城镇化的重要内容。据《2020 中国人口普查分县资料》显示，我国共有 105 个大城市，包括 7 个城区常住人口 1000 万以上的超大城市、14 个城区常住人口 500 至 1000 万的特大城市。在城镇化的进程中，图书馆的作用日益凸显，其职能也在不断拓展。

随着时代的进步和信息技术的飞速发展，城市图书馆的功能已经远远超出了传统意义上的图书储藏和借阅，它更加强调以人为中心的交流和体验，正逐渐转型为社区文化中心、知识创新空间和文化交流平台。

在我国，城市图书馆也正在以积极姿态和全新面貌活跃在城市文化的舞台中央，既守护着城市的记忆，又引领着城市文化的创新与传播，为提升公民文化素养、促进社会和谐、提升国家文化软实力发挥着不可替代的作用。

北京城市图书馆的建立，是首都图书馆转型升级的重要里程碑。首都图书馆围绕北京"四个中心"的城市战略定位，秉持"亲民、特色、智慧"的功能设计理念，打造集知识传播、城市智库、学习共享等功能于一体的复合多元文化综合体，建设完善城市功能、强化文化资源供给、完善公共服务的标杆工程，是落实"世界眼光、国际标准、中国特色、高点定位"要求的生动写照。它不仅是信息交流的枢纽、终身学习的殿堂和知识探索的中心，更是服务城市创新、提升城市品格、助力人的全面发展的强大引擎。

截至 2024 年 6 月，北京城市图书馆开馆已有半年。这充满机遇与挑战的

半年历程，正是我们不断探索与实践的过程。接下来，我将以北京城市图书馆理念和案例为基础，探讨城市公共图书馆的功能与角色，以期激发更多关于城市图书馆高质量发展的思考。

2.1 促进城市人文交流

如今的城市图书馆已经成为多功能、智慧化公共空间的典范，通过举办讲座、展览、沙龙、工作坊、音乐会等高质量的文化活动丰富市民的精神生活，将人与人、人与知识连接起来，让理解、尊重与包容成为城市文化的底色，绘制出一幅多元共融的城市人文画卷。

北京城市图书馆坚持以书为媒，每年将开展 1000 场以上活动，活动以"讲+体验""讲+展览""讲+交流""讲+研学""讲+演出"等多元融合形式，串联文化传承、科技创新、人文社科、艺术鉴赏、城市生活等丰富的主题领域，坚持普惠与分众相结合，让全民阅读多姿多彩、深入人心、熠熠生辉。拓展阅读形式，通过讲、演、展、游不同维度的活动带领读者体验"别样的阅读"。提升互动体验，寓教于乐带动读者在"森林书苑"中寻找自己的"睿智之书"。

在北京城市图书馆"临山间、于树下、勤阅览"的阅读意境中，读者不仅能欣赏建筑美、体验阅读美，亦能通过参与文化传承、科技创新、人文社科、艺术鉴赏、城市生活等主题阅读活动感受文化之乐，实现人文沟通与交流。

2.2 赓续城市历史文脉

每一座城市都有属于自己的历史与记忆，但可惜的是，在城市化的进程中，城市发展同质化的问题越来越突出。作为城市记忆的守护者和文化脉络的延续者，城市图书馆在赓续历史文脉方面扮演着至关重要的角色，是保存历史、传承文明的重要载体。它们收集、整理、保护城市文化遗产，不断激活与传播着城市的文化基因，为构建城市的文化自信、推动文化创新发展贡献力量。

北京城市图书馆作为一个现代文化地标，其设计与管理哲学深刻映射出对城市历史底蕴的尊重与创意诠释。北京城市图书馆以中国传统文化符号"赤印"为建筑设计理念，外形方正灵巧，如同一枚玉玺印章印落于城市绿心的画卷之上。馆内两座书山宏大绵延，超高通透的玻璃幕墙让自然与建筑融为一体，将中国传统意象和新型公共空间设计完美结合，既展示了宏观的视觉震撼，也雕琢了细腻的阅读角落。

还值得一提的是，非遗文献馆是全国第一家综合性非遗文献阅览空间，在非遗保护、研究、传播普及等方面发挥重要作用。馆内文献覆盖我国非物质文化遗产各领域。除传统阅读外，非遗文献馆还融入现代阅读理念，利用文献可视化技术，结合非遗主题展览、互动体验等，营造出一种沉浸式的文化体验——"见人、见物、见生活"，使访客能在翻阅历史的同时，亲历文化的活态传承。

2.3 打造城市新型智库

党的十八大以来，习近平总书记就建设中国特色新型智库、建立健全决策咨询制度作出了一系列重要论述和指示，特别强调要从推动科学决策、民主决策，推进国家治理体系和治理能力现代化、增强国家软实力的战略高度，把中国特色新型智库建设作为一项重大而紧迫的任务切实抓好。

公共图书馆是城市新型智库的重要组成部分，为城市的规划、决策和发展提供强大的智力支持。作为北京市属公共图书馆的中心馆和龙头馆，首都图书馆为党政机关服务的实践活动已有 60 多年历史，曾在城市总体规划、城市副中心建设、城市治理、京津冀协同发展、世界城市群发展、全国文化中心建设、北京公园景观建设、机关单位编撰志书等主题领域得到用户肯定。

经过多年积累和耕耘，首都图书馆在服务方式、服务内容、服务手段等方面积累了丰富经验，这些经验被巧妙融入北京城市图书馆的建设。北京城市图书馆在地方文献馆内开设城市智库，为政府、企事业单位决策部门提供信息、工具和交流平台，是助力北京城市建设与发展的知识和智力资源中心。由此，北京城市图书馆不仅是信息的守护者，更成了驱动城市发展与决策优化的活力源泉，展现了其作为首都知识与智慧服务中心的新面貌。

2.4 擦亮城市文化品牌

城市图书馆不仅是知识的殿堂，更是城市文化品牌的重要塑造者。图书馆要深入挖掘城市的精神特质与文化品格，将其融入图书馆的公共服务体系，再以公共服务体系反哺城市文化，使公共文化体系与城市文化建设相得益彰，提升整座城市的知名度与美誉度。

北京，作为中国的政治心脏、文化枢纽及国际交流的窗口，悠久的历史文化与现代的都市风貌交相辉映，文化意义与战略价值显著。在这座城市中，新落成的北京城市图书馆作为文化基础设施的标志性项目，不仅肩负着知识传承与文化创新的使命，更成为彰显城市文化魅力与品牌形象的鲜活例证。

2.5 推动文旅融合发展

党的十八大，尤其是 2018 年党和国家机构改革以来，习近平总书记高度重视文化建设、旅游发展及文旅融合工作，强调"文化产业和旅游产业密不可分，要坚持以文塑旅、以旅彰文，推动文化和旅游融合发展，让人们在领略自然之美中感悟文化之美、陶冶心灵之美"。

北京城市图书馆以其独特的建筑设计和空间布局，成功地将文化、自然、科技与旅游紧密结合，不仅提供了高质量的阅读与学习环境，也成了城市文化和旅游的新名片，有力地推动了文旅融合发展，造就了"开馆即顶流"的盛景。

森林书苑（forest reading hall）拥有"世界最大的单体图书馆阅览室"（largest library hall），可用面积约为 2.18 万平方米，已荣获吉尼斯世界纪录称号。森林书苑中大量绿色生态元素营造出一种身处自然的阅读氛围。这种设计不仅体现了环保理念，也使得图书馆成为一处城市中的绿洲，吸引人们前来感受城市中的自然和谐之美，从而实现了文化体验与自然观光的双重享受。除了传统的阅读区域，北京城市图书馆还设有少年儿童馆、古籍文献馆、艺术文献馆、非遗文献馆/地方文献馆 4 个特色资源主题馆，以及元宇宙体验馆、文化交流区、休闲阅读区等多元服务空间，促进了文化的展示与传播，增加了旅游的吸引力。此外，作为智慧图书馆的代表，北京城市图书馆运用高科技手段提升服务质量和体验，如使用机器人服务、智能化的借阅系统等，这些高科技元素不仅提高了图书馆的管理效率，也为访客带来新鲜有趣的互动体验，成为吸引科技爱好者的亮点，展现了文旅融合中的"智慧"一面。

2.6 增进区域文化交往

城市图书馆通过区域联盟、资源共享、联合展览等形式，在区域内编织了一张紧密的文化交流网络。这种跨区域的文化交往促进了知识与信息的自由流动，增进了地区间的文化理解和互信，为构建区域文化共同体提供了坚实的基础。

京津冀三地地缘相接，文脉相连，经济相融。北京城市图书馆作为承担着京津冀公共服务功能的新文化地标，将城市副中心和北京城以及整个京津冀地区更加紧密地联结在了一起，为三地文化资源的共建共享创造了得天独厚的条件，是京津冀协同发展走向全面、多层的具象化体现。

同时，作为京津冀图书馆联盟的积极参与者，北京城市图书馆通过资源共享、联合展览等形式，促进了区域内文化资源的优化配置和高效利用，加强了区域内的文化交流与合作。这种跨区域的文化合作不仅丰富了图书馆的服务内容，还推动了区域文化品牌的一体化发展，提升了整个京津冀地区的文化软实力。

3　未来展望

面向未来，新发展理念——创新、协调、绿色、开放、共享——为城市图书馆的发展指明了方向。它要求我们在服务模式、技术应用、环境建设、资源整合等方面不断突破与革新，以更加开放包容的态度，促进图书馆与城市的深度融合，共同构建一个可持续发展的文化生态。

3.1　建构终身学习服务体系

在终身学习的社会趋势下，图书馆要致力于构建全方位、多层次的学习服务体系，引入在线学习平台，整合优质教育资源，提供从儿童启蒙到老年教育的全生命周期学习方案。同时，开展职业技能培训、创意工作坊等活动，为市民的职业发展和兴趣培养提供支持，让城市图书馆成为每个人终身成长的伙伴。

3.2　推进跨界融合服务模式

跨界合作是未来图书馆服务模式的重要特征。我们要积极在教育、科技、文化、旅游等多个领域内展开深度合作，如与高校共建科研数据库、与科技公司合作开发智能服务、与艺术机构联合举办展览，通过跨界融合，拓宽服务边界，打造多元化、立体化的文化体验平台。

3.3 深入社区延伸服务触角

城市图书馆的服务不应仅限于馆内，更应该以开放的姿态打破空间的边界，通过设立社区分馆、流动图书馆，举办惠民利民、贴心暖心的文化活动等方式，让服务的触角延伸至城市的每一个角落，巩固基层文化阵地，提升人民群众文化获得感、幸福感。

3.4 智慧图书馆的深化与创新

当前，智慧图书馆的建设正如火如荼地展开，这一趋势不仅代表了图书馆现代化进程的重大飞跃，也是科技进步与文化发展深度融合的生动体现。未来，我们要进一步探索人工智能、大数据分析、云计算平台等前沿技术在图书馆领域的应用，打造便捷、高效的知识获取与交流空间。

3.5 绿色图书馆的普及与升级

近年来，构建绿色图书馆已成为全球图书馆界不可逆转的发展趋势。通过采纳绿色建筑标准、应用节能减排技术、推广数字化资源和循环经济模式，绿色图书馆不仅可以减轻对自然环境的影响，还能提升资源使用的效率与服务的可持续性，促进文化与自然的和谐共生。

新发展理念为我们绘制了一幅宏伟的蓝图，未来的城市图书馆将是终身学习的殿堂、跨界合作的平台、社区文化的引擎、智慧服务的先锋、绿色生态的标杆。

殷殷初心如磐，时代答卷常新。首都图书馆将牢牢把握首都城市的战略定位，着眼"四个文化"基本格局和"一核一城三带两区"总体框架，充分发挥凝聚荟萃、辐射带动、创新引领、传播交流和服务保障的重要功能，以拓展服务内容、优化资源配置、提升服务成效为重点，奋力建设国际一流城市图书馆。

论"顶流"图书馆的打开方式

——北京城市图书馆"网红"之路浅析

李念祖（首都图书馆）

北京城市图书馆（以下简称"城图"），自 2023 年 12 月 27 日开馆短短 7 个多月，就经历了从"网络闪红"到"网络爆红"再到"网络常红"的全过程。这期间，城图不断调整经营策略，仅开馆 88 天就迎来了第 100 万名读者，到 2024 年 7 月累计接待量更是突破了 200 万人次，并且依然每天保持着周末和节假日日均 2 万人次的巨大流量。如此高人气，使得城图迅速成了读者眼中"文旅融合"与"科技创新"结合的网红图书馆。

但事实上，"开馆即顶流"的全网认证，在给我们带来惊喜之余，也带来了很多"惊吓"。从假期图书馆的人流量数据可见，当图书馆有 2400 人同时在场，现场读者就会感觉像在景区里游览参观。如果再进入更多人，读者会听到人在地板上走动的响声。"这样的图书馆适合看书吗？""如何满足庞大读者群体的借阅需求？"流量带来的运维管理难题一个接一个，可见想要成为一个合格的"网红"图书馆并不容易，它需要我们图书馆的公共文化服务水平快速升级，并把握住以下几个要点。

1 服务升级重体验

一是快速机动，随时满足更多读者的借阅需求。城图开馆的第 4 天就迎来了第 30500 位读者，是毗邻的环球影城当天人流量的 2 倍。紧接着元旦 3 天假期，每天有 3 万左右的人流量，我们共接待了大约 8 万名读者；春节 8 天假期，接待了 16 万名读者；五一假期 4 天，接待了 8 万名读者；每一个节假日都给我们带来了不小的挑战。为了照顾到假期中家长和孩子们的借阅需求，城图在此期间以"馆中馆"的方式开放了"少年儿童馆"，很快4500册图书就被借出，于是我们迅速增补了1.5万册图书，并从首都图书馆借来3万册图书，如此才保证了第一个借阅周期，书架上的书没有被完全借走。

二是"颜值"要高，整体设计理念超前。城图的"颜值"一直为读者所称道。这座"城市文化客厅"由144棵"银杏树"、873片"银杏叶片"、276块"超级玻璃"和2座"书山"组成，营造出了"临山间，于树下，勤阅览"的阅读意境。城图也因此得名"天花板级的图书馆"。在此基础上，城图还打造了"一天三景"，即白天的城图是融入自然的开放式图书馆，而每当下午5点全馆"华灯初上"时，城图就像是飘在天空中的盒子，被我们称为童话世界的图书馆，至晚上8点，城图的玻璃幕墙就变成了一扇扇镜面，在"银杏树叶"层叠映射下，读者如同沉浸在夜晚的森林里，享受阅读生活。

三是藏书要多，阅读空间要够大。城图，总面积7.5万平方米，藏书容量可达800万册，随着立体书库的投入使用，届时图书馆的藏书可以达320万册。在阅读空间方面，办公区域仅占图书馆空间的3%，优先将2400个最美的阅览座席开放给读者使用，让"享受阅读"这件事，成为读者的切实感受。此外，在开放时长方面，城图还特意在馆内打造了24小时无感借阅图书馆，使"全天候"的阅读体验成为可能。有时晚间11点左右，还会有近30位读者在这里"挑灯夜读"。良好的阅读环境，24小时的阅读场所，让有深度学习需求的读者，可以在这里为理想不断奋斗。

四是打造便捷且多元的借阅服务。可以说，城图不仅是一个图书馆，还是一个"图书馆的城市"，目前已有457家图书馆与城图联网。读者只需打开支付宝"阅读北京"小程序，就可以找到离自己最近的图书馆，距离一般在1.5公里左右。通过网上预约，城图会将读者选中的图书，送到距离他们最近的图书馆中，或送书上门。网借服务的推出，令读者可以"随时随地"地借阅图书。

此外，城图的无感借阅服务，更是实现了图书馆界一直以来的"梦想"。读者从城图"潞云筑"的书架上取下图书，走到场馆出口，不借助任何设备，就可以将书借回家。这样的设想，在10年前因为技术有限而无法实现。可如今，城图为读者提供了24小时无感借阅服务，经过半年多的实验和调试，如今无感借阅的成功率已达100%。

2 保持"顶流"靠"破圈"

如果说服务升级、体验升级是城图成为合格"网红"图书馆的必要条件，那么城图能保持"顶流"，还有赖于其"破圈"的能力。城图在职馆员 272 名，其中包括 7 名机器人馆员及多位虚拟馆员。机器人与虚拟馆员各司其职，涉及咨询服务、现场清洁与维护、机房管理等业务，为馆内读者提供了具有"前瞻性"的服务体验。同时，截至 2024 年 10 月底，城图已举办读者活动 2900 余场，每场活动的海报都按照"电影海报"的标准制作，为读者提供了多样化的选择，吸引他们亲身体验和参与活动。活动中不乏打破传统讲座、展览形式的新尝试，例如艺术文献馆的音乐讲座，老师采用边弹钢琴边与读者交流方式，让读者听到钢琴模拟出的风声，或弹出雨的声音。这样可观、可闻、可品、可触的现场活动，为读者敞开了一扇艺术之门。

在打造智慧阅读方面，城图更善于把"冰冷"的技术，转化为"人性化"的读者关怀。立体书库采用国外先进技术，不但藏书极限容量可达 760 万册，还能实现"选书到桌"的功能，使读者无须离席、免受打扰，更加专注地阅读和学习。同时，每个阅读席位上都配备有智慧台灯，读者可以根据自己的阅读习惯对灯光的强弱进行调整，只需设置一次，它便可以将相应读者对灯光的喜好记在"芯"中，真正实现了"为每一位读者留下一份专属的光"。

在智慧适老服务方面，城图摆脱了传统图书馆标配的"拐棍、轮椅、老花镜"的适老配备，在每个席位上的智慧屏幕中，将 60 岁以上读者的屏显模式变成大字版。老人在阅读时，还可以通过智慧屏幕呼叫机器人"小图"提供送书服务，遇到困难时，还可以一键呼叫馆员实现一对一的帮助。另外，智慧屏幕上的 AI 辅助阅读功能，可以实现外文著作的"手指翻译"——读者只需将图书放置在桌面对准智慧屏幕，并用手指轻轻划过书中待翻译的语句，屏幕便可以对其进行识别并显示译文，这对于年轻读者而言，可以有效提高学习和阅读的效率。

3 直面未来"创 IP"

身处技术大爆炸的时代，"网红"图书馆更应该是一个面向未来的图书馆。为此我们将馆中的"元宇宙体验馆"有效地与"少年儿童馆"进行联动，打造了"魔法手环""阅读花园"等"明星IP"，很好地向读者普及了元宇宙的知识。小读者戴上具有定位功能的"魔法手环"，在确保安全的情况下，于馆内不同的位置展开阅读打卡活动，收获专属的"阅读花园"。他们还可以在元宇宙体验馆中，与亲友分享自己的阅读轨迹。甚至在多年之后，依旧可以在这里感受这些儿时记忆，这也与首都图书馆所倡导的终身阅读理念相得益彰。

在图书馆中，类似的IP还有很多，例如我们利用AI技术打造的"鲁迅先生"，如今已经成为全馆的"网红"人物，读者可以在这里与他"隔空对话"，近距离地感受这位大文学家睿智的言语。除了诲人不倦以外，他还"拥有记忆"，与它聊过天的读者都是他的"老熟人"。而AI数智馆员"图悦阅"的形象，更是经过精心打造，经由人工智能大语言模型训练，精准满足信息查询、书籍导航、阅读指导等个性化需求。我们将它加载到馆内机器人馆员身上，机器人馆员能实现招手即停，有问必答，甚至可以提供自助借阅服务。

事实上，在城图这个元宇宙的世界中，每一位图书馆员都是其中的大IP，他们付出了大量的心血。例如，"少年儿童馆"的馆员平均每天说话在3300句到3400句之间，相当于一个小学老师连续上4节课的语量，每一位馆员都为这座"网红"图书馆的建设付出了辛勤与努力。如果说城图人眼中有一道光，这道光是对城图的欣赏与喜爱，也是对图书馆事业的热爱与忠诚。也正是因为有这道光，才能让我们与读者一起用"未来"的方式打开今天的城市图书馆。

融合智能科技与文化传承

——图书馆新质生产力探究与实践

刘伟成（湖北省图书馆）

新质生产力是对马克思主义生产力理论的继承和集成性发展，是新时期符合我国历史和阶段发展特征的理论指引，是代表当前先进生产力演进方向的理论，也是我们公共文化事业高质量发展和图书馆智慧化转型的理论支撑[1]。在文化领域，新质生产力可以概括为在科技创新推动文化创新的基础上形成的一种创新力，是以"高质量发展"为着力点，以"高效能"为主要内容，以"高科技"为发展特征的一种新质态、新类型生产力[2]。

近年来，图书馆界与科技公司协同合作，促进科技与文化的融合，极大地提升了我国图书馆服务数字化、智能化水平。广东省科技图书馆通过与企业的合作，将图书馆转型为科技文献资源保障基地、科技创新咨询服务基地和科学普及教育基地[3]；江西省智慧图书馆项目结合了 5G、大数据、云计算、物联网、人工智能、虚拟现实（VR）和人脸识别等新一代信息技术，实现了大数据管理、读者无感借阅和基于大数据标签的智能推荐及精准服务[4]；福建省平潭综合实验区图书馆基于大数据、智能化、移动互联和云计算服务，构建了"四位一体"的智慧图书馆，包括数字体验区、视听区和视障阅览区等功能区域[5]；国家图书馆与中国科技馆建立战略合作伙伴关系，京东方作为先进科技企业参与其中，提供软件与硬件融合的智慧空间解决方案，助力智慧图书馆建设[6]。这些案例展示了图书馆与科技公司或机构合作，利用先进的技术和创新的服务模式，实现智慧图书馆建设和文化数字化目标。

1　新技术促进公共文化服务快速发展

1.1　新技术推动公共文化服务创新

新技术在推动公共文化服务创新方面的作用体现在多个层面，包括但不限于数字化建设、智慧化发展、云资源服务创新、文化科技深度融合以及新媒体的运用等。人工智能技术、数字孪生、物联网等技术的融合应用，促使公共文化服务方式创新以及多样化的公共文化服务功能区设立，满足了大众多样化的文化需求。随着"数据、技术、应用"三位一体的智慧化发展，公共文化服务通过资源数字化、管理信息化以及服务网络化等传统信息技术与大数据、云计算及深度学习等新型信息技术的结合，实现了智慧化[7]。扩展现实（AR）、智能问答、数字孪生等数字技术的应用，为图书馆提供了新的服务内容，拓展了服务形式，使得读者能够身临其境般体验各类文化产品，极大地丰富了大众文化生活[8-10]。

1.2　新技术提升公共文化服务效能

新技术的应用使得公共文化服务不再受时间与空间的限制，通过搭建文化体验大数据平台、非遗音乐体验馆、智慧图书馆和云博物馆等，依托新一代信息技术和数字技术，实现了文化与科技的深度融合[11]。自助借阅机、自助办证终端等设备的应用，使得图书借阅实现自助化，方便了读者办理借阅手续。智能技术还能为读者推荐个性化的图书列表，优化借阅体验。通过大数据技术，可以收集和分析用户的浏览行为、使用习惯和反馈信息，构建详细的用户画像，从而更好地了解用户需求，提供更加个性化的服务[12]。同时，借助新媒体传播，公共文化产品能够更好地延伸到社会各个角落，扩大公共文化服务的覆盖范围并提升了其可及性，提高了全社会公共文化服务效能。

1.3　新技术为公共文化服务带来新体验

通过利用新一代信息技术和数字技术，公共文化服务实现了数字化和智能化升级。例如智慧图书馆、云博物馆等平台的建立，使得文化机构、平台能够提供 24 小时不间断的服务，利用大数据平台和虚拟现实技术，可以实现沉浸式的文化体验,如虚拟历史场景和艺术作品的观赏[13]。生成式人工智能在文化产业中的应用催生了新的文化生产力,能够实现娱乐聊天、文案创作、视频剪辑等多种功能,进一步推动了文化变革,为公共文化服务提供了更多可能。数字图书馆、元宇宙图书馆等数字化平台的建设,使读者能够更加便捷地获取和利用文化资源,为图书馆公共服务带来新的体验。

1.4 新技术促进公共文化服务智慧化

新技术在促进公共文化服务智慧化方面发挥了关键作用。首先,数字化技术、信息和网络技术的发展为构建数字化公共文化服务体系提供了重要支撑,这不仅具有理论意义,也具有现实价值[14]。随着大数据、云计算及人工智能等新型信息技术的应用,公共文化服务智慧化成为可能,这些技术的结合使得资源数字化、管理信息化以及服务网络化等方面得到了显著提升[15]。同时,新技术为公共文化服务带来新的应用,使得图书馆能够对其传统业务和服务进行改造和提升。例如,通过智能技术提升场馆的智能化管理水平、优化业务流程、挖掘用户潜在需求,实现精准化、个性化的服务。

2 湖北省图书馆的实践探索

在新时代背景下,湖北省图书馆致力于将传统图书馆服务与现代信息技术深度融合,推出多元化、多层次的优质服务,以全面满足社会各界人士对信息资源的广泛需求。通过加强支撑平台建设、数字资源建设、科学研究、服务推广等,开展系列新技术应用,提升图书馆服务能力和服务效能,从而更好地服务于人民群众的知识获取与精神文化追求。

2.1 支撑平台建设

湖北省公共图书馆统一用户中心建设旨在整合全省读者用户资源,支撑全省通借通还及数据共建共享。平台采用中台化设计思路和微服务技术开发,为数字资源的统一认证和应用提供基本保障,为后续建设全省图书通借通还平台准备好用户端数据。用户中心总体从以下四个方面进行设计:首先用户中心平台采用中台思想进行搭建,这能灵活地支持图书馆业务接入;其次全省用户统一认证,为今后全省文献资源共享服务、互联互通提供基础服务支撑；再次依托大数据、人工智能、物联网等新技术，推动智慧图书馆发展建设；最后各种服务应用按照统一标准对接，通过有效手段逐步构建统一的用户信息标准规范。

各馆工作人员在统一入口可以实现管理办证、读者列表、读者查询处置、批量导入等多种功能，是用户中心的业务基础。平台支持未来新增多种服务应用，具备灵活扩展性，有利于用户中心的可持续发展。平台除了读者证认证外还支持支付宝、微信、社保卡等社会身份认证，也支持无感人脸认证，同时满足图书馆各类业务应用软件、智能终端、移动应用的读者认证需要。用户中心可以实现全省公共图书馆业务系统用户的统一管理，提供统一认证能力，支持与未来建设的其他应用进行系统级别互认。

2.2　数字资源建设

湖北省图书馆高度重视数字资源建设，近年来每年数字资源的采购资金超过一千万。截至 2023 年底，可提供服务的数字资源总量为 1011 余 TB，外购数据库 57 个，自建数据库 40 余个，2023 年数字资源访问总量约 3032 万次。其中外购数字资源包括电子书刊、科研论文、工具索引、方志古籍、外文数据库、影音艺术和培训课程，各数据库年更新率保持在 30% 左右。自建地方特色数据库包括湖北通志、湖北家谱库、湖北方志库等 3 个馆藏特色古籍库；荆楚名胜等 8 个视频库；湖北民间传说等 3 个动漫库；湖北汉水文化、黄石矿冶遗址、荆楚民俗等 13 个多媒体库；武当互动平台及长江讲坛特色资源等，为地方文化传承提供了有力支持。2007 年以来，湖北省古籍数字化 2000 余部，100 万余拍，目前湖北省图书馆古籍数字化项目工作正在稳步推进中。

值得一提的是荆楚文库数字化项目。荆楚文库是全方位搜集、整理湖北历代文献，建立的完整的研究湖北的资料系统，以深入认识湖北地域特色，传承弘扬优秀文化，促进湖北文化繁荣发展为目的。荆楚文库数字化建设是荆楚文库在新时代互联网思维下的创新之举，是荆楚文库在移动互联背景下网络服务的延伸。荆楚文库数字化这个项目由湖北省图书馆来设计执行，荆楚文库数字化以"兼收并蓄，古今并举"为原则，实行开放式运作，目前主要依据荆楚文库的基本资料进行数字化建设，今后还将陆续收入一些新的确有重大学术价值的研究成果。

2.3　科学研究促文化传承

在荆楚文库数字化建设过程中，湖北省图书馆提出以名胜为中心的地方文献遗产智能计算项目，该项目获得了国家社科基金的支持。该项目主要以名胜为中心推进文化、旅游、科技融合交汇，在语义网环境下对地方文献遗产进行知识重构，实现史料的深度利用、知识的智能发现、地方文化的创造性传承发展。通过规范发布和语义关联，构建立体多模文化生态，实现非语义数据语义化；提供多颗粒度、多角度、多层次、多场景应用，面向研究者与社会公众开展智慧服务，实现脱域数据在地化。

通过该项目研究解决以下问题。一是精准定义名胜、都会、要津、旅游目的地、吸引物、标志物，明确智能计算的目的和范围；二是调查行业专家和社会公众实际需求；三是尝试构建地域名胜本体，论证基于监督、半监督、无监督机器学习方法的适用性，探索适宜的人机协同方式。同时，开展基于数据池的多场景智慧服务。一是为文化旅游融合、文化科技融合提供服务，如为省域地情系统增添历史语义层，为地方文化旅游公有云提供语义增强服务；二是为学术研究服务，如政制演变研究、古典文学研究、历史地理研究等提供依据；三是为社会公众服务，如提供智能问答系统、智能推荐系统、智能叙事系统等。通过开展科学研究，挖掘文献的深层价值，为地方文化传承发展贡献力量。

2.4　服务推广促文化传承

"e海悦读"是湖北省图书馆、湖北数字图书馆联合全省各级各类型图书馆，着力打造的公共数字文化惠民服务品牌，旨在利用信息数字化技术，实时调研分析各类读者阅读需求，在线推送个性化数字资源与公共文化服务；联合相关单位，广泛开展社会化合作，举办线上线下主题特色活动，普及推广海量公共数字文化资源。结合"e海悦读"系列活动，孵化主题数字阅读推广品牌，指导湖北省各级公共图书馆为建设智慧图书馆展开积极的探索与实践，是图书馆读者服务工作的提升与外延。

通过"e海悦读·出行"数字资源服务系列活动，湖北省图书馆将移动智库送到人民群众身边，推广海量公共数字文化资源，促进全民信息素养教育。推出"e海悦读"校园行、社区行、基层行、企业行等活动，把移动智库送到人民群众身边。通过联合相关单位，开展广泛的社会化合作，举办线上线下多种主题特色活动，推广海量公共数字文化资源，促进全民信息素养教育。

2.5 新技术应用实践

2.5.1 室内导航与读者轨迹分析

湖北省图书馆少儿馆室内导航和读者轨迹分析项目是智慧空间改造方面的一次尝试。湖北省图书馆利用少儿馆改造契机，在无线网覆盖设计时将室内定位、导航纳入其中。在设计无线网 AP 点时不仅考虑信号覆盖问题，还考虑准确定位对点位布置的需求。室内导航系统可以为少儿馆提供无线客流数据分析，展示读者访问量，特定区域的人流密度等实时统计数据；还可以为读者提供图书馆矢量地图、路径导航、电子围栏、读者画像等个性化服务，提升读者对图书馆的服务体验，并为后续智慧图书馆建设提供数据接口和大数据支撑平台[16]。

后台管理软件可以对客流数据进行分析，除显示当日读者流量数据外，还可以实时显示区域客流与区域热力图，便于管理人员对不同区域读者的管控，避免读者聚集。在对入馆读者特征分析项目中，可以对读者来访的频率数据进行分析，包括读者来访次数、每次来馆时间间隔，读者最后一次访问至今间隔的时间等，这为研究读者画像提供了数据支撑。也可以通过统计馆室活动度，分析馆室之间的关联程序，分析出读者访问馆室的关联顺序，关联度高的馆室可以采用联合促销的方式进行阅读推广。还可以单独查看某个馆室与其他馆室的关联性。

软件系统也可以为读者提供路径导航。以读者所在位置为默认起点，并结合实时路径最优算法计算出最优路径，指引读者抵达想去的区域，可以减少场馆内服务人员工作量，也可以为读者提供更智慧和个性化的服务。还可以通过设置电子围栏，统计设定区域内的客流情况，及时掌握读者的分布情况，动态分配馆内工作人员所在位置，促进工作人员的高效服务。

2.5.2 图书自动化盘点

为方便读者取书，目前图书馆基本采用开架方式存放图书，这也导致图书乱架、错架、破损、书目信息更新不及时等现象时有发生，而人工盘点图书的效率较低，盘点后在架图书可能又产生变化，这使得图书自动化盘点应运而生。

图书自动化盘点目前通常采用盘点机器人和智慧书架的方式，使用了包含 RFID、视觉识别、室内导航、避障等在内的技术。盘点机器人的核心主要由导航系统、功能结构和 RFID 扫描模块组成。盘点机器人需要在图书馆有书架的区域不断活动，因此需要室内高精度导航，避障系统感知与避开各种障碍，并运行到有效距离内进行识别。除了盘点功能外，盘点机器人还可以将图书以书架的形式，形成虚拟图像，精确到每层每本图书，实现图书的精准管理。复合式盘点机器人由 RFID 识别系统、视觉识别系统、导航系统、避障系统等组成。湖北省图书馆与科技公司合作，探索在 RFID 识别的基础上，加入视觉识别技术，通过 ORC 书脊的内容，提高图书识别的准确率，通过实验结果比较，优化后的识别率已经提高到 98.55%。目前湖北省图书馆仍在探索深度学习的识别方法，以优化识别准确率。

智慧书架是基于视觉盘点技术的应用，其利用专业的架上图书视频采集设备和计算机视觉技术，通过新一代智能图书管理系统，实现图书馆藏盘点、查找、导航、顺架等功能，从而提升在架图书的精准管理，提高图书馆借阅服务的质量。智慧书架由信息采集层、计算分析层、管理应用层三层构成。信息采集层主要包括 AI 盘点摄像机和边缘计算节点，功能是架上图书视频采集、视频图像处理、特征提取、数据清洗；计算分析层主要是装有智慧书架系统的服务器，可以进行公有云、私有云或本地化部署，其功能是图书的智能识别、智能匹配；管理应用层主要为馆员管理服务端、读者服务端服务。目前湖北省图书馆主要在社科新书阅览区部署智慧书架，可以通过摄像头完成在架图书的基本信息采集。

2.5.3 全景线上展览

全景线上展览是一种基于 VR 技术和三维建模技术的新型展览形式，通过互联网实现对展会、博物馆、艺术作品等的全方位展示，这种展览方式具有多种功能和特点，能够为观众提供身临其境的体验。湖北省图书馆利用"VR+3D"全景展示技术推出线上展览，将线下展览搬到线上，实现线上线下同步服务。这种方式打破了时间和空间的限制，为读者提供了更加便捷的观展体验。2021 年底，湖北省图书馆借助国家图书馆举办《永乐大典》湖北巡展的机会，同步推出永乐大典线上展览，展览采取"VR+3D"全景展示的方式，将《永乐大典》湖北巡展搬到线上，实现了线上线下同步服务。网络云展览厅不再受时间、空间的限制，将线下场景一比一复原到线上，可为读者提供 24 小时在线参观，读者轻点鼠标，就可以观看展板内容，展板提供高清观看模式，提升了读者线上参展体验效果，让读者足不出户即可沉浸式参展，享有身临其境的感觉。后续湖北省图书馆将通过数字孪生、3D、VR 等技术，推进全景线上服务，为读者打造更加丰富的数字化服务场景。

3　未来展望

展望未来，湖北省图书馆将以文化新质生产力为动力，坚持不懈地推进技术创新与服务创新的深度融合。继续秉持数字化、智慧化、专业化的发展战略，致力于构建一个更加开放、智能、包容的图书馆生态系统，以适应不断变化的信息环境和社会需求。

3.1　提升智慧服务和管理水平

智慧图书馆是在物联网、人工智能等智能技术的驱动下，实现书书相联、书人相联、人人相联的图书馆新模式[17]，它以数字化、网络化和智能化为基础，以人为本、绿色发展、方便读者为其灵魂与精髓[18]。在推进智慧图书馆建设过程中，一是需要继续深化技术应用，探索智能检索与推荐，构建更加精准、智能的检索系统，实现语义理解、知识图谱构建等功能；加强自动化服务，进一步完善自动化分类、编目、标引，提高文献处理效率，释放馆员人力资源，使其专注于更高层次的服务；建立智能问答系统，为读者提供 7 天 24 小时咨询服务，解答各类问题，提升服务效率和质量；同时可以利用大数据技术深入分析用户行为数据，构建精准的用户画像，为读者提供更精准、个性化的服务。二是需要继续优化服务模式，加强线上线下服务融合，打造无缝衔接的服务体验，例如，线上预约线下取书、线上借阅线下阅读、线上线下看展览、听讲座等；积极构建社群化服务，利用新媒体平台，开展线上线下互动交流，举办主题活动，增强读者黏性，打造活跃的阅读氛围。三是需要推进移动服务，完善移动图书馆 APP 功能，提供便捷的移动服务，加强数字资源在移动端的集成，让读者随时随地享受图书馆服务。

3.2　拓展数字人文研究

新技术在数字人文研究领域的应用，正以前所未有的深度和广度，推动着人文科学的创新发展。这种拓展主要体现在以下两个方面。

第一，在技术利用层面，新技术的应用为数字人文研究提供了强大的工具和方法。数字孪生技术的运用，使得构建虚拟文化场景成为可能。通过结合 VR 和 AR 技术，研究者能够为读者提供身临其境的沉浸式体验。例如，通过虚拟历史场景的重建，读者可以"穿越"时空，直观地感受历史事件的场景；而虚拟博物馆的创建，则让珍贵的文化遗产得以在数字世界中得到重现和传播。此外，知识图谱与语义网的构建，为人文学者提供了强大的文本分析工具。通过对典籍文本的深度挖掘和关联分析，研究者能够揭示出文本之间的内在联系，为学术研究提供新的视角和证据。数据挖掘和分析技术的应用，则使得从大量文化数据中提取有价值信息成为可能，有助于发现文化现象背后的规律和趋势，为文化传承和发展提供科学的决策依据。

第二，在研究方向层面，新技术的融入为数字人文研究开辟了新的领域和方向。智能技术的应用，使得对地方特色文化的深入挖掘和研究成为可能。通过对地方语言、民俗、历史等文化元素的数字化记录和分析，可以促进地方文化的传承和发展，增强地方文化的认同感和影响力。在非物质文化遗产的保护和传承方面，数字技术的应用同样发挥着重要作用。通过对非物质文化遗产进行数字化保存和传播，不仅能够保护这些珍贵的文化资源，还能通过网络平台让更多的人了解和参与非物质文化遗产的保护工作。此外，智能技术的应用也在加快古籍数字化的进程。通过对古籍进行深度解读和研究，不仅能够提高古籍的利用效率，还能促进古籍内容的转化，使其在新的时代背景下焕发新的生命力，推动古籍的传承和发展。

3.3　赋能数字经济新业态

新技术与文化的融合，正在为数字经济的发展注入新的活力，从而推动数字文化产业迈向新的发展阶段。通过利用先进的数字技术，可以对馆藏资源进行深度开发，创新文化表现形式，拓宽文化传播渠道。例如，通过开发数字藏品和数字 IP，图书馆和博物馆可以将珍贵的文化遗产转化为数字资产，为读者和观众提供全新的文化消费体验。这些数字化的文化资源不仅便于保存和传播，还能通过互动体验增强用户的参与感和沉浸感，让文化消费更加多元化和个性化。同时，开发虚拟数字人技术，可以打造出具有高度仿真性和互动性的虚拟角色，为读者提供个性化的服务。这些虚拟数字人可以作为虚拟导览员，为读者提供专业、有趣的讲解服务；同时，它们也能担任虚拟咨询员，通过人工智能技术为用户提供即时、精准的信息咨询服务。

新技术与文化的融合还能与文化创意产业紧密结合，共同开发文创产品，开展文化体验活动。通过这种方式，不仅可以丰富文化产品的种类，提升文化产品的附加值，还能有效推动文化产业的结构升级和创新发展。例如将传统文化元素与现代设计理念相结合，开发出既有文化底蕴又符合现代审美的文创产品，不仅能够满足消费者的文化需求，对于推动我国文化产业的转型升级，提升国家文化软实力和竞争力，具有深远的意义。

新技术的发展与融入，推动了图书馆服务模式创新和文化传承发展，为图书馆事业注入新活力，湖北省图书馆的实践经验也为图书馆智慧化转型和文化传承提供了一定的经验借鉴。未来，图书馆应聚焦智慧服务，深化技术应用，拓展数字人文研究，赋能数字经济新业态，实现高质量发展，努力把图书馆打造成为知识中心、文化中心、创新中心，为读者提供更加丰富、便捷、个性化的服务，推动我国文化的传承与发展。

参考文献

[1] 王晓明，沈华. 对新质生产力的理论认识、战略认识、实践认识[J]. 科技中国，2024（4）：10-12.

[2] 周建新. 如何发展文化新质生产力[N]. 深圳特区报（理论周刊），2024-05-21（A7）.

[3] 莫煊海. 科技图书馆合作与发展模式的实践与思考——以广东省科技图书馆为例[J]. 图书馆学研究，2008（1）：46-48，101.

[4] 数字化创新实践案例｜数 "智" 赋能图书馆 打造城市 "悦读新空间" [EB/OL]. [2024-08-21]. https://baijiahao.baidu.com/s？id=1747282041214808661.

[5] 信昇达助力国家级项目——平潭综合实验区图书馆建设[EB/OL]. [2024-08-21]. https://www.eduxsd.com/newsinfo/7195168.html？templateId=604500.

[6] 国家图书馆与中国科技馆建立战略合作伙伴关系[EB/OL]. [2024-08-21]. https://news.sciencenet.cn/htmlnews/2021/3/454460.shtm.

[7][15] 化柏林. "数据、技术、应用" 三位一体的公共文化服务智慧化[J]. 中国图书馆学报，2021（2）：40-52.

[8][13] 韦景竹，黄恩姝. 增强现实（AR）技术在智慧公共文化服务中的应用[J]. 图书馆

论坛，2022（8）：25-37.

[9]王宇鸽.基于物联网关键技术的公共文化服务应用研究[J].图书馆学刊，2021（1）：91-96.

[10]汪征.大数据应用——公共文化行业的发展新趋势[J].电子技术与软件工程，2018（2）：191-192.

[11]数字化扩容公共文化服务[EB/OL].[2024-08-21].http://www.news.cn/comments/20231229/66a314e36a5b409b8607451e9946c903/c.html.

[12]石景山区搭建公共文化服务效能大数据平台　为居民推送个性化文化资源[EB/OL].[2024-08-21].https://new.qq.com/rain/a/20231206A027TM00.

[14]高福安，刘亮.基于高新信息传播技术的数字化公共文化服务体系建设研究[J].管理世界，2012（8）：1-4，14.

[16]王小宁，马妍.室内定位技术在智慧图书馆建设中的应用探索[J].图书馆研究与工作，2022（8）：53-58.

[17]王世伟.论智慧图书馆的三大特点[J].中国图书馆学报，2012（6）：22-28.

[18]王世伟.未来图书馆的新模式——智慧图书馆[J].图书馆建设，2011（12）：1-5.

公共图书馆发展战略与前景规划

国内外国家图书馆战略目标异同研究

——基于 10 所国家图书馆的战略文本比较分析[*]

黄钰楠　潘　玲（重庆图书馆）

国家图书馆是服务国家文化建设的重要文化机构，主要承担国家文献信息战略保存、国家书目和联合目录编制、为国家立法和决策服务、开展图书馆发展研究、提供业务指导和技术支持等职能[1]。国家图书馆的中长期发展战略代表着图书馆领域的发展趋势和水平，引领图书馆行业的进步与发展。

战略规划是战略管理的重要工具之一，包括机构使命、愿景、价值观、战略框架、行动方案等核心要素。西方图书馆界于 20 世纪 70 年代引入战略管理工具[2]，美国、荷兰、法国、俄罗斯以及日本等平均 3—5 年制定更新战略，俄罗斯、英国等甚至制定 8—10 年的长期战略纲领文件。2006 年，中国国家图书馆发布《国家图书馆"十一五"规划纲要》，这标志着我国图书馆界引入战略规划管理方式[3]。经多年发展，图书馆战略规划形成了周期性、系统性、连续性、规范性等特点。本文对 10 所国家图书馆的战略规划文本进行数据化分析和重点解读，为我国图书馆战略发展提供借鉴。

1　国内外图书馆中长期战略规划研究概述

21 世纪以来，图书馆战略规划研究被我国学者广泛关注，于良芝[4]介绍图书馆战略规划的定义、意义及制定战略规划的 3 个步骤，即调查研究、制

＊ "协同理论视域下公共图书馆构建全民阅读推广格局策略研究"（立项编号：2024LSCYDFZZYB065）为中国图书馆学会 2024 年阅读推广一般课题项目，本文属课题研究成果。

定规划和科学论证。柯平等[5]研究公共图书馆战略规划理论研究的基础，提出适合我国图书馆战略规划的理论模型，重点分析战略工具应用、战略目标体系和合作模式3个关键问题。赵益民[6]、李廷翰等[7]研究图书馆战略规划的模型，提出模型的价值意义、构建基础、构成形态和应用策略。近年来，学者广泛研究国外图书馆战略规划文本，马超[8]重点解析爱尔兰国家图书馆2022—2026年的战略规划文本，提出对我国图书馆战略规划的制定和实施的启示；支英浩[9]解读《到2030年俄罗斯图书馆事业战略规划》，提出战略规划全局性、阶段性、中长期性和战略性等特点；闫健[10]对德国国家图书馆2021—2024年的优先战略进行解读与思考，李后卿、原金彪[11]和张强等[12]分别对日本国会图书馆数字化战略和欧洲研究型图书馆进行解读。图书馆战略规划研究中，不乏对国内外图书馆的对比分析，周孟秋[13]归纳国内外图书馆规划的不同模式，对比分析国内外图书馆战略规划的要素内容，提出国外图书馆战略规划对我国的启示；张雪英等[14]对比分析《中国国家图书馆"十四五"发展规划》和《美国国会图书馆2019—2023战略规划》的文本内容，解析两份规划的核心要素和内容；滕超等[15]对10余所国外高校图书馆的战略规划做比较分析，概括战略规划中10余所高校图书馆关注的共同目标。

　　基于现有研究基础，本文选取中国、荷兰、法国、日本等10所国家图书馆现行战略规划文本做内容比较分析，研究战略规划的核心要素和核心内容，分析各国国家图书馆战略规划框架与目标异同，总结图书馆领域重点关注问题和前瞻性的战略任务，为我国图书馆事业战略规划与执行提供新的启示。

2　战略规划样本选择

　　样本选择基于以下考虑，公开发布的战略规划文本、各国家或地区图书馆典型代表、发展水平具有一定可比性，以及图书馆战略发展有完整的结构和明确的目标。本文通过文献调查法，登录各国图书馆官网检索，综合考虑选择中国、荷兰、法国、日本、德国、英国、美国、丹麦、澳大利亚、俄罗斯10所国家发布的最新战略规划文本（见表1）。各国战略规划虽在文本篇幅、战略结构、行文语言上细节差异比较大，但具有共同的战略目标、任务重点且各具特色。本文通过对10所国家图书馆的战略规划文本进行语义分析和梳理，总结归纳结构要素特点和战略目标异同，为我国图书馆的战略规划制定实施提供参考。

表 1 10 所国家图书馆战略规划

序号	图书馆	战略规划名称	规划期间
1	中国国家图书馆	国家图书馆"十四五"发展规划	2021—2025
2	荷兰国家图书馆	文字链接公众：政策规划 2023—2026	2023—2026
3	法国国家图书馆	绩效目标合同 2022—2026	2022—2026
4	日本国立国会图书馆	日本国立国会图书馆数字化转型展望 2021—2025	2021—2025
5	德国国家图书馆	战略优先点 2021—2024	2021—2024
6	英国图书馆	知识的重要性：英国图书馆战略 2023—2030	2023—2030
7	美国国会图书馆	一个全能图书馆：美国国会图书馆 2024—2028 战略规划	2024—2028
8	皇家丹麦国家图书馆	皇家丹麦图书馆 2020—2023 年度战略	2020—2023
9	澳大利亚国家图书馆	澳大利亚国家图书馆系列战略规划 2022—2026	2022—2026
10	俄罗斯国家图书馆	俄罗斯国家图书馆战略 2019—2024	2019—2024

3 战略目标对比分析

通过对 10 所国家图书馆的战略规划文本以及近年各研究机构发布的图书馆发展趋势报告进行语义分析，本文梳理总结出国家图书馆战略规划关键词出现频率，见图 1。

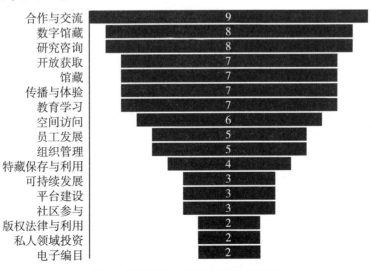

图 1 图书馆战略目标关键词频率图

据图 1，上述 10 所图书馆提出的关键词占比 70% 及以上的有合作与交流、数字馆藏、研究咨询、开放获取、馆藏、传播与体验、教育学习；占比 40%—60% 的有空间访问、员工发展、组织管理及特藏保存与利用；占比 30% 及以下的有可持续发展、社区参与、平台建设、版权法律与利用、私域投资和电子编目。由此可见，国内外图书馆战略目标内容存在诸多异同，各国图书馆根据自身的发展现实和关注重点，布局战略目标并提出符合当前时期的战略任务、行动方案和实施保障等。

3.1 战略目标一致性分析

3.1.1 关注馆藏和开放获取的能力

馆藏扩充与开放获取是图书馆的重要职能，在任何发展时期都是图书馆关注的重点工作。图书馆在馆藏建设上保持战略目标的一致，强调馆藏文献资源的持续扩充和开放合作。90% 的国家图书馆在战略目标中明确提出促进社会各领域的协同合作以充实馆藏，提升开放获取的程度，发挥图书馆知识中心的功能。中国、荷兰、丹麦、俄罗斯、英国 5 所国家图书馆重视与各类研究机构建立伙伴关系，扩大公众获取学术出版物和馆藏的途径，建设综合研究型图书馆，以促进公众的科研参与度和图书馆立法决策的专业服务能力；法国、德国、英国、美国 4 所国家图书馆提出以保障实物馆藏或数字馆藏为重要目标，提倡联合合作伙伴持续更新馆藏以满足公众日益多样化的需求。英国、中国、澳大利亚 3 所国家图书馆关注法定存缴和各类馆藏资源的采集和管理，特别是重点专题领域资源保障能力，建设实物文献和数字信息的保存保障机制。俄罗斯、丹麦、日本和德国 4 所国家图书馆将策略集中在馆藏文献的数字化，完善电子存缴制度，增加数字馆藏量的数量目标。德国国家图书馆指出 2025 年实现所有馆藏的数字化。澳大利亚国家图书馆提出以地理区域为划分，提出辐射型扩充馆藏的计划。

3.1.2 提升图书馆数字化能力

数字化馆藏、数字转型、数据驱动是近年来图书馆发展的重要趋势，是实现馆藏永久保存和可持续性获取的重要手段，对未来图书馆的发展具有战略意义。改善图书馆数字化系统设施建设，提升馆藏资源的数字化进程是图书馆数字改革的重要挑战。6 所国家图书馆在战略规划中将数字化改革列为首要战略目标，包含扩充数字馆藏、完善数字馆藏编目、展示数字馆藏，以及保障数字化设施设备建设预算等。英国国家图书馆指出馆藏数字化不仅是实现馆藏永久保存的方式，也是特殊情况备份、信息多样化和公开化的重要途径，德国、俄罗斯 2 所国家图书馆指出数据获取与改进电子目录是实现数字共享的基础；4 所国家图书馆关注广泛数字领域的联合以实现数字资源的共享，日本国立国会图书馆通过建立"日本检索"（Japan Research），澳大利亚国家图书馆建设"收藏库"（Trove），推动数字资源活用环境。在数字化设施设备配套上，中国、英国、澳大利亚 3 所国家图书馆提出改善馆舍信息化基础设施建设，以及过程中的预算获取和保障策略。

3.1.3　建设以用户体验为中心的服务体系

随着图书馆用户行为的改变，实体图书馆访问人数和纸质馆藏流通量下降，数字系统的不完善导致用户满意度下降，图书馆多元公共空间的塑造以及服务水平的改进被广泛重视。70%的国家图书馆在战略规划中提出改善图书馆空间、完善服务体系、营造知识普及氛围和改进服务流程等众多举措以提升用户体验。法国、英国、俄罗斯 3 所国家图书馆指出，他们正面临图书馆访问量下降、活动减少、需求不足、空间服务效能不足的困境。英国、俄罗斯 2 所国家图书馆提出建设新图书馆建筑和空间，配置舒适的创意活动空间和开放社交空间，策划创意性的展览项目，并塑造现代化的图书馆学习能力中心；美国、澳大利亚国家图书馆关注与公众和社区的联结程度，持续为不同年龄、地区、语言和文化背景的用户提供开放性的活动和展览项目。中国国家图书馆在战略规划中提出构建结构化的阅读推广体系，服务多年龄层次的受众人群；指出打造阅读品牌集群辐射地方图书馆系统，形成立体化、多渠道、多元参与的阅读推广阅读生态系统。

3.1.4　重视图书馆自身能力体系建设

图书馆员是图书馆最重要的资产，是业务发展和服务创新的中坚力量，透明的图书馆内部治理与清晰的管理结构是发挥资产价值的基础。当前，以用户为中心的服务理念的转变、科学技术的改革、数据驱动等新命题赋予图书馆更多的职责和使命，对图书馆员的职业素养和图书馆管理提出更高的要求，有 50%的国家图书馆重视馆员能力发展与图书馆内部建设。皇家丹麦图书馆在数字化转型中明确了五个组织和员工的关键点，即能力、知识共享、跨学科协作沟通、资源分配、数字化思维。希望建立跨组织边界的内部沟通流程和专业的系统工具以达到事务性工作的减少和专业技能的提升，实现员工和机构可持续性的发展；法国国家图书馆提出促进组织模式更新，加强集体工作实现跨部门协作，消除歧视，确保男女多样性和平等，在图书馆变革中增强自力更生和创新能力，并为此列出详细的 2022 至 2026 年的机构和员工发展绩效目标。德国、美国 2 所国家图书馆将员工能力提升列为重要目标，支持员工学习技能特别是数字化相关能力，提升整体行动能力和绩效表现。中国、荷兰国家图书馆从组织管理的角度提出从完善人才雇佣、分类培养、评价激励等方面建立现代人力资源管理体系。

3.2　战略目标差异性分析

3.2.1　战略目标结构性差异

10 所国家图书馆的战略目标呈现出明显的规模化、结构性差异。一是表现在战略目标的数量上，战略目标数量最少的是荷兰国家图书馆，集中于实现 3 个战略目标。较少的是德国国家图书馆，集中在数字化领域的 4 个战略目标。战略目标数量适中的有俄罗斯国家图书馆和日本国立国会图书馆，均为 7 个战略目标；美国国会图书馆，15 个战略目标。战略目标数量较大的有英国国家图书馆，为期 7 年的战略规划共有 7 个目标主题、28 个子目标；中国国家图书馆"十四五"规划有 15 个目标主题、59 个子目标；澳大利亚国家图书馆按 4 大主题将图书馆战略分为 4 个独立文本，设计多层次的战略目标和行动方案。二是表现在战略目标的组成结构上，德国国家图书馆战略目标集中在 1 项核心任务，专注于数字化图书馆的建设，4 个子目标均关注馆藏的数字化建设任务；日本、澳大利亚、英国、中国国家图书馆按内部职能划分来设定战略目标，关注馆藏保障、空间建设以及基础知识服务能力提升以更好地满足用户需求；俄罗斯、法国、丹麦国家图书馆分析利益相关者角度的需求，针对普遍关注的社会问题提出战略任务，重点提升立法决策咨询和专业知识服务实力，广泛合作构建综合研究型图书馆。三是在战略目标评价指标设置上，仅有 3 所图书馆提出评价指标，其中法国国家图书馆按照战略目标逐个设置指标，中国国家图书馆设置 5 年战略规划的整体指标，澳大利亚国家图书馆则设计时间性或阶段性指标。

3.2.2　战略目标实施路径差异

各国国家图书馆虽然在战略目标上有诸多共同认识，但基于图书馆发展规模、战略目标数量和任务范围，相同图书馆战略目标的具体实施路径存在两个明显差异：一是战略目标的任务分解程度不一；二是相同战略目标的实施重点与路径不同。以提升馆藏保障为例，中国国家图书馆将馆藏保障分解为 5 个目标，涉及重点领域文献保障、资源仓储体系构建、空间布局改善等，较为全面；英国国家图书馆仅专注物理空间和硬件设施建设保障不断增加的文献储存；澳大利亚国家图书馆提出清晰的馆藏扩充实施路径，分阶段辐射扩容，实现次区域文献资料的保存利用。在数字化改革领域，德国国家图书馆提出明确的数字馆藏增长数量，并设置 4 个主题 12 个具体任务以改善馆藏数字化过程中出现的文献编目、版权使用等具体问题；中国国家图书馆在该问题上提出 4 个子任务，聚焦在完善更新馆舍智慧化设备，保障数字图书馆系统的硬软件设施建设；日本国立国会图书馆关注增加数字化文献藏量和建设联合数字文档 2 个重点，并未对具体任务进行分解描述。

3.2.3　战略目标保障机制差异

为保证战略规划的顺利实施，50% 的国家图书馆提出了明确的组织机构管理、馆员发展和预算保障的机制和目标，因图书馆构成与管理机制的不同，在内部治理体系、预算保障以及机构可持续发展上有较大差异。在人力资源管理体系上，西方图书馆重视馆员能力的持续性提升，营造多元化、性别平等和扁平化的工作环境，强调个性化和创新能力，提升忠诚度和综合绩效表现。中国国家图书馆较为注重建立体系化、结构化的人力资源管理制度和人才培养体系，设置清晰的馆员晋升路径，为馆员创造稳定有竞争性的环境，以实现更好的资源配置和保障实施效率。相较于中国国家图书馆较为稳定的预算保障，英国、法国、荷兰和俄罗斯国家图书馆面临更多的预算压力。在董事会决策的管理模式下，英国国家图书馆以筹资和资金保障作为专项任务，并设置单独的目标，开发为初创企业等提供有偿服务的咨询产品为图书馆发展提供资金保障；俄罗斯国家图书馆明确指出改善图书馆发展的资金需求，建立与私人投资领域的互利合作机制。仅有荷兰、英国 2 家国家图书馆将可持续发展作为图书馆长期发展的重要保障，并为可持续发展提出行动改进方案。

4　结论与启示

通过对比 10 所国家图书馆的战略规划，本文发现图书馆战略目标有显著的共同性和差异化特征，大多数图书馆战略目标方向上趋同，又因发展阶段和环境各异，设置了差别化的战略任务和行动方案。相较之下，中国国家图书馆战略规划文本特征突出，运用专项任务、重点项目明确战略目标建设的成果，突出图书馆基础设施建设的长远价值和集约化成果。国外国家图书馆重视图书馆在社会呈现的整体形象，关注知识文化服务的价值创造，提倡公众参与、社会多元链接、数据驱动、内部发展等，提出的特色问题值得关注。通过对比分析国内外国家图书馆战略规划文本和战略目标内容的异同，本文发现中国图书馆战略规划的制定和实施有进一步提升的空间。

一是保持适度规模的战略目标。国外图书馆3—7年的规划的战略目标平均数量为12个，我国图书馆5年规划战略目标共59个，数量大范围广任务过多，实施难度大，需要更为详细的规划作为实施前提。二是设计对应战略目标绩效评价指标。对比澳大利亚和法国国家图书馆，中国国家图书馆绩效评价指标与战略目标的对应关系较小，对单个战略目标的实施评价效果较弱。三是关注数字化改革的多元协同。中国图书馆重点强调关键数字技术应用，信息化、智慧化的基础设置建设，也应重视软件服务，关注模块开发、电子编目、系统管理的广泛协同性，对后期馆藏的跨领域、跨区域共享有重大意义。四是挖掘图书馆知识服务的商业价值。对比英国国家图书馆向初创企业和组织提供的有偿知识服务，中国国家图书馆提出完善专业知识服务水平，进一步探索知识产权信息服务的有偿化服务的产品体系，以提升图书馆转型的预算保障实力。

战略规划应具备前瞻性和指导性，在当前复杂的环境中，为图书馆未来发展提供方向性和目标性的指引，并在实施过程中赋予图书馆修正调整空间，真实地反映当前时期图书馆发展现实问题，符合当前建设的需求，实现公共图书馆的长远发展。

参考文献

[1]燕辉.图书馆权利保障中的国家义务研究——以《中华人民共和国公共图书馆法》为例[J].图书馆建设，2020（1）：68-74，84.

[2][14]张雪英，牟玲玲，柳贝贝.中美国家图书馆战略规划对比分析及启示[J].图书馆工作与研究，2022（8）：47-52.

[3]国家图书馆"十一五"规划纲要［EB/OL］.［2023-12-10］. https://jz. docin. com/p-10487826. html.

[4]于良芝.战略规划作为公共图书馆管理的工具：应用、价值及其与我国公共图书馆的相关性［J］.图书馆建设，2008（4）：54-58.

[5]柯平，王洁，包鑫.促进公共图书馆发展的战略规划理论与实践［J］.图书馆论坛，2021（1）：3-11.

[6]赵益民.国内外图书馆的战略规划发展历程［J］.图书馆，2011（4）：27-31，41.

[7]李廷翰，柯平，赵益民，等.图书馆战略规划影响因素模型实证分析［J］.图书情报知识，2011（4）：19-23.

[8]马超.爱尔兰国家图书馆2022—2026年战略规划解析与启示［J］.兰台世界，2023（7）：116-119.

[9]支英浩.《到2030年俄罗斯图书馆事业战略规划》解读［J］.图书馆研究与工作，2023（9）：77-81.

[10]闫健.《德国国家图书馆2021—2024年优先战略》解读与思考［J］.图书馆学研究，2023（3）：93-101.

[11]李后卿，原金彪.日本国立国会图书馆数字化战略探究及启示［J］.图书馆建设，2023（6）：88-99.

[12]张强，王常珏，高颖，等.欧洲研究型图书馆《2023—2027 LIBER发展战略》解读与启示［J］.图书馆学研究，2023（2）：95-101.

[13]周孟秋.国内外图书馆战略规划比较分析［J］.河南图书馆学刊，2013（12）：90-92.

[15]滕超，毕新.国外高校图书馆战略规划的比较分析与启示［J］.图书馆界，2017（4）：50-54.

"十四五"时期公共图书馆高质量发展关键问题的思考

蒋智颖（南京图书馆）

《中共中央关于制定国民经济和社会发展第十四个五年规划和二〇三五年远景目标的建议》（以下简称《建议》）提出，到 2035 年建成文化强国的远景目标，强调在"十四五"时期推进社会主义文化强国建设。公共图书馆作为公共文化服务的主阵地，应对照《建议》提出的任务，着力解决公共图书馆"十四五"规划编制原则问题、事业发展不平衡问题和智慧化服务能力提升问题，以三大关键问题的解决，促进公共图书馆高质量发展。

1 坚持加强顶层设计与问策于民相统一的原则

"十四五"时期是推进建设社会主义文化强国的重要机遇期，编制"十四五"规划是推动发展的关键一环。公共图书馆编制"十四五"规划应遵循顶层设计和问策于民相统一的原则，不仅体现面向未来的整体性、全局性的宏观思考，而且应体现观照现实的具体性、实操性的微观思考，把公共图书馆发展所需和社会所盼统筹谋划，提高规划编制的科学水平和实际效用。

1.1 加强顶层设计原则在规划编制中的应用

丰国政认为，顶层设计是指由各管理机构、行业组织和单位高层自上而下进行的统筹谋划[1]，应强调顶层设计在公共图书馆"十四五"规划编制中的应用，并运用严谨的科学理论和方法对编制流程进行整体安排和协调推进。第一，公共图书馆应将《建议》中有关文化建设的重点任务、上级主管部门和公共图书馆行业组织的政策建议，分解纳入规划总体框架内，体现规划的政策定位和全局高度。第二，运用战略分析工具动态研判公共图书馆发展的内外部环境因素，通过分析现状、发展核心要素、竞争优劣势等因素，确保规划内容符合实际情况和发展规律，体现规划的科学性。第三，以体系化思维撰写规划内容，在确立使命愿景的基础上进行规划具体编制，建立包含目标、任务和行动三个层面的指标化、层级化的目标体系，应列出所有指标落实主体、时限等要求，列出所有层级下的若干子目标任务和预期成效，确保规划的实施效果。

1.2　将问策于民的原则贯穿规划编制始终

公共图书馆"十四五"规划的编制应基于用户需求的理念，已成为公共图书馆界的普遍共识。公共图书馆应成立以馆中层干部为主体，包括公共图书馆界专家、一线馆员、专业院校学者团队、用户代表在内的规划编制组，对省、市级公共图书馆规划案例、相关历史资料和发展现状进行文献调研，通过实地考察和行业走访，吸取文化部门、兄弟单位的规划建设经验；注重了解用户需求，以线上和线下的方式向用户和用户单位代表发放调查问卷征求意见，召开领导专家、党内外高知分子、行业协会、联盟单位、在职和离退休馆员座谈会、交流研讨会，广泛征询问题和需求；在规划起草、初步形成的过程中，定期召开职代会、馆内外专家咨询会对规划内容进行讨论，审议定稿前根据文化和旅游部、省级文旅厅正式出台的文旅发展规划进行调整和完善；定稿和发布应经上级主管部门、党政联席会、理事会审议和职代会表决通过。

2　破解公共图书馆事业发展不平衡问题

"十三五"时期公共图书馆法治化、标准化、体系化建设，以及服务效能、新业态探索等均取得了巨大成就，但是发展不平衡问题仍然突出，基层公共图书馆建设、新型服务能力建设、数字阅读推广仍存在短板弱项。"十四五"时期公共图书馆要实现深度均等化的发展目标，应突出解决发展不平衡的问题。

2.1　补齐基层公共图书馆建设"短板"

基层公共图书馆建设是目前公共图书馆建设体系中的最大短板，从资源保障到线上服务能力均比较薄弱。中宣部出台的《关于促进全民阅读工作的意见》明确指出，到 2025 年，通过大力推动全民阅读工作，基本形成覆盖城乡的全民阅读推广服务体系。一方面，应在发挥省、市公共图书馆业务支撑和引领作用的基础上，推进以区级公共图书馆为总馆、较大的街道和社区馆为分馆、较小的社区馆为基层服务点的一体化服务体系，实现资源共享、通借通还、管理协作、服务联动和业务统筹，更好地创造协同效应和提高服务效能。另一方面，基层公共图书馆应向复合公共图书馆方向发展，纵向突破省、市、区、街道的限制，横向突破行政管理层级的壁垒，在标准化规则下购买管理运营服务，开放引入学校、专业化程度较高的社会性文化机构等社会力量，提高公共文化设施的使用率，拓展乡村家庭阅读、影视观赏、艺术培训、普法教育和文体活动等服务领域，最大限度激活发展动力。

2.2　满足用户日益增长的对新型服务的需求

当前我国经济社会发展进入快速转型变革时期，公共图书馆用户的精神文化需求呈现不断增长的趋势，公共图书馆的主要矛盾已经由用户对文献资源的需求与公共图书馆资源保障不足之间的矛盾，转化为用户日益增长的对新型服务的需求与公共图书馆服务能力不足之间的矛盾。因此，公共图书馆用户服务不能一成不变，应创新新型服务能力建设。首先，公共图书馆应深入挖掘用户对新型服务的显性和隐性需求，有针对性地提高嵌入式知识服务、数据资源管理服务、创新素养教育、智库研究与服务、出版服务等新型服务能力，致力于为用户提供具有知识性、增值性、赋能型的需求解决方案[2]。其次，研发数字人文平台和工具，运用大数据将用户信息和阅读信息相结合，研究分布态势和发展规律，构建反映区域、学科等发展方向的数字人文研究服务系统，保障数据安全的同时对外开放。再次，利用云课堂构建开放共享的公共图书馆社会教育体系，增强教育资源的全面性、可得性与针对性。另外，丰富阅读形式和活动内容，与其他公共文化服务机构优势互补，资源互通，联合开发文创产品，完善服务保障机制提高可持续发展能力。

2.3　推动解决数字鸿沟问题

随着信息技术快速发展，群体数字鸿沟和城乡数字鸿沟现象日益凸显，新冠疫情的暴发显示出公共图书馆数字阅读的重要性，但老年群体无法适应数字化服务、部分贫困地区因没有网络而无法使用数字资源等问题也随之出现，数字鸿沟进一步拉大。公共图书馆应积极通过个性化服务和资源下沉，保障所有用户享有公共图书馆数字化服务的权益。公共图书馆应提高服务适老化程度，公益讲座、培训等活动保留电话预约和线下免预约通道，提供智能设备使用手册、人工咨询帮扶服务；在微服务内导入文字朗读、大字阅读、语音帮助等适老化功能；采取线上线下相结合的方式组织培训机构、专家、老年协会和志愿者开展智能技术教育专题培训，提高老年人对智能化应用和设备的操作能力。针对城乡数字鸿沟问题，公共图书馆界应修订完善相关法律法规，推进信息服务覆盖所有公共图书馆，特别是经济欠发达地区、革命老区、边疆地区、民族地区的公共图书馆，应保障用户上网权益，这是公共图书馆在面临不确定危机下能继续和发挥更大作用的重要保障。公共图书馆还应加强对街道、乡镇、农村公共图书馆用户进行免费数字素养和 IT 技能培训，提高用户应对劳动力市场技能需求变化或职业转型的能力。

3 提高公共图书馆智慧化服务能力

党的十九大报告提出建设智慧社会与数字中国[3]，我国正稳步进入智慧社会建设新时代。公共图书馆应以高度的紧迫感和责任感，积极融入智慧社会建设大局，在"十四五"时期初步完成智慧公共图书馆框架构建，在知识资源建设、智慧管理系统和服务新空间领域达到基本的应用规模，使智慧公共图书馆的创新发展成为公共图书馆效能提升和服务水平提高的源动力。

3.1 实现知识资源建设集成化和联盟化发展

公共图书馆知识资源建设应从追求本地馆藏，转变为满足用户不同需求的馆藏，突破机构和行业边界，将利用知识资源过程中所产生的有价值的内容，都转化为信息并存储利用[4]。例如，将海量的网站信息、城市治理数据、学术交流资源、科研数据、口述史料、社交媒体信息等纳入知识资源仓储范围，建立公共图书馆记忆知识库以永久保存。同时，利用人工智能和大数据等技术，通过数据整合、挖掘和语义关联形成智慧化知识图谱，自动构建满足用户需求的知识结构及相关资源体系，实现对知识库中各类资源的统一加工、自动关联和集成化管理，形成立体化、覆盖全网的知识资源体系，方便用户基于问题场景获取优质的知识资源，并进行深度学习、研究与创造。

公共图书馆界应贯彻共享的新发展理念，以提高资源利用率为目标，成立由国家图书馆牵头，联合全国各级公共图书馆，依托已有的技术、服务、设施与行业协同网络，整合支持公共图书馆发展的头部企业、研究机构和社会组织的市场经验，构建统一高效、互联互通、安全可靠的新一代全国公共图书馆知识资源共享联盟，实现虚拟书库集成管理、自动馆际互借、资源联合按需采购、自动文献调度等协同合作。在完善知识资源共享联盟管理体制机制，建立数据开放共享的相关标准体系的基础上，知识资源共享联盟实现开放的生态系统，支持各级公共图书馆及社会第三方平台接入。

3.2 实现业务管理全流程智慧化发展

公共图书馆应对业务内容、业务架构进行全流程智慧化重组，根据智慧场景编制智慧服务标准化体系，打造具备纸电数资源一体化管理的新一代智慧公共图书馆服务平台；利用智能数据分析和预测协助馆务决策，优化管理工作流程；建立密集仓储式智能书库，通过盘点机器人进行智能仓储、物流和盘点；基于大数据构建采、编、流智能化作业系统；丰富移动公共图书馆内涵，实现无感借阅、iBeacon 导览导航和实时参考咨询服务[5]；动态采集、挖掘和分析资源、设施、用户行为等数据，精准推送服务内容；实现知识仓储自动同步更新，提高知识资源扩展获取性。

公共图书馆应重新定位馆员的角色，将馆员作为虚拟知识空间如微博、微信公众号、博客、学术社区中的主导者，为每一位用户提供满足其需求、有价值的创新性知识信息服务[6]，并能与用户建立长期联系以提供持续服务；制定馆员赋能计划，建立能让馆员发挥能力和作用的机制，让馆员在参与公共图书馆重大任务和活动、课题研究、社区文化建设、引导用户认识公共图书馆对个人和社会价值方面发挥重要作用。公共图书馆还应定期开展以图书编目为核心的图书馆学系统培训，包括智慧服务、数据管理、古籍、原生资源开发等系统化培训课程，以切实提高馆员的专业素养。

3.3 实现技术空间一体化发展

《美国国会图书馆 2019—2023 年战略规划》中特别强调公共图书馆阅读空间应将用户体验放在首位，重视信息技术应用与用户个性化服务紧密结合[7]。因此，公共图书馆服务应以嵌入用户服务过程为中心，应用人工智能技术提供满足用户需求的应用程序和访问服务，保障所有的公共图书馆服务都包含线上和线下的用户体验，确保随时随地为用户提供服务。同时，公共图书馆应用物联网技术实现空间、环境、资源、设备等与用户行为数据的实时匹配，通过系统后台进行数据交互分析，为用户提供无感随行的便捷服务新体验。另外，公共图书馆还应打造包括艺创空间、文旅融合、非遗文化等主题公共空间，运用动画技术、成像技术、多点定位摄像头、实时互动绑定等高新科技，以虚拟现实（VR）展示珍贵馆藏、文创产品、主题展览等虚拟场景，使用户获得智能化技术带来的沉浸式服务体验。

4 保障公共图书馆"十四五"规划真正落地实施

4.1 构建规划实施统一协同机制

公共图书馆应将规划确定的主要指标纳入年度工作计划中的实施重点。规划主要指标中的年度实施情况、上一年度规划总体执行情况和下一年度实施重点，应纳入年度工作总结，提交上级主管部门审核。公共图书馆应发挥资源、技术、财务、服务等方面对规划实施的保障作用，加强对预期指标的跟踪分析和政策引导，保障财政预算、岗位资源配置与规划实施的衔接协调，确保规划主要指标、实施重点、重大项目的审批和实施。

4.2 完善规划实施监督考核机制

公共图书馆应制定规划实施绩效评估体系，将规划实施情况纳入馆领导干部考核评价体系，按照规划内的既定指标严格评估，强化馆员、用户、公共图书馆界、媒体、智库等对规划实施效果的监督，并依照评估和监督反馈的结果对规划内容进行调整。《建议》中明确提出"十四五"时期要推进法治中国建设，因此，公共图书馆界应进一步健全和完善发展规划的相关立法，为规划的编制和实施提供有力法律支持，保障规划编制和实施的长远发展。

公共图书馆"十四五"时期高质量发展关系图书馆事业发展和文化强国远景目标的实现。因此，公共图书馆应以解决三大关键问题为抓手，以适应我国进入更高质量发展阶段的文化发展新要求为目标，着力破解事业发展不平衡问题，不断提高智慧化服务能力，进而推动实现均衡发展、精准转型和赋能社会的战略目标。

参考文献

[1] 丰国政. 我国图书馆"十三五"规划的顶层设计[J]. 图书馆工作与研究，2016（8）：11-15.

[2] 初景利，秦小燕. 从"地心说"到"日心说"——从以图书馆为中心到以用户为中心的转型变革[J]. 图书情报工作，2018（13）：5-10.

[3] 习近平作十九大报告　八次提到互联网[EB/OL].［2017-10-18］. http://media. people. com. cn/n1/2017/1018/c120837-29594814. html.

[4] 包纲. 基于5G技术的城市公共智慧图书馆建设[J]. 中国报业，2023（2）：129-131.

[5][6] 吴瑾，刘偲偲，王磊，等. 从资源驱动走向服务主导——2017年全国图书馆新型服务能力建设学术研讨会综述[J]. 图书情报工作，2017（13）：133-139.

[7] 尚晓倩.《美国国会图书馆2019—2023年战略规划》分析及启示[J]. 图书馆工作与研究，2020（1）：73-79.

终身学习服务体系研究

日本公共图书馆老年服务新视点

——重视自主性、创造性的老年学习活动

田　园（首都图书馆）

随着我国进入老龄化社会，公共图书馆的老年读者数量逐年增加。如何更好地服务老年读者，促进其终身学习，成为当下图书馆界的重要课题。目前，我国图书馆面向老年人的教育、学习活动以讲座、展览、培训为主[1]，重"教育"而轻"学习"，在激发老年读者的自主性方面略有欠缺。

在老龄化进程较早、老龄化程度严重的日本，公共图书馆的老年服务较为完善，相关研究也较为充分。本文旨在介绍日本公共图书馆开展的新型老年学习活动的理念与实践，以期为中国的图书馆界提供参考。这些新型老年学习活动，注重发挥参与者的自主性、创造性，突破了传统教育活动中"教"与"学"的对立，在满足参与者多方面学习需求的同时，让老年人发挥自身的经验智慧，为地区、社会作出多重贡献。

1　文献综述

1.1　日本的研究

张心言[2]将日本公共图书馆的老年服务研究分成了三个阶段，分别为：萌芽时期（1970—1989 年），摸索与吸收时期（1990—2005 年），多样化时期（2006 年至今）。

1.1.1　萌芽时期（1970—1989 年）及摸索与吸收时期（1990—2005 年）

20 世纪 70 年代，日本的图书馆学界开始关注老年服务课题[3]，但研究较少。其后相关研究逐渐增多，至 2005 年，老年服务研究领域的重点为：①关

注老年人身体不便的问题，介绍相关案例，推进公共图书馆的无障碍设施建设和适老服务开展[4]；②在积极吸收老年学等学科研究成果[5]的基础上，开始关注老年人的精神健康问题，探索新的服务方向[6]。

1.1.2　多样化时期（2006 年至今）

在这一时期，研究成果大量发表，关注点也更加多样化。此时期的研究特点有：

（1）老年人观的转变。图书馆界开始辩证地看待老年人，将老年读者群体分为"社会福利对象（弱势群体）"与"生活者、活动者"[7-8]等。

（2）关注健康老人的终身学习与社会参与课题[9]；关注图书馆与外部机构的合作事业等。

（3）关注认知障碍（痴呆症）问题，推进"认知障碍友好型图书馆"建设；在图书馆内开展认知障碍防治服务等[10]。

1.2　中国的研究

笔者于 2023 年 8 月 23 日在中国知网使用关键词"公共图书馆""老年"和"日本"进行检索，共得到论文 23 篇。其中，以较大篇幅介绍、研究日本公共图书馆老年服务的论文有 12 篇。

我国学界对日本公共图书馆老年服务的研究主要集中在几个方面：①从适老化服务、关爱弱势群体等角度出发，介绍日本图书馆老年服务概况[11-12]；②介绍面向老年群体的健康信息服务[13-14]；③介绍认知障碍特色服务[15-16]；④关注图书馆与外部机构的合作事业[17]等。

总的来说，我国学界对日本公共图书馆老年服务的研究介绍以适老化服务等基础服务为主。近年来，亦有针对健康信息服务、认知障碍人群等多样化、特色服务的研究出现。但目前中国学界对在日本备受瞩目的老年终身学习与社会参与课题几乎没有涉猎。这为本文提供了研究空间。

2　图书馆与老年人的终身学习

关于老年人的定义有很多，日本的老年教育学权威堀薰夫将老年分为三个阶段：前老年期 pre-old（约 50—64 岁），老年前期 young-old（约 65—74 岁），老年后期 old-old（约 75 岁以上）。

在早期，日本图书馆界的老年服务，以无障碍服务为主。21 世纪以来，这一理念有所变化。堀薰夫提出，作为学习支援机构，图书馆的老年服务应该从关爱弱势群体、照护的视角，转向教育和学习的视角，尤其是在面向较为年轻、健康的老年人群体时。他同时提出，"老年服务论"的命名也应向"老年读者的图书馆利用论、读书论、信息获取论"等转变[18]。

图书馆开展面向老年人的终身学习服务很有必要。老年人参与终身学习有多重意义：①创造人生价值。老年人通过学习活动和社区活动创造人生价值，实现丰富的第二、第三人生。②解决社区问题。老年人通过自主学习、协作学习，作为解决地区问题的中坚力量，为地区的活性化作出贡献。③构筑新的人际关系。老年人通过学习活动和地区活动与社会保持联系，防止被社会孤立。④健康维护、疾病预防。老年人通过活动身体维持健康，有助于控制社会保障费用[19]。

堀薰夫认为，前老年期、老年前期、老年后期三个阶段的老年人学习需求各有特点。①前老年期的人通常尚未退休，他们的代表性学习需求有：挑战新的学习活动，发现自己新的一面；为老年生活做准备；追求自我实现等。②老年前期的人因退休等原因，职业生涯往往告一段落。他们虽然老了，但自觉健康状况良好。这一阶段的代表性学习需求有：参与适合老年人特点，发挥老年人优势的学习项目；应对退休带来的生活变化，重构人际关系；与过去和未来保持联系（即回顾自己的人生，跟上时代步伐，将自己的经验传递给下一代）等。③老年后期的人身体衰老加剧，因此他们需要更多的身心照护。这一阶段的代表性学习需求有：在有限的范围内学习和活动；通过学习改善低下的生理机能；通过学习充实自己的内心世界[20]。因此，图书馆在提供老年服务，开展面向老年人的终身学习活动时，应根据不同情况提供多样化的服务。

3　强调自主性的老年学习及教育活动的特色案例

日本的公共图书馆作为重要的终身学习机构，推出了丰富多彩的面向老年人的终身学习活动。

堀薰夫认为，当下老年学教育的一个重点，是从"教导、指导老年人"向"组织老年人学习"转变。对于老年人的教育和学习来说，不适用像教育儿童那样，采用由前一代向下一代传授知识和技能的形式。老年教育活动的目标应是重构、优化老年人的学习经验，而不是灌输知识；教育者并非通过教授或指导，而是通过"运营、设置学习的空间、场景"或者"组织协调人们参与互助的学习活动"来开展教育[21]。

本文将介绍一些日本公共图书馆的创新型活动案例。这些活动突破了传统终身教育活动中"教"与"学"的对立，鼓励老年人参与自主学习，并将多年来自身的积累通过教育活动传递给下一代，贡献社会。

3.1 八王子市图书馆"八王子千人塾"

八王子市图书馆位于日本东京西部，于 1954 年开馆。2003 年，八王子市图书馆开始举办特色老年活动"八王子千人塾"。

千人塾是"八王子市终身阅读活动推进计划"的一部分，旨在"让老年人来图书馆、使用图书馆，促进老年人的终身阅读"[22]。活动每年 5 月招募一次成员，居住在市内的 60 岁以上老人均可报名，每年的参与者在 10 人左右[23]。活动包括讲座和自主研究两部分，主要内容是指导老年参与者利用图书馆的资料等进行学习、研究，之后将成果整理发表。研究报告汇编成的册子——《银杏街道》在市内外图书馆及关联机构发行，截至 2023 年已经出版了 19 册[24]。

首先，千人塾会举办一次讲座。讲师说明活动内容和目的，然后介绍图书馆设施和馆藏资源，以便参与者使用。其次，讲师讲解如何确定自己的研究主题，并让参与者在课堂上讲述自己感兴趣的事物。作为参考，讲师还会介绍前期活动的研究课题。之后，讲师将详细介绍资料查询方法，帮助参与者收集研究所需的参考资料。最后，讲师将讲解报告的写作和发表方法，包括如何整理资料、如何简明易懂地写作报告或公开演讲自己的研究成果等。

讲座结束后，活动进入自主研究环节。参与者需花费 1—2 个月时间确定自己的研究主题。千人塾活动对研究的主题不作限制，大部分参与者较为关注本地的历史人文，或与老年人生活相关的经济民生课题，研究文学的人也不在少数。

确定研究主题后，参与者会在指导下利用图书馆、网络及相关设施收集资料，然后撰写报告。报告分为两种：一是发表、宣讲用的 1 页 A4 纸左右篇幅的总结报告；二是在《银杏街道》刊登或参加研究竞赛用的详细报告。

由千人塾毕业生组成的"八王子千人塾学生会"发足于 2004 年，此后一直协助千人塾开展活动，如策划组织讲座、指导新人研究等；同时也参与《银杏街道》的编辑工作等。约 60% 的毕业生会参加该组织，在 2014 年时活跃成员已超过 50 人，年龄以 70 多岁者居多。学生会每月召开 1 次左右的定期例会，此外也经常举行读书会、研究会等自主活动。另外，学生会还在每年秋季举行的"图书馆节"中的研讨会上发表研究成果，活动广受好评。

千人塾活动的参与者及毕业生也积极参加了由公益财团法人图书馆振兴财团主办的"利用图书馆进行调查学习竞赛"。他们从 2004 年度开始参赛，第一年就获得"优良奖"，此后千人塾的作品每年都收获颇丰，截至 2021 年度共有 32 篇作品获奖，造就了一定社会影响力。

3.2 吹田市立千里图书馆个人史（自传）讲座及"吹田个人史协会"

吹田市位于日本大阪府北部。千里图书馆是吹田市立图书馆的分馆，于 1978 年开放至今。千里图书馆于 2011 年 11 月举办了个人史（自传）讲座——"来写个人史吧"，旨在为老年人创造契机，让讲座的听众不仅可以拓宽知识面，更能成为活动的主体。该活动的意义和目标为：①满足老年人的精神需求；②让老年人通过书写自己的历史来创造人生价值；③在写作过程中灵活利用图书馆资料，提升老年人信息素养；④可以把完成的个人史捐赠给图书馆，作为地方文献收入馆藏。

讲座共 3 期，主题分别为：①如何开始写作；②寻找想写的材料；③通过推敲让文章发光。讲座邀请日本个人史学会理事担任讲师，内容以写作实践为主。当时共有 24 人参加了活动，年龄以 60—80 岁为主。讲座中，参与者需要从图书馆借来需要的资料进行展示。

讲座结束后，参与者自发组织了"吹田个人史会"。该团体定期开展活动，主要包括：①每月一次，会员将人生经历的片段整理成 1200 字左右的随笔，并进行共同点评；②个人史单点课程；③聘请大阪"朗读工房"的专业人士在例会上朗诵会员的个人史随笔；④每年年末出版总结文集《片段个人史》。

2013 年，图书馆将创作成果合集《片段个人史：我的人生回忆第 1 集》付梓出版，并收入馆藏[25]。此活动持续至今，作品集至 2023 年为止已经出版了 11 册[26]。

3.3　"都筑图书馆粉丝俱乐部"与"TDO 爷爷奶奶队"

都筑图书馆位于日本神奈川县横滨市都筑区，于 1995 年对外开放。该图书馆开展了丰富的读者活动，2016 年因"儿童阅读推广活动的优秀实践"荣获日本文部科学大臣表彰[27]，社会影响很好。

"都筑图书馆粉丝俱乐部"是都筑图书馆关联的志愿服务团体，成立于 2003 年。与常见的志愿服务模式不同，该团体与专业馆员一直保持"协作"的关系，直接参与图书馆读者活动的策划组织工作[28]。该团体核心成员的平均年龄在建设初期达到 50 余岁，2016 年时上升为 60 余岁，实质上可视为老年团体。

TDO 为"都筑儿童读书应援团"的简写。该团成立于 2011 年，是"都筑图书馆粉丝俱乐部"的派生志愿团体，致力于区内青少年阅读推广活动。该团体运营颇为成功，作为"儿童阅读推广活动优秀实践团体"同样受到日本文部科学大臣表彰。

2011 年 6—10 月，TDO 策划举办了 3 期"爷爷奶奶绘本塾"讲座，教授儿童绘本的讲读技巧。该活动的毕业生于 2012 年 9 月组成了新的志愿团体"TDO 爷爷奶奶队"。

"TDO 爷爷奶奶队"以给儿童讲述绘本故事为主要活动形式，旨在向儿童们传达绘本的魅力。其成员有 20—30 人，年龄限制在 50 岁以上。该团体在都筑图书馆每月举办"定期故事会""小熊故事会（亲子故事会）""为你读绘本"等活动。此外，还会与其他机构、志愿者团体等联合举办各种活动[29]。除了绘本讲读，还有手指游戏、纸戏剧等丰富的活动形式。负责人表示："成员们和像自己孙子一样的孩子们接触，都异口同声地说'很快乐'。虽然会失误，但因为快乐所以能持续下去。……因此，每个人平时都会努力练习，寻找优秀的绘本等，努力进行自我钻研。"

3.4　品川区立大崎图书馆的商业支援服务

日本的公共图书馆界从 2000 年前后开始逐渐推行商业支援服务，主要形式包括商业资料的专架展示及相关咨询、研讨、讲座等。该服务颇受欢迎，有许多老年人利用该服务在退休后创业[30]。值得注意的是，老年人不仅是商业支援服务的利用者，也是服务的提供者。图书馆不仅协助老年人学习，更创造了让老年人参与教育的空间。

品川区立大崎图书馆位于日本东京都品川区，于 1983 年 7 月开馆[31]。品川区立大崎图书馆于 2004 年在其二楼设立了商业支援图书馆，后于 2015 年改称"商业角"。该商业支援图书馆的设立与运营得到退休老人组成的 NPO（非营利组织）"核心网络"（core net）的大力支持。

核心网络成立于 2000 年 12 月，次年被认证为 NPO 法人。核心网络由日本各行业的退休经营者、职工组成，现有成员 100 人。组织的宗旨是"通过支援教育、支援中小企业来支援下一代，让老年人成为社会中坚力量"[32]。从创立之初，核心网络即为中小企业提供经营支援服务，包括创业指导、产品研发、宣传营销、人才培养等。

2004 年 3 月，早在品川区立大崎图书馆的商业支援图书馆开馆之前，核心网络就出席了商业支援图书馆的准备委员会，参与筹备工作。开馆后，核心网络于同年 7 月在商业支援图书馆内举办了讲座，并从同年 8 月开始在图书馆内提供长期、免费、一对一的商业咨询活动"经营万事相谈"，每年能为 30 余个项目提供经营建议。从 2006 年开始，核心网络也向图书馆的"月例研讨会"活动定期派遣讲师，平均每年 1 次[33]。

关于图书馆的商业支援，核心网络的理事认为：图书馆的商业支援活动适合"不知如何起步的初期创业者"；此外，他也认为这项活动有助于让区内居住的一流企业退休职工发挥优势，为品川区的商业经营和研发制造注入活力。

4　对我国的启示

在前述日本图书馆老年活动的特色案例中，图书馆引导老年参与者充分发挥了自主性、创造性。老年人既参与了学习活动，又参与了教育活动。他们首先通过参加讲座、培训学到新的技能，又在后续的活动中成为研究者、创作者，创作出全新的作品；继而在活动结束后加入相关的志愿者团队，学以致用，承担起组织者、教育者的角色，完成教与学的循环。

在这个过程中，老年人得以和社会密切接触，拓展自身人际关系，学习知识技能，跟上时代步伐，满足其自身多方面的学习需求；又能充分发挥自身优势，将自己的经验智慧传授给下一代，促进代际融合发展，为地区、社会作出多重贡献。

这些创新型教育、学习活动对我国图书馆界有如下启示：

4.1 重视老年读者活动，在内容、形式方面探索多样化的创新

现在，各地公共图书馆举办的活动以青少年活动为多。但随着社会老龄化加剧，老年读者的数量在逐年增加。图书馆界也应顺应时代，着力关注老年读者的需求，增加老年活动频次，更好地服务老年群体。

在活动的内容和形式上，可在现有基础上做多样化尝试。据调查，我国图书馆的社会教育活动以讲座和展览为主。其中专门面向老年读者的讲座、培训活动，以音乐歌唱类和手机电脑应用类内容最为普遍。这些活动的形式和内容较为传统，往往在促进老年人自主学习、自主创作，或鼓励老年人参与社会贡献方面略有欠缺。

因此，我国图书馆界可以借鉴先进经验，尝试开展新内容、新形式的活动，认识到老年群体的多样性，进而提供相应的服务供其选择。

4.2 引导参与者发挥自主性

在终身学习的过程中，学习者是主体。多个教育理论均认为，成人与儿童相比具有更高的自主学习水平，因此成人教育更应尊重学习者的主体性[34]。在开展面向老年人的教育活动时，可以适当探索以任务或问题为中心的教育方法，如课题研究、主题创作、小组讨论等。

另外，图书馆也可以邀请有学识、有意愿的老年人，为他们提供展示自己的舞台，开展小型的分享、咨询活动，让他们能够将自己的积累和智慧传递给下一代，贡献社会。

4.3 结业参与者的组织及活动系列化、品牌化

前述日本图书馆的活动案例中，有不少从小型讲座发展为系列品牌活动的案例。在这些案例中，图书馆往往只提供培训和引导，参与者（毕业生）反而发挥了主体作用。

我国图书馆也可参照这一做法，把活动参与者有效地组织起来。首先在活动开始前，就可以在社交软件上建立参与者群组，并定期回访、运营，这样能及时收到参与者的反馈意见以作出改进。其次，在活动结束后，可以加

强对活跃成员的组织，引导他们在后续的活动中灵活运用自己的所学，参与策划工作或志愿活动。

4.4 基础服务充实，覆盖面广

需要看到，日本图书馆新型老年学习活动的开展，建立在常规老年服务的基础之上。调查表明，日本大部分都道府县立公共图书馆（相当于我国省馆）均开展了无障碍服务、无接触服务、休闲服务等基础服务[35]。这些服务极大地方便了老年读者，让他们可以更多地利用图书馆，参与活动。我国图书馆界也应补齐短板，努力完善相关基础服务，提升老年服务品质。

4.5 与外部团体、机构密切合作

在开展老年服务方面，日本图书馆界一直与老年服务机构、文化馆、市民团体等各机构、团体保持着密切合作。这种合作有助于提高服务水平，同时吸引更多的老年人利用图书馆。我国的图书馆界也可以吸取经验，拓宽视野，开展多方面合作。

4.6 从小处着手尝试

组织活动不必求"大"，可以从"小而美"处着手探索。前述案例中活动的规模并不大，人数以10—20人居多。举办活动的图书馆也不是都道府县立图书馆，而是市立图书馆甚至市立图书馆的分馆。我国图书馆在探索新的活动形式时也可以从小处着手，大胆开设试点项目。

参考文献

[1]王佳媛，杜慧平.公共图书馆老年读者社会教育服务实践调研——以省级图书馆为例[J].办公室业务，2021（21）：82-86.

[2]張心言.日本の公共図書館における高齢者サービスの変遷及び課題：文献の検討から[J].三田図書館・情報学会研究大会発表論文集，2020：29-32.

[3]辻畑君子.報告 潜在的視覚障害者へのサービスが課題——山口県点訳友の会の活動[J].図書館学，1975（26）：7-8.

[4]特集いま求められている「高齢者サービス」とは[J].図書館雑誌＝The Library journal，1999（7）：524-537.

[5]高島涼子.高齢者への図書館サービス[J].図書館界＝The library world，1993（1）：73-78.

[6]白根一夫.斐川町立図書館の高齢者サービス——回想法による試み[J].現代の図書館＝Libraries today，2006（3）：150-157.

[7]堀薫夫.高齢者の図書館利用と読書活動をめぐる問題[J].現代の図書館，2006（3）：133-139.

[8]呑海沙織.高齢社会における図書館サービス：サード・エイジと図書館[J].図書館雑誌＝The Library journal，2014（5）：313-315.

[9]若杉隆志.高齢者が活躍する場としての図書館：つづき図書館ファン倶楽部の活動から[J].図書館雑誌＝The Library journal，2018（8）：516-517.

[10]呑海沙織.認知症にやさしい図書館をめざして：「超高齢社会と図書館研究会」の取り組み[J].月刊社会教育，2019（2）：35-41.

[11]邓咏秋，刘弘毅.日本图书馆的老年阅读推广实践及其启示[J].图书馆研究与工作，2017（2）：52-55.

[12]范军.国外公共图书馆老年读者服务的经验与启示——以美国、日本为例[J].图书馆学研究，2012（16）：95-98.

[13][35]王文韬，杜中花，钱鹏博，等.日本公共图书馆促进老年群体健康的服务研究[J].图书馆学研究，2022（9）：84-90.

[14]姬玉.公共图书馆老年人健康信息素养教育体系构建[D].长春：东北师范大学，2022.

[15]寇垠，潘洁馨，何威亚.国外图书馆老年痴呆服务综述[J].国家图书馆学刊，2021（4）：64-75.

[16]高昊，赵庆婷.日本认知症友好型图书馆的建设及启示[J].新世纪图书馆，2022（6）：76-82.

[17]寇垠，何威亚.日本图书馆参与地域综合照护网络的经验[J].图书馆论坛，2020（10）：176-183.

[18]堀薫夫.高齢者への図書館サービス論から高齢者の図書館利用論・読者論へ[J].図書館界，2007（2）：67-71.

[19]資料2 長寿社会における生涯学習の在り方について[EB/OL].[2023-09-13].https：//www.mext.go.jp/a_menu/ikusei/koureisha/1317565.htm.

[20]堀薫夫.高齢者が学ぶということ[J].Lisn：Library & information science news，2015，164：1-4.

[21]堀薫夫.教育老年学の展開と課題[J].老年社会科学，2017（4）：459-464.

[22]松廣睦.シニア世代が自ら調べ学習を：読書のまち八王子の実現に向けて[J].図書

館雑誌＝The Library journal，2014（5）：320-321.

[23] 八王子市の図書館 2022 [EB/OL].［2023-09-13］. https：//www. library. city. hachioji. tokyo. jp/reading-town/hachioji_library_2022. pdf.

[24] 発表・研究レポート一覧 [EB/OL].［2023-09-13］. https：//jukusei. jimdofree. com/% E7%99%BA%E8%A1%A8-%E7%A0%94%E7%A9%B6%E3%83%AC%E3%83%9D% E3%83%BC%E3%83%88%E4%B8%80%E8%A6%A7/.

[25] 金森直美，梅田米大. 図書館で「自分史講座」シニア世代の生きがいづくりを応援 します！：吹田市立千里図書館からの報告 [J]. 図書館雑誌＝The Library journal，2014 （5）：316-317.

[26] 吹田自分史の会 [EB/OL].［2023-09-13］. https：//suita-jibunshi. jimdofree. com/.

[27] 祝「子どもの読書活動推進優秀実践団体」文部科学大臣表彰＆ご報告 [EB/OL]. ［2023-09-05］. https：//libraryfun. net/tdo/？ p=390.

[28] 国立国会図書館. サード・エイジ：超高齢社会を支える高齢者と図書館. 超高齢社会 と図書館―生きがいづくりから認知症支援まで [R]. 京都：国立国会図書館，2017.

[29] 令和元年度都筑図書館の目標振り返り [EB/OL].［2023-09-13］. https：//www. city. yokohama. lg. jp/kurashi/kyodo-manabi/library/unei/mokuhyo/31/2019tsuzuki. html.

[30] 新井恭子. シニアと公共図書館の有効利用：ビジネス支援が引き出す個人と地域の 創造性 [J]. 情報化社会・メディア研究，2008，5：51-60.

[31] 品川区立図書館｜大崎図書館　おもいで [EB/OL].［2023-09-13］. https：//library. city. shinagawa. tokyo. jp/tabid/299/Default. aspx.

[32] NPO コアネット－core－net ページ [EB/OL].［2023-09-13］. https：//core－net. jimdofree. com/.

[33] 特定非営利活動法人コアネット｜企業支援｜企業支援実績 [EB/OL].［2023-09- 13］. http：//www. core-net. org/activity/company/report/crn_actcomrep. html.

[34] 赵同领，田勇泉. 国外自主学习的若干模型：述评和启示 [J]. 现代大学教育，2013 （6）：54-60.

基于公共图书馆构建
全民终身学习服务体系的可行性研究

陈博雅（重庆图书馆）

《中国教育现代化 2035》[1] 提出 2035 年主要发展目标是 "建成服务全民终身学习的现代教育体系"，终身学习已经成人们生活和工作中不可或缺的一部分。随着科技的不断发展和知识的更新迭代，个体需要不断地适应新的环境和挑战，不断学习新知识、掌握新技能；这种持续学习的需求不仅来源于职业发展的需要，也体现了个体对自我提升和全面发展的追求。在这一背景下，公共图书馆作为文化服务和全民教育的主要场所之一，承担着推动终身学习的重要责任。

然而，随着社会发展和人们学习需求的不断变化，如何更好地发挥公共图书馆在终身学习中的作用，满足社会各界不断增长的学习需求，成了亟待解决的问题。本文旨在深入探讨公共图书馆在终身学习中的作用与意义，分析其在推动全民终身学习服务方面的优势和挑战，进而探讨构建全民终身学习服务体系的可行性。

1 全民终身学习服务体系的建设现状

1.1 终身学习的重要性和必要性

终身学习是指个人在其一生的各个阶段不断学习、不断成长的过程。随着义务教育年限增加，人们意识到基于基础教育发展终身学习的重要性[2]。在信息时代，知识更新速度加快、科技不断发展、工作和生活环境也在不断变化。因此，终身学习不仅是个人提升自我能力的需要，也是社会发展的重要动力，更是社会发展的必然趋势，即需要建立完善的学习体系和机制，以解决人们的学习需求[3]。第四次工业革命的到来，使得技能型社会的需求增加，支持终身学习成为促进社会发展的重要举措[4]。通过终身学习，个人可以不断适应新的技术和社会变革，提高自身素质和竞争力以实现自身的价值和持续发展。

1.2　国外终身学习的推动和实践

联合国教科文组织强调全民享受优质终身教育和学习的重要性，这反映了国际社会对于终身学习的普及和推广[5]。在全球化和知识经济的背景下，国外提出终身学习的概念，并且强调学习者的主体地位。日本等国家的实践经验表明，终身学习社会的建设需要政府和社会各界的积极参与[6]。美国博物馆与图书馆服务协会（IMLS）在其战略规划中提出四大战略目标，包含支持终身学习；计划满足美国公民对信息资源、教育、研究、经济和文化的需求[7]。早年与联合国教科文组织的合作，特别是经历了教育改造和自主创新后，对我国发展终身学习的理念具有重要影响[8]。

1.3　图书馆与终身学习

知识经济时代的到来使得终身教育和学习成为社会发展的需要，图书馆在此过程中具有独特优势，同时也面临挑战[9]。基于我国社会主义文化强国发展背景，提升图书馆服务质量是文化强国发展的必由之路[10]。在社区教育中，图书馆扮演着重要角色，通过各种合作与活动，推动了终身学习的普及和发展[11]。作为学习化社会的重要组成部分，图书馆提供了丰富的学习条件和服务内容[12]；同时，作为广泛的学习平台，图书馆能够为全民提供学习服务，与全民终身学习密不可分[13]。如今，图书馆通过不断加强现代化建设，特别是在数字化方面加强建设，提升信息服务能力以满足更多群体的不同学习需求[14]。

2　基于公共图书馆构建全民终身学习服务体系

2.1　公共图书馆知识服务体系的历史演进

早期，图书馆主要是以收藏和保管纸质图书为主要任务，为有限的读者提供图书借阅服务。这一阶段，图书馆的服务模式相对较为单一，用户利用图书馆的主动性较低，更多的是被动地接受图书馆提供的服务。随着社会的不断发展和读者需求的增加，公共图书馆的出现扩大了图书馆的服务范围和内容。公共图书馆不仅增加了馆藏资源的多样性，而且提供了更广泛的知识获取渠道；并且不断推进完善阅读环境，从最初的简陋阅览室逐步发展为现代化的阅读空间。

现如今公共图书馆不仅仅是传统的纸质书籍收藏和借阅场所，更是利用数字化服务手段积极主动地传播知识和信息，包含了多样化的学习内容，包括在线课程、电子书籍、视频教程等，为用户提供更加便捷、多样化的学习体验，对用户的终身学习产生新的影响。数字化、智慧化图书馆的出现使得用户可以更加便捷地获取更新、更全面的学习资源，提升其信息获取的能力和知识更新的速度。

2.2 公共图书馆在全民终身学习服务体系建设中的角色

2.2.1 学习资源提供者

公共图书馆作为知识传播与信息共享的中心，在终身学习服务体系中起着至关重要的作用。从学习资源提供者的角度出发，公共图书馆不仅有丰富的图书、期刊、报纸等纸质资源，还通过数字化技术和网络平台，为用户提供广泛的电子资源，如电子书籍、在线课程等，使用户拥有更加多元化和个性化的学习体验；同时，提供安静、舒适的学习场所，以营造出良好的学习环境和文化氛围，打造学习型社区。

2.2.2 信息咨询指导者

从信息咨询指导者的角度出发，公共图书馆可以为用户的不同需求，提供专业的服务和支持。通过开展针对不同年龄层次用户的各种信息素养学习活动，为用户提供学习指导和培训服务；教授用户信息检索的方法和技巧，引导用户主动获取和利用学习资源；培养用户的自主学习意识和能力，从而更好地适应学习的需求和挑战。同时，配备有专业图书馆员的公共图书馆，也能帮助用户查找所需的学习资料，为用户提供学习指导和信息咨询，帮助其解决学习中遇到的问题，提升其学习效率。

2.2.3 学习平台分享者

从学习平台分享者的角度出发，一方面，公共图书馆通过举办各种学术讲座、研讨会和讨论会，邀请专家学者和行业领军人物分享最新的学术研究成果、行业动态和专业知识。这些活动为用户提供与专家学者面对面交流的机会，能拓展其视野、激发其学习兴趣和研究热情，以引导用户进行学术研究和创新。另一方面，举办各种兴趣小组和兴趣活动，如读者俱乐部、艺术沙龙等，为用户提供分享兴趣爱好、交流经验心得的平台，丰富其精神文化生活，促进用户之间的情感交流和社会互动。通过不同形式的分享，引导用户探索和发展自己的兴趣爱好，提升学术水平，丰富个人生活和社会经验。

2.3 公共图书馆构建全民终身学习服务体系的可行性优势

2.3.1 丰富的学习资源

公共图书馆作为知识和文化的仓库，拥有丰富多样的学习资源。这些资源包括但不限于图书、期刊、报纸等纸质资源，以及电子书籍、在线数据库、音视频资料等。公共图书馆收藏的书籍和资料涵盖了各个学科，无论是文学、科学、历史、艺术还是技术等领域，都能找到相关的学习资料。这些学习资源不仅丰富多样，而且具有高质量和权威性。公共图书馆采购的图书和资料经过严格的筛选和审核，确保了其内容的准确性和可靠性。用户可以通过公共图书馆获取到最新的研究成果、学术文献和行业资讯，满足了不同需求。除了传统的纸质资源，公共图书馆还积极拓展数字化学习资源。通过建设数字图书馆、电子阅览室和在线学习平台等，公共图书馆为用户提供更便捷、高效的学习方式。用户可以通过电子资源库随时随地获取所需的学习资料，大大提高了其学习的效率。

2.3.2 广泛的服务半径

公共图书馆的服务范围覆盖广泛，不仅包含城市中心地区，还有区县、乡村和偏远地区等。这种广泛分布意味着公共图书馆可以为更多的人群提供全面的学习服务，无论用户身处何地，都能够享受到图书馆提供的学习资源和服务。在城市中心地区，大多数的公共图书馆建立了分馆，这些分馆不仅藏书丰富而且设施完善，用户可以在就近的图书馆轻松地借阅图书、阅读资料、参加活动。公共图书馆还在郊区和乡村建立了阅览室和书屋，将学习服务延伸到人口稀少和交通不便的地区。虽然阅览室和书屋的规模较小，但也提供相应的学习资源和服务，使用户可以借阅图书、获取数字资源、参加活动、接受培训，享受与城市中心地区相同的学习待遇。积极开展移动图书馆和流动服务，为偏远地区和特殊群体提供学习服务；通过流动图书车、图书到家服务等形式，将学习资源送到用户家门口，让更多的人能够享受到图书馆的学习服务。

2.3.3 高度的社会认可

公共图书馆作为社会教育和文化事业的重要组成部分，其建设和运营通常得到政府的大力支持，这体现了公共图书馆在社会中的重要地位和作用，也为其社会认可度的提升提供有力保障。公共图书馆通过规范的服务和严谨的管理，确保馆藏资源质量的真实性和可靠性，并积极地参与文化教育，为社会提供免费的知识服务，满足各个年龄段不同群体的需求，增强了社会的知识储备和人才培养，是社会学习、交流、合作的重要平台，成为用户学习、娱乐、社交的理想去处。

2.4 公共图书馆在全民终身学习服务体系建设中的潜在作用

2.4.1 共享多样化学习资源

公共图书馆拥有丰富的学习资源，这些资源覆盖各个学科领域和不同层次的知识内容，满足不同用户的学习需求。通过公共图书馆，用户可以免费获取到高质量的学习资源，扩展知识面，提升学习水平。为了不断加强资源建设，公共图书馆通过采购新书、引进新技术、举办新活动等方式，丰富和更新学习资源，保持其与时俱进的能力，以满足用户不断变化的学习需求。

在为用户提供学习资源的同时，公共图书馆还鼓励用户之间的资源共享与互动。用户可以通过公共图书馆的服务，将自己所拥有的学习资料分享给其他用户，也可以通过参与公共图书馆举办的学习活动和社区合作项目，与他人分享学习资源和经验，促进学习资源的共享以及与其他参与者之间的互动。这使得用户能够更加灵活地利用学习资源，提升学习效率。

2.4.2 普及群体信息素养教育

公共图书馆可通过举办信息素养培训，面向不同年龄、职业和教育背景的群体，普及信息素养知识。这种教育活动旨在提高用户对信息的识别、评估和利用能力，增强他们在数字化学习环境中的适应性和竞争力。也可以根据不同群体的特点和需求，制定针对性的信息素养培训计划。例如，针对老年人、儿童、农民工等特定群体，设计针对性的信息素养教育课程，帮助他们掌握基本的信息技能，提升自身素质和竞争力。

公共图书馆还可以深入培养信息技术人才。在构建全民终身学习服务体系中，信息技术人才起着至关重要的作用。信息技术人才具有丰富的专业知识和技能，能够有效地利用现代技术手段。通过数字化学习资源的开发和管理、信息系统的建设和维护以及数字化学习平台的建设和运营，为用户提供更加便捷高效的学习服务，以推动全民终身学习体系的建设和发展。

2.4.3　发展数字化学习平台

随着网络技术的发展，公共图书馆不断推进数字化学习平台发展，为用户提供更加便捷的学习环境。这些平台不仅包括在线课程、电子图书馆、数字化资料库等，还可提供不同的学习交流渠道。用户可以突破时间和空间的限制与其他学习者进行交流，分享学习心得、经验和资源，通过相互学习借鉴，促进学习效果的提升，拓宽学习视野。

此外，数字化学习平台还能促进学习者之间的合作和互助。用户可以通过平台上的合作项目、讨论组等方式，与其他学习者共同学习、研究和探讨问题，共同解决学习中遇到的困难和问题，增强了学习者之间的团队意识和合作精神。这种合作和互助的模式，不仅促进了学习者个体能力的提升，也加强了学习者之间的交流和联系，推动了全民终身学习的发展。

3　可能存在的困境与挑战

3.1　资源品质与需求匹配

虽然公共图书馆作为终身学习服务平台可以提供丰富多样的学习资源，但是这些资源的质量和有效性对于用户的学习体验也至关重要。在平台建设过程中，如何保证内容资源的质量和有效性，提高用户的学习体验，是一个需要解决的问题。公共图书馆需要不断提升服务品质，使之与用户的学习需求相匹配；但是在服务过程中可能会出现人力不足、服务质量参差不齐等问题，导致部分用户对公共图书馆的满意度降低，进而影响到全民终身学习服务体系的建设和发展。

3.2　数字鸿沟与用户黏性

在某些地区，数字鸿沟问题可能会影响到公共图书馆数字化学习资源的普及和推广。特别是在偏远地区或经济困难地区，由于地理位置、技术设备或经济条件等多种因素，部分群体无法充分利用公共图书馆提供的数字化学习资源。此外，在不同地区，公共图书馆宣传力度可能存在差异，这也导致部分群体对公共图书馆所能提供的学习资源认知不足，进而影响其实际使用，使得终身学习的普及存在不均等现象。

公共图书馆终身学习服务体系可以促进学习者之间的交流和合作，但如何吸引更多用户参与其中，增加用户黏性，是必须面对的考验。有些用户可能对学习平台缺乏兴趣，或者由于技术设备、网络环境等原因无法参与平台的学习活动，这就需要平台方采取有效的策略和措施，提升用户的使用体验。

3.3 技术更新与人才培养

为了保障终身学习服务体系的有效运作，公共图书馆需要不断更新和升级技术设备，提升数字化学习资源的质量和数量。虽然数字化学习平台可以为用户提供便捷的学习交流渠道，但是平台的建设和维护需要先进的信息技术支持和技术团队的配合。而有些地区公共图书馆可能由于技术水平不足或缺乏专业人才，导致其学习平台的开发和运营困难，影响其平台的稳定性和功能性，这就需要公共图书馆培养具备数字化服务和管理能力的专业技术人才。然而技术更新的成本高昂、人才培养的周期长，这都是公共图书馆面临的长期挑战。

4 对策与建议

4.1 建立精选资源库

对于收藏的学习资源，公共图书馆可以建立精选库，通过设置资源评估标准，确保收集的学习资源符合知识准确性、权威性、更新性等要求。成立专业的采购团队，负责挑选和购买高质量的学习资源，与优质出版商、内容提供商建立长期合作关系，以确保其提供的资源质量高、内容丰富、覆盖面广，以便满足用户多样化的学习需求。同时定期进行资源审查，淘汰那些过时或鲜少被使用的资源。这不仅有助于维持最新和最有用的资源库，也减少了不必要的资源积累和相关维护费用。

4.2 加强社会参与

公共图书馆应积极拓展不同形式的合作，如与当地学校建立合作关系，共同开展教育活动和学习资源共享计划，为学生提供更丰富的学习资源和服务；与企业合作开展职业技能培训、就业指导等活动，为用户提供实用的职业发展和就业服务；与社区内的非营利组织合作，共同举办公益活动和社区服务项目，促进社会公益事业的发展。通过建立合作机制，共同推动终身学习服务体系的建设。

利用社交媒体和网络平台，扩大公共图书馆的影响力和知名度，吸引更多人参与学习服务。在各类社交媒体平台上建立官方账号，定期发布学习资源和活动信息，与潜在用户进行互动和交流。招募和培训志愿者，参与图书馆的各项服务和活动，促进学习服务体系内部的互助和共建，提高用户参与度。

4.3 建立评价系统

4.3.1 图书馆资源覆盖与利用情况评价

制定全面的评价指标体系，对公共图书馆的资源覆盖情况进行定量和定性评估，包括馆藏资源数量、资源更新速度、资源质量评估等项目。通过用户调研和统计数据分析，评估公共图书馆资源的利用情况，了解用户对资源的需求和利用程度。定期进行用户满意度调查和评估，收集用户对于学习资源和服务的评价和反馈，根据用户反馈的意见和建议，调整和优化学习资源的采购和服务策略，提高资源利用的满意度。

4.3.2 评价报告和改进机制

根据资源覆盖和利用情况评价结果，公共图书馆应及时编制评价报告，提出改进建议和措施，持续优化学习服务体系。定期发布资源覆盖和利用情况评价报告，向社会公开透明地展示公共图书馆的服务水平和改进进展。根据评价报告提出的改进建议，制定相应的改进措施和行动计划，积极推动图书馆服务质量的提升。设立持续改进机制，定期监测和评估改进措施的实施效果，及时调整和优化服务策略，确保评价体系的可持续发展。

公共图书馆在终身学习服务中扮演着不可或缺的角色，并在社会终身学习体系中发挥着重要作用。我国公共图书馆在全民终身学习中的地位与作用不断提升，但同时也面临诸如资源不足、技术落后、社会参与度低等问题。建立评价系统、提升服务创新、加强社会参与等对策与建议，可以促进公共图书馆全民终身学习服务体系的建设与发展，进而将公共图书馆打造成为全民终身学习的主要场所和载体。通过不断创新和改进，公共图书馆将更好地发挥其在全民终身学习中的作用，为社会的进步和发展贡献更大的力量。

参考文献

[1]中共中央、国务院印发《中国教育现代化2035》[EB/OL].[2024-03-17].https://www.gov.cn/zhengce/2019/02/23/content_5367987.htm.

[2]郭晓平，叶玉华.国际基础教育发展现状与趋势[J].教育研究，2000（10）：63-67.

[3]曹沛涛.关于终身学习的理论探讨[J].陕西师范大学继续教育学报，2003（S1）：93-95.

[4]袁益民.服务技能型社会的全民终生学习体系新诠释[J].高教发展与评估，2022（5）：1-12，119.

[5]联合国教科文组织参与拟定2015年后的发展议程[R/OL].[2024-03-17].https://unesdoc.unesco.org/ark:/48223/pf0000222444_chi? posInSet=1&queryId=18afde6d-3cf3-47ec-a0e4-d8c1724c9625.

[6]周建高.日本终身学习的理论与实践[D].天津：南开大学，2009.

[7]IMLS Strategic Plan, FY2022—2026[EB/OL].[2024-03-17].https://www.imls.gov/publications/imls-strategic-plan-fy-2022-2026.

[8]沈俊强.中国与联合国教科文组织教育合作关系的研究——以"全民终身教育"为视角[D].上海：华东师范大学，2009.

[9]郭琪.图书馆与终生教育、终生学习[J].泰安教育学院学报岱宗学刊，2004（2）：95-96.

[10]叶旻.美国博物馆与图书馆服务署《2022—2026年战略规划》解读与启示[J].河南图书馆学刊，2023（12）：91-93.

[11]肖永英，谢欣.图书馆、档案馆、博物馆合作机制研究进展[J].图书馆杂志，2015（1）：29-35.

[12]向蓓莉.作为公共空间的图书馆：终生学习的伙伴——以加州 Los Altos 学区 Santa Rita 小学学生享有的图书馆服务为例[J].基础教育课程，2013（6）：70-75.

[13]张晓庆.全民终生学习背景下图书馆社会化服务职能的延伸与拓展[J].中外企业家，2019（7）：112.

[14]李晓燕.高校图书馆如何培养学生终生学习的能力——谈大学生信息素质教育[J].长春理工大学学报（社会科学版），2003（1）：91-93.

基于四要素说的公共图书馆终身学习支持体系建设

黄　歆（广西壮族自治区图书馆）

培养终身学习的国民群体是提高国民整体素质和知识水平的重要环节，对国家的发展和进步至关重要，也是累积人力资本、提升国家文化软实力与综合国力的有力举措；培养终身学习的学习习惯是提升个人竞争力的主要路径，可以使个人累积综合实力、提升整体素质，迅速适应时代变化，提升技能水平。如何满足民众对终身学习的需求，为社会与民众提供高质量的终身学习支持服务，已经成为当下公共图书馆建设的重要内容。

1　在公共图书馆开设终身学习支持体系的必要性

开放、免费、馆藏资源丰富、文化教育活动遍地开花、宽敞明亮的"城市书房"，这是当下公共图书馆在大众心中的印象。基于此，公共图书馆已逐渐成为大众在当下首要选择的开展学习服务的社会教育机构。

1.1　公共图书馆天然具备教育功能

就图书馆职能而言，图书馆不仅是传承人类文明、促进知识传播的文化机构，而且天然就具备了教育使命。蔡元培提出，在学校之外，图书馆是教育的第一机构。《中华人民共和国公共图书馆法》明确指出，公共图书馆具有开展社会教育的职能。公益、普惠、教育是公共图书馆给大众的第一印象，又基于开放与免费的特点，公共图书馆在大众心中已是社会教育机构的第一选择，是除了学校之外一处汇集最丰富教育资源和教育活动的知识传播场所。古今中外，图书馆事业的发展与实践也都对公共图书馆的天然教育使命进行了深刻揭示[1]。公共图书馆开展终身学习服务体系建设，已是必然、必经的路径。

作为大量资源的储藏地点与提供学习场所的机构，公共图书馆是当今社会建设终身学习体系的重要一环。公共图书馆通过提供教育资源、学习机会和阅读推广活动，促进知识的传播和共享，培养大众的学习能力和创造力，推动社会的进步和发展，最终成为一个促进社会包容和多样性、支持终身学习的重要场所，持续为大众提供广泛的教育资源和学习机会。

1.2 图书馆是对接教育资源与学习需求的最佳平台

在各类新概念、新技术层出不穷的背景下，培养一批终身学习的国民群体，一是需要对馆藏资源进行系统整合，二是要建立一个能够对接大量教育资源与个人学习需求的平台。

公共图书馆馆藏资源丰富、馆藏系统完善、阅读推广活动形式多样，加之其开放、免费的特点，是搭建终身学习平台的最好载体。公共图书馆建立终身学习平台，可以在知识推送、个人学习需求、个人学习能力等全环节完善终身学习支持体系。

1.3 图书馆与终身学习相互依存发展

终身学习是现代社会对个体与社会提出的发展需求，一方面，个体必须通过持续学习新技能保持其个人价值的不断增值，另一方面，社会必须为个体提供完善的终身学习体系，保障个人在社会中通过努力而不至被时代抛弃。其中，公共图书馆是完善的终身学习体系中促进和保障全民学习和终身学习的重要环节，也是创建学习型社会的重要保障。一个能够终身学习的国民群体不仅能够体现图书馆中文献资源的重要价值，同时也是促进公共图书馆在馆藏资源、专业技术、学习空间、馆员服务等各方面提升的重要催化剂，能更好地展现图书馆的存在价值。

2 通过图书馆四要素建立终身学习支持体系

"图书馆是一个生长着的有机体"，图书馆学理论是不断生长和发展的理论，是一个开放的体系[2]。图书馆学中的"要素"是研究图书馆事业的维度，图书馆学发展以来，各家之言对图书馆学"要素"定义不一，且随着时代与图书馆学科的发展而逐步变化。本文以馆藏资源、技术、空间与服务为构成系统的四要素，开展建立终身学习支持体系的探讨，系统结构如图1所示。

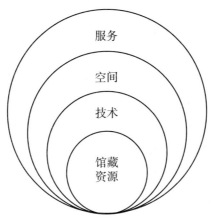

图1　公共图书馆建立终身学习支持体系的系统结构

本文认为：馆藏资源是建立终身学习支持体系的核心，包括纸质文献、数字文献、多媒体资源等；技术指完善的图书馆专业设备与终身学习支持体系平台的建设；空间指图书馆馆舍中读者可使用的区域，如与社区、基层点合作共建的阅读点，与学校合作拓展的阅读区域等；服务指各类阅读推广服务，即在终身学习支持体系中起到关键性作用的专业馆员及其服务、完善的学习评价体系等。

2.1　馆藏资源

馆藏资源是公共图书馆建立终身学习支持体系的核心，包括纸质文献、数字资源、多媒体资源等。类型多样的文献资源矩阵、整理完善的馆藏资源为建立终身学习支持体系提供了基础保障。

建立终身学习支持体系，文献资源持续不断的收储和开发是重中之重。信息时代，馆藏资源数量呈几何级增长，大量的数据使馆藏收储工作产生了变化，馆藏选择变得更为重要。在馆藏建设方面，要兼收并蓄，根据本馆知识结构开展文献收集的同时，兼顾教育资源收集，注重纸质文献与数字资源的相互补充，开展商业数据库采购与自建数据库建设，关注网络信息资源与VR等知识资源的收集。同时，大量的知识资源需要不断开展深层次开发，利用智慧图书馆平台建设对知识资源开展细颗粒度与标签标引建设，做好整合与揭示工作，打好终身学习支持体系的坚实基础。

2.2 技术

公共图书馆拥有完善的专业设备与良好的信息技术基础。硬件方面，通过各项设施为建设终身学习支持体系做好技术支持。如通过自助借还系统、RFID（无线射频识别）、网络设备、可穿戴设备等，保证读者在图书馆内能够使用多种方式迅速在海量馆藏资源中查找、借阅到相关资源。软件方面，开发终身学习支持体系平台。基于 5G、人工智能、推荐算法、自然语言等新技术，围绕读者的学习需求，开发建立可随时随地使用的公共图书馆终身学习支持体系平台，切实辅助读者开展持续而系统的终身学习。平台架构如图 2 所示。

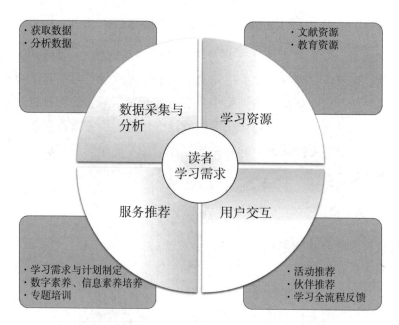

图 2　公共图书馆终身学习支持体系平台架构

该平台以读者学习需求为核心，一方面提供相关文献资源与教育资源让读者自学，另一方面推送相关主题阅读推广活动与专题培训等。

在读者首次使用时，向读者推送数字素养与信息素养课程，测试其自学能力，同时通过用户交互，采集读者的学习偏好、兴趣特点、学习能力、工作特性、知识架构等信息，对用户信息进行整合分析，为读者制定个性化、精准化的初步学习计划，提供既可适应大众，又有差异化、个性化的学习支持服务；在读者学习全过程中，通过持续的用户交互，沟通学习效果，开展一对一学习跟踪服务，观察学习计划是否与其学习能力、学习需求得到有效匹配，及时根据读者学习效果进行学习计划调整。同时挖掘其行为轨迹与学习兴趣，组织读者组成学习小组，共同开展相关主题学习，拉动读者持续学习的热情。

2.3 空间

长期以来，从学校毕业进入社会工作后，大众难以找到功能完备、资源完整丰富、免费开放的终身学习场所。但目前，公共图书馆已具备建立终身学习中心的空间基础——通过利用馆舍或联合其他机构，组织建立阅读点，扩大终身学习场所的覆盖面，为大众提供宽敞明亮、适合学习的空间场所。

2.3.1 公共图书馆馆舍

随着社会经济高速发展，公共图书馆馆藏资源、教育文化活动极大丰富，配合新兴阅读空间的建设，大众慕名而来，公共图书馆已逐渐成为现代城市的"文化名片"。

2.3.2 联合建设阅读点

单个公共图书馆服务范围有限，但通过与社区、商场、基层服务点等开展联合建设，设立阅读点的同时辟出一处终身学习中心，依托公共图书馆的终身学习支持体系平台，将其视为公共图书馆的分馆。阅读点根据场所特点经常性开设知识沙龙、拆书会、主题讲座等活动，可为区域内居民提供更完善的终身学习服务[3]。

2.3.3 与高校协同合作

高校通常有其擅长的学科分类，因此高校图书馆馆藏往往相较公共图书馆更专、更精。通过与高校协同合作，公共图书馆在高校图书馆中开设一处终身学习中心，不仅提升学习空间的覆盖面，而且可以将公共图书馆的普适性馆藏与高校专业馆藏相结合，邀请高校教师经常性开展科普课堂与专业讲座，根据图书馆终身学习支持体系平台上的用户画像，向有相关学习兴趣的读者推送相关讲座，也可以更好助力高校履行教育职能。

2.4　服务

本文中所提及的服务要素包括图书馆开展的相关活动、专业化馆员及其所能为读者提供的服务、图书馆的相关制度保障等。

2.4.1　开展多种活动与培训促进个人学习能力提升

一方面，图书馆可以开展阅读推广活动，通过个性化阅读服务提升个人学习能力。阅读是提升学习能力的重要途径之一，通过阅读各种书籍、文章和资料，人们可以不断提升自己的学习能力，培养批判性思维和分析能力，学会从不同角度思考问题，独立判断信息的可信度和适用性。因此定期面向大众开展阅读推广活动，培养其阅读习惯、阅读兴趣，提升其阅读理解能力，可以丰富读者的阅读体验，促进读者的个人学习能力提升。

另一方面，图书馆可以开展数字素养、信息素养等方面的相关培训。信息时代，个人必须具备良好的数字素养和信息素养，才能更好地适应社会发展的需求。数字素养和信息素养的提升能够使个体更有效利用数字工具和资源获取信息，为个体的自学能力提供多方面的支持和帮助[4]。

2.4.2　培养可开展深度知识服务、引导读者终身学习的专业化馆员

在公共图书馆终身学习支持体系建设中，能够开展深度知识服务的专业化馆员是必不可少的，他们是大众在图书馆开展终身学习的全流程中的引领者，可以让图书馆在大众终身学习中发挥出更加积极的作用。一名可引导读者终身学习的专业化馆员，必须具备以下业务能力：①综合服务能力。专业化馆员必须有较高的学习能力，在新技术不断更新换代的时代，学习掌握不同信息工具，从海量的信息资源中获得读者需要的信息，再通过专业、亲和的服务，为读者提供高质量知识资源。②数据利用能力。引导读者终身学习的能力是基于深度知识服务的能力。专业化馆员必须熟练掌握信息数据的采集与分析能力，利用数据和文献分析软件分析读者间不同的学习倾向与差异，从纷繁复杂的信息中找到与读者学习需求相关的部分。此外，在读者终身学习的全流程中，虽然最初制定了学习计划，但专业化馆员必须随时关注读者的学习数据，围绕不断变化的学习进程与需求为读者变更学习计划。③学习和教育能力。当读者在学习中遇到困扰和难题时，专业化馆员应当通过自身较高的学习能力，为读者查找资料或咨询其他专业人员，为读者提供学习指导和咨询服务。此外，专业化馆员在引导读者开展终身学习尤其是制定学习

计划时，必须熟练掌握开展研究学习的方式方法等，并将其使用在引领读者开展学习之上，将相对应的学习方法传授给读者，提高其学习效率[5]。

2.4.3　组织开展学习合作，保持读者终身学习的热情

在终身学习中，读者面对琐碎的知识点和学习任务，很容易失去信心和热情，图书馆可以通过以下服务，带领读者享受学习过程中的乐趣。一是利用终身学习支持体系平台。为读者设定明确的学习目标，将其分解为可行的任务，定期对读者的学习成果进行正向反馈以保持读者学习的热情。二是组织开展学习小组。读者在与他人交流并分享学习经验和成果时，可以激发彼此的学习兴趣，并从别人的经验中获得启发和帮助；与他人合作学习可以提高学习效率，相互激励，推动彼此前进。三是专业化馆员的引导。引导读者尝试不同的学习方式，如阅读、观看视频、参加讨论、实践等。多样化的学习方式可以让学习过程更加生动有趣。

2.4.4　建立多元立体的学习评价体系，助推读者终身学习计划

利用图书馆终身学习支持体系平台，周期性评估终身学习中资源利用率和专业化馆员引领学习的服务质量。公共图书馆作为大众终身学习的场所与载体，其服务质量和资源利用率与大众学习效率息息相关。定期的评估，可以及时纠正相关资源的采集方向、专业化人员的能力提升方向，及时调整和改进服务内容和方式。

信息时代，公共图书馆必须以更加主动、积极的态度投身终身学习支持体系建设，通过馆藏资源、技术、空间与服务四要素，基于各馆自身情况与当地社会文化、经济环境的发展，建立更贴合当地的公共图书馆终身学习支持体系，顺应时代的发展，为大众提供更高效、更便捷的终身学习支持服务。接受教育、不断学习，让每个人人生每一刻都能拥有学习与提升的机会。

参考文献

[1]柯平.公共图书馆的使命——《公共图书馆宣言》在公共图书馆事业发展中的价值[J].图书馆建设，2019（6）：13-19.

[2]肖希明，沈玲.中国特色图书馆学基础理论体系的历史发展与当代构建[J].中国图书馆学报，2021（3）：4-22.

[3]肖容梅，黄凯.公共图书馆：促进终身学习的社会大学——以深圳图书馆社会教育实践为例[J].图书馆论坛，2022（4）：69-75.

[4]程慧平，蒋星.公民数字素养提升路径研究——基于欧盟与联合国教科文组织数字素养框架的比较与分析[J].图书馆学研究，2023（1）：54-60.

[5]陈婷婷.基于深度知识服务的智慧馆员实现路径研究[J].河南图书馆学刊，2021（4）：106-108.

图书馆跨界融合服务模式的实践创新

公共图书馆与书店跨界融合服务模式的探索与实践

马丽娟　　王虹月　　许怡馨（河北省图书馆）

随着社会的快速发展和信息技术的不断进步，公共图书馆与书店作为传统的文化服务机构，面临着前所未有的挑战和机遇。近年来，随着人们阅读习惯的改变和数字化阅读的普及，人们更多地利用电子设备进行阅读，图书馆的借阅率正在以每年 10%—20% 的速度下降[1]，传统图书馆的客流量在逐渐减少。书店作为文化消费的重要场所，也面临着类似的困境。实体书店的首要宗旨是盈利，以售卖图书等阅读产品为主，但由于文化市场竞争不断加剧，出版生态一度恶化，实体书店出现了大量关停现象。据不完全统计，仅2007—2011 年的四年间，我国倒闭的民营书店就有一万多家[2]。图书馆以公益为导向，书店以营利为目的，两者皆通过书籍与读者发生联系，又因为性质不同而各有所长，为应对危机，公共图书馆与书店应积极探索拓宽经营思路，找寻二者共同点及不同点，优势互补，形成互利共赢的局面。因此，公共图书馆与书店的跨界融合成为一种必然趋势。

公共图书馆跨界融合是指公共图书馆在技术、用户需求和使命价值等因素驱动下，打破原有服务界限，与其他行业和机构渗透融合，共谋创新契机的一种多元化和多维度的发展策略[3]。

公共图书馆与书店的跨界融合服务模式在国内已有不少优秀案例，这些成功实践，得益于对合作双方资源的深度挖掘和整合。图书馆可以借助书店的畅销图书资源和市场运营经验，丰富阅读推广活动和读者服务；而书店则可以利用图书馆的公共空间和品牌影响力，吸引更多读者，提升销售业绩。这些优秀案例为今后图书馆与书店的跨界融合服务模式的发展提供了宝贵的经验。

目前，公共图书馆与书店的跨界融合服务模式仍面临一些挑战和难点。首先，两者在经营理念、管理方式和资源配置等方面存在差异，需要克服一定的整合难题。其次，跨界融合需要双方在技术和设备等方面进行一定的投入和升级。此外，跨界融合也需要面对市场竞争和文化多元化带来的挑战。

1 公共图书馆与书店跨界融合的意义与理论基础

1.1 共享资源：助力可持续发展

公共图书馆与书店跨界融合有利于资源共享、互补优势。在资源共享方面，公共图书馆拥有庞大的藏书量和丰富的信息资源，而书店则具备新书发布、热销书推广等优势。通过跨界融合，双方可以实现资源的优化配置和共享，提高资源利用效率。这种资源共享的模式有助于提升双方的服务质量和竞争力。在互补优势方面，公共图书馆和书店各自拥有独特的优势。公共图书馆在提供公共服务、推广阅读文化等方面具有显著优势，而书店则在市场营销、品牌建设等方面具有丰富经验。通过跨界融合，双方可以相互借鉴和学习，实现优势互补。

1.2 提高效率：助力高质量服务

公共图书馆与书店的跨界融合有助于提高图书馆的效率与服务质量。图书馆和书店的跨界融合可以实现资源共享和信息共享，从而提高图书馆的工作效率。例如，图书馆可以利用书店的销售数据来预测读者的阅读需求，从而更好地组织和管理馆藏资源。同时，书店也可以利用图书馆的专业知识和资源来提升自身的服务水平和质量。公共图书馆和书店的跨界融合可以吸引更多的读者参与阅读活动，从而提高整个社会的阅读水平。

1.3 驱动创新：助力图书馆新发展

公共图书馆与书店的跨界融合服务模式可以助力图书馆行业创新与发展。通过与书店的跨界融合，图书馆可以引入书店内的活动资源，如讲座、签售会、亲子阅读等，这些活动可以吸引更多的读者参与，提高图书馆的知名度和影响力。书店常会使用一些现代化的技术手段来提升服务质量，如 VR 阅读体验、有声书试听、智能推荐等，公共图书馆可以借鉴这些技术手段，提高图书馆的数字化和智能化水平。

1.4 引领方向：助力书店运营改善

公共图书馆与书店的跨界融合服务模式可以助力书店运营模式创新。通过引入图书馆的资源和服务，书店可以丰富自身的产品线和服务内容，提升竞争力。例如，书店可以设立图书馆分馆或阅读区，提供借阅、查询等服务，吸引更多读者前来消费。同时，书店也可以借鉴图书馆的阅读推广经验，举办各种阅读推广活动，吸引更多读者参与，提高书店的知名度和影响力。此外，图书馆和书店的跨界融合也可以为书店带来新的盈利模式。例如，图书馆可以购买书店的新书作为馆藏资源，书店则可以借助与图书馆的合作通过销售图书和提供其他服务来获取收益。这种互利共赢的模式可以为书店带来新的发展机遇和空间，进一步带动书店销售。

2 公共图书馆跨界融合服务模式的实践探索

2.1 业务合作

2.1.1 优化馆藏资源建设

"你选书，我买单"是公共图书馆与书店跨界融合发展过程中形成的较为成熟的合作模式，具体是指，读者通过线上线下等形式直接在书店选购图书，图书馆支付采购费用并将书目纳入馆藏体系，使读者实现即选即阅。"你选书，我买单"活动实现了公共图书馆与书店在业务层面的合作，公共图书馆从读者实际需求出发，将购书主动权交给读者，让读者参与馆藏资源建设，从而有效改善公共图书馆内部分图书流通率较低的状况，使图书馆的文化供给与读者的阅读需求相契合。如内蒙古图书馆提供的"彩云服务"通过借助"借、采、藏"一体化服务管理平台，使读者在书店直接完成新书借阅，书店工作人员会为图书粘贴条码和 RFID 芯片并通过光笔扫描转换图书编目信息，系统自动将编目信息上传至图书馆书目数据库，完成编目业务[4]。河北省图书馆联合呈明书店开展"你选书，我买单"读者荐购活动，除了读者能够现场选书借阅外，河北省图书馆馆员还会将借阅书目信息整理成推荐书目发布在河北省图书馆官网、微信公众号等平台，与大众共享。南京图书馆的"陶风采"项目、长沙市图书馆的"你的 book 我买单"活动等都是采用"你选书，我买单"的方式与书店开展合作，这种"购借合一"的借阅方式，打破图书馆、书店各自在借书、卖书职能上的单一限制，实现图书馆与书店的资源融合。

2.1.2 创新阅读推广活动

公共图书馆与书店的融合发展能够促进资源共享，优势互补，具体表现为图书馆能够提供专业的业务指导和培训，而书店提供图书资源和场地等作为保障。在此基础上，公共图书馆开始尝试探索与书店合作的阅读推广相关活动。如南京图书馆在馆内开设书店惠风书堂，书店既作为"陶风采"项目的开展场地，还划分有图书阅览区、文献现采区、文创产品区、文化休闲区和茶饮服务区等，图书馆充分利用惠风书堂的多功能空间，结合馆内资源，打造了包括"陶风图书奖""陶风读书会""南图阅读节"在内的一系列阅读推广品牌活动[5]。馆店合作丰富阅读推广活动的内容和形式，构建新型阅读文化空间。北京市东城区图书馆与王府井新华书店合作建立区图书馆分馆，联合举办的阅读推广活动全年累计上百场次，宝宝故事会、作家与读者见面会、讲座或沙龙等活动受到读者一致好评[6]。河北省图书馆与石家庄市新华书店图书大厦跨界开展"书海寻宝"阅读推广活动，书店为活动提供文献资源保障以及场地和人力支持，活动后的读者反馈将作为图书馆新书采购的依据，在推广全民阅读的同时，推进以读者为中心的图书馆资源建设。

2.2 空间合作

2.2.1 馆店空间融合

公共图书馆与书店基于服务空间融合打造新型阅读空间是馆店跨界融合的形式之一，馆店空间融合的模式包括书店进驻图书馆、图书馆进驻书店两种。这种你中有我、我中有你的空间融合模式，能够充分利用图书馆和书店各自已有空间，实现公共图书馆阅读空间再造。图书馆与书店结合资源优势共同提供服务，读者无须往返二者之间便能享受一站式服务。佛山市图书馆的"知识超市"采用的就是书店进驻图书馆的空间融合模式，图书馆免费提供场地支持，东方书城出资装修并安排工作人员负责新书上架、图书借还等工作[7]。"知识超市"集借、阅、购为一体，为读者提供了更多选择权；读者的借阅信息可作为图书馆的采购依据，进一步提高馆藏利用率；书店进驻图书馆能够促进读者购买和图书馆采购，馆店空间融合实现了三方共赢。成都城市阅读空间项目则是采用图书馆进驻书店的空间融合模式，成都图书馆评估选择了20家书店打造城市阅读空间，城市阅读空间作为图书馆的分馆，免费向公众提供借阅服务，且可以实现通借通还[8]。图书馆联合书店开设分馆，以较低的成本为公众提供了大量城市阅读空间，部分阅读空间将购物中心、公共开放空间等场所进行融合，实现了让图书馆服务走进公众生活。

2.2.2 馆店空间共建

馆店空间共建即公共图书馆与书店合作新建阅读空间，公共图书馆与社会力量共同参与运营，实现馆店空间的融合与社会化运营相结合。公共图书馆与书店利用各自资源优势，能够合作打造多功能特色阅读空间，为读者带来全新的阅读体验。如"悦书房·黉街城市阅读空间"由合肥市图书馆与书店"保罗的口袋"合作共建，既具备阅读、休闲、活动、展示等基础服务功能，也提供双创空间、影院、便民服务等特色空间或服务[9]。图书馆负责图书借阅、业务培训等公共文化服务的保障工作，"保罗的口袋"提供购书、文创产品销售以及餐饮服务等商业活动服务，二者合作打造出了集阅读、餐饮于一体的交互式文化体验空间。自贡市图书馆与新华文轩自贡书城共同建立的"自贡市图书馆·新华文轩自贡书城阅读吧"也是馆店空间共建的典型案例。该空间实现了图书销售和借阅的统一，同时也为读者搭建起与作者、专家学者、文化名人沟通交流的平台，为读者提供丰富多彩的阅读活动。

3 公共图书馆与书店跨界融合需要注意的问题

3.1 灵活制定借阅细则

公共图书馆与书店开展跨界合作的模式多样，但回归图书馆的基本职能，归根结底是要为读者提供优质的借阅服务，因此制定行之有效的借阅细则是公共图书馆需要考虑的问题。图书馆需要根据自身实际情况并结合馆店合作具体模式制定细则，同时针对各种因素变化做出灵活调整。

3.2 综合考虑实际情况

各地公共图书馆受地区经济、文化等条件影响，图书馆的经费、规模、发展状况等各不相同，各个图书馆开展馆店合作也应考虑自身实际情况。如在"你选书，我买单"的模式中，图书馆如果没有一定的资金支持，就无法支撑这种模式的运作，同时读者选购的图书是否符合入藏标准，也需要图书馆安排工作人员进行审核，图书馆在馆店融合发展中要结合实际量力而为。

3.3　健全馆店合作机制

公共图书馆与书店虽然同是为读者提供文献资源的机构，但两者的本质却不同，图书馆是公益性文化服务机构，而书店则是商业性文化产业机构，图书馆提供免费的公共文化服务，而书店需要考虑盈利问题，因此在馆店融合中要有健全的合作机制，明确图书馆所提供的以及所需要的服务，以协议形式确定双方的权利义务。

4　公共图书馆与书店跨界融合的未来发展趋势

4.1　线上+线下

在数字化时代，线上阅读平台、电子书等新型阅读方式逐渐崭露头角。线上平台因其具备便捷性、高效性和个性化服务等特点，已经成为越来越多读者阅读的首选。通过线上平台，读者可以随时随地查询图书信息、预订心仪的图书、快速完成购买，甚至实现线上借阅。同时，线上平台还能根据读者的阅读习惯和偏好，为其推荐合适的图书，提供个性化的阅读体验。

然而，线上平台也有其局限性。长时间地使用电子设备可能会对眼睛造成损伤，缺乏实体书籍的触感和书香，线上平台也无法像线下实体书店一样为读者提供舒适的阅读环境和丰富的文化体验。因此，线下实体书店的存在仍然具有不可替代的价值。

线下实体书店可以为读者提供一个安静、舒适的阅读空间，让读者在繁忙的生活中找到一片宁静的净土。在实体书店中，读者可以亲身感受书籍的质感和书香，与书籍建立更加深厚的情感联系。同时，实体书店还经常举办各类文化活动，如签售会、讲座、展览等，为读者带来丰富的文化体验。

4.2　服务模式智能化

随着科技的飞速发展和社会的不断进步，公共图书馆与书店的跨界融合将呈现出更加多元化和智能化的发展趋势。技术创新将成为推动跨界融合的关键因素。人工智能、大数据和物联网等先进技术的应用，将使得图书馆和书店能够更精准地了解用户需求、提供个性化的服务。例如，通过大数据分析用户的阅读偏好和购书习惯，图书馆和书店可以为用户推荐合适的书籍，提升用户的阅读体验感和购书满意度。

4.3 服务方式多样化

跨界融合也将推动图书馆和书店向多元化、综合化的方向发展。除了传统的业务外，图书馆和书店还可以开展文化讲座、读书会、展览等多种活动，吸引更多的用户参与其中。此外，图书馆和书店还可以与其他文化机构、企业等的合作，共同打造综合性的文化服务平台，为用户带来更加丰富的文化体验。

研究发现，公共图书馆与书店的跨界融合服务模式在强化阅读文化、优化资源配置以及创新服务模式等方面具有显著贡献。通过跨界融合，公共图书馆得以扩大服务范围，吸引更多读者，而书店则能够借助图书馆的资源优势，丰富其书籍种类和阅读活动。这种融合不仅为读者提供了更加便捷、多元化的阅读体验，还促进了文化产业的创新与发展。

跨界融合的成功关键在于双方的资源共享和优势互补。公共图书馆拥有丰富的文献资源和专业的信息服务能力，而书店则擅长市场运营和品牌建设。通过深度合作，双方能够充分发挥各自优势，实现互利共赢。此外，技术创新也为跨界融合提供了有力支持。公共图书馆与书店跨界融合服务模式的研究仍具有广阔的空间。未来研究可以从多个角度深入探讨跨界融合的策略、技术创新的影响以及对社会文化的影响等方面，为公共图书馆和书店的跨界融合提供更全面、深入的指导。同时，也需要关注跨界融合的实践进展和趋势，及时调整研究方向和方法，以适应不断变化的市场需求和社会环境。

参考文献

[1]闫爽."公共图书馆+实体书店"跨界合作案例研究[C]//李冬梅.公共图书馆评估与城市图书馆发展研究——第二十九届全国十五城市公共图书馆工作研讨会论文集.北京：国家图书馆出版社，2017：141-145.

[2]段弘.图书馆×书店：从公共阅读空间中的生产到生产公共阅读空间[J].出版广角，

2019（8）：6-10.

［3］吕春燕.公共图书馆跨界融合可持续发展研究［J］.兰台内外，2023（10）：76-78.

［4］韩冰，李晓秋.内蒙古图书馆"彩云服务"探究［J］.图书馆论坛，2016（3）：65-69.

［5］查璐."馆店合作"视域下公共图书馆的空间再造——基于南京图书馆"陶风采"项目的思考［J］.图书情报导刊，2020（9）：1-7.

［6］廖志学，白玉静，肖佐刚.对馆店合作、文旅融合实践的思考——以北京市东城区图书馆为例［N］.图书馆报，2021-01-08（4）.

［7］安艳梅，周杰华."图书馆+书店"融合服务模式比较研究［J］.图书与情报，2017（2）：97-102.

［8］张白.图书馆与书店合作服务新模式——成都图书馆"城市阅读空间"实践研究［J］.四川图书馆学报，2019（1）：17-20.

［9］严贝妮，程诗谣.公共图书馆与民营实体书店合作共建阅读阵地的案例解析——以合肥市图书馆与"保罗的口袋"合作为例［J］.图书馆研究与工作，2019（4）：28-31.

经典阅读推广的跨界融合模式探究

——基于广东省立中山图书馆"共读阅章"品牌的建设实践

王　沁（广东省立中山图书馆）

读书，当读经典。经典阅读承载着中华民族最深层的精神追求，是"文化自信"的基础之一[1]。在全民阅读和文化传承的战略背景下，经典阅读得到了社会各界，尤其是图书馆界的普遍重视，经典阅读推广成为图书馆阅读推广工作的重心之一[2]。然而传统的经典阅读推广形式很难激起读者兴趣，推广效果不尽如人意。随着时代的发展与阅读方式的变革，阅读推广的方式、方法、途径与载体也需与时俱进，不断创新[3]。在文化和旅游部公共服务司指导下，国家图书馆、中国图书馆学会联合牵头开展全国公共图书馆事业发展战略研究，专门提出"十四五"时期公共图书馆跨界合作这一战略议题[4]。在此大背景下，广东省立中山图书馆（以下简称"中图"）以激发读者兴趣为出发点，将经典与集章文化跨界融合，采用新媒体平台小红书进行推广，激发经典阅读推广新活力，打造了新型的经典阅读推广跨界融合品牌——"共读阅章"。

1　"共读阅章"设计思路

跨界指的是不同属性的事物或行业主体相互融合、渗透，创造出具有生命力的新业务、新模式、新产业等[5]。跨界融合有利于丰富公共图书馆阅读品牌的形式和内容，推动阅读品牌向多元化发展，从而更好地与社会记忆、与公众情感相契合[6]。

"共读阅章"是中图为了更好地普及经典名著、推动全民阅读，而推出的以名著为主题内容的集章打卡体验品牌系列活动，该品牌开创了经典阅读跨界融合推广新模式。在载体上，依托印章，实现"名著+印章"的跨界融合。在推广途径上，以新媒体小红书"种草"为线上推广方式，配合图书馆场馆线下体验，打造一种新型的线上引流线下推广双融合阅读推广模式。

2 "共读阅章"品牌实践

"共读阅章"是经典阅读活动在跨界融合背景下进行的一次全新阅读推广模式的探索，该品牌活动基于图书馆使命，以读者兴趣为导向，实现了多主体参与、多节点推广。其活动过程涉及创意研发、多向推广、品牌营销三个环节。

2.1 活动过程

2.1.1 创意研发

几乎每个图书馆都在做经典阅读推广，然而如何在众多阅读推广活动中脱颖而出，独具特色，就需要馆员在阅读推广的创意研发阶段下功夫。"共读阅章"在研发设计阶段，主要从三方面入手，首先是注重对阅读推广大环境的理解。在新的阅读文化场域下，文字的抽象认知被音画的具象呈现所取代，阅读者按照预设信息被动接受外界刺激，弱化了其作为理性主体的思维能力，并形成新的"读图式"的阅读方式[7]。"共读阅章"以印章为载体，由馆员深入挖掘经典名著原文文本，以名言和名场面为设计灵感，将名场面反映的名言具象化，以 Q 版连环画风格还原经典名著名言的精彩片段，印章设计生动形象，实现了阅读文本图像化、视觉化。其次是注重流行文化的加持。该品牌嵌入当今社会流行的集章文化，强调阅读的体验感、参与感与现场性。将阅读和艺术、手工制作相结合，采取阅读+印章的跨界融合形式，打破传统阅读形式束缚，将经典精华凝聚在印章之中，通过集章的方式让人们可以随时随地感受名著的力量。这种跨界是经典阅读推广年轻化并融入日常的通道，也为读者提供了一种全新的、沉浸式的阅读体验。最后是注重对经典的知识传达，"共读阅章"聚焦经典名著，注重对名著内涵的诠释，在印章的内容呈现上，选择名著中耳熟能详的名言名句，并搭配原文名场面的图像，注重对原文原句的呈现，充分挖掘经典的精髓所在，提高了印章的知识含量，丰富其文化内涵。

2.1.2 多向推广

"共读阅章"品牌主要通过小红书平台进行推广，注重线上宣传，同时通过线下互动，将线上内容延伸到线下体验。这种线上种草线下体验双融合方式，极大提高了"共读阅章"品牌的影响力。首先在小红书上发布笔记，按节奏运营，多维度生产内容，运营活动大致分为预热预告和现场直播两类。如笔记文章"极其罕见的三国章来了"属于预热预告，作用是线上引流。现场直播则是对活动现场进行跟踪报道，如配合南国书香节发布的5条笔记，"旅行'章章'目的地：南国书香节""盖章攻略丨三国章上新啦！快来书香节打卡吧""急报！南国书香节三国章打卡新消息""南国书香节　三国章盖章打卡新消息""广州盖章丨三国章告假休整中"，实现线上与线下融合互动，及时回应，制造品牌话题，形成情感交互场景。成功打造一种线上线下融合，强联动、强情感的推广方式。其次在线下，"共读阅章"也有一整套完整的推广流程。一是活动周期性强，从每个月定期上新的常规活动"Q版《三国演义》章回目录碎片化阅读+棕色印章"，到周末的"《三国演义》经典名场面场景原文原本阅读+彩色限定章"，再到配合节假日推出的节日专场活动，比如中秋节推出的"《三国演义》'如鱼得水'限定章配合中图民乐夜·中秋阅活动"。二是特色活动多，如2024年"4·23"世界读书日期间，除了《三国演义》棕色印章全家福亮相，还有"阅游经典"解谜三国剧本杀游戏，并推出了经典人物形象贴纸和亚克力立牌等文创产品；再如与广东省11家博物馆联动，在经典名著名言场景图片展的基础上，通过增加历代各版名著古籍和各大博物馆特色馆藏文物等形式推广经典阅读。以上强曝光以及强资源的线下宣传模式与小红书线上推广形成强大合力。三是外在形式多样化，如2023年10月推出的原创展览"名著华章：三国名言的立体阅读之旅主题展"，采用独特的阅读结合立体模型的形式，通过视觉与文字的完美融合，突破书本界限，从名著原文出发，推广经典文本。2023年12月推出以《西游记》为内容的"交换名著"系列活动，读者参照书本原文，找出手写印章中名言的对应的原文出处，并进行手抄，便可有机会得到对应的中国传统色卡片以及加盖限定印章。

2.1.3 品牌营销

"共读阅章"十分注重品牌营销。在品牌定义上，整个系列以名著为主题，选取经典名著里的瑰宝片段和名场面，营造经典阅读氛围，打出的口号

GONG DU YUE ZHANG
共读阅章

图 1　"共读阅章"品牌 Logo

是"以章为友，与经典为伴，开启阅读探索之旅"。该品牌活动还有自己的品牌 Logo 和阅读品牌标识展板，其 Logo 整体造型是一个方形的复古印章，印章的内容就是一个"阅"字，中间有书的元素，上面两个点可以看作是"阅"字本身的两点，也可以看作是两只眼睛在看书，同时书页也可以作为人体的一部分，组成两个带"书"元素的小人在一起看书，回应"共读"主题（见图 1）。展板由左右两部分组成，右边使用的是一个台灯元素，营造的是一个灯下阅读的空间场景。台灯下的光束面可以作为展示内容的区域，里面是对左边图画的解读，选取的是名著原文展示，左边图画则是与原文对应的经典名场面的 Q 版画，整个风格是经折装书籍造型，富有古典的气质，呼应"经典"（见图 2）。在品牌宣传上，一方面线上发布笔记，投放节奏稳定，内容精准，垂直度高。不少读者在线催更，成功提升了品牌长期认可度。每个笔

图 2　"共读阅章"标识展板

记后面都有"这里有最新燃情资讯，关注我们，不错过！"的提示语以增强读者黏性。另一方面，线上的营销手段也丰富多彩，比如高颜值首页图、年轻化的标题等吸引了大量读者浏览阅读，成功打造了多篇爆款笔记，"共读阅章"品牌展现了较强的用户拉新能力。再一方面，穿插深度推文，名言名句搭配原文出处，强化阅读品牌，扩大粉丝基数。从2023年8月底开通至2024年2月初，"共读阅章"小红书账号的粉丝数达4638个，获赞与收藏量共计8811次。当浏览三国章、西游章时，读者会第一时间想到"共读阅章"，不少读者亲昵地称呼"共读阅章"为"阅阅"，还有读者在小红书上感叹"中图太有出息了""省立中山图书馆超级无敌宠粉"，等等。

2.2 活动实施效果情况

"共读阅章"选用国民性高、知名度高的经典名著中的优质内容以引起读者共鸣，用现在流行的集章打卡方式提升阅读体验感与参与度，用小红书社交平台扩大推广面，激发传播力，用系统化的营销手段打造作品内容垂直度，形成了多触点、多场景、多层次的立体式品牌营销。

"共读阅章"每场活动都非常火爆，而且随着活动的推进，参加人数有增无减。截至2024年2月，该品牌共推出13期常规活动，举办47场专场活动，共推广《三国演义》名言66句，吸引人数超10万。由于参与活动人数的众多，该品牌在线上也收获了很多忠实粉丝，涉及该品牌的用户推广笔记超1000条。图书馆进行阅读推广的直接目的是提高馆藏的流通量和利用率、提升读者利用图书馆的能力，进而激发读者的阅读兴趣、培养读者的阅读习惯、优化读者的阅读效果[8]。该品牌活动直接促成《三国演义》等经典名著的借书量以及买书量的增加，比如在南国书香节期间，不仅吸引了读者现场买书，还促成读者去图书馆借书以重温经典，另外还有读者现场交作业、手抄原文。

3 "共读阅章"经典阅读推广策略

3.1 以"名言+场景化"打造经典文本呈现的新方式

经典在一定意义上是广为人知的，公共图书馆要想突破常规，让熟悉又陌生的经典重回读者视野，激发读者的兴趣，则需要在经典阅读推广中加入"卖点"。名言名句浓缩名著精华，Q版风格再现经典场景。经典名著里的名言名句脍炙人口，每一条名言背后都蕴含着深刻道理，传递着古人的智慧和勇气。配上馆员设计绘制的场景图，名言不再是枯燥的文字，而是一个充满生气和情感的历史场景。"共读阅章"以"名言+场景化"的文本呈现方式直观地向读者阅读推广，既利用读者对经典的熟悉感，又以场景化的形式营造新鲜感，从而激发读者兴趣，同时又留住读者。这种特殊的文本呈现方式再现了经典名著的精彩片段，把大众不好读懂的经典名著变得通俗易懂，激发了读者自主阅读名著的兴趣，打开了名著阅读推广的新思路。

3.2 以"印章+"载体拓宽经典阅读推广新途径

集章是这几年最火的体验式社交活动之一，有学者认为集章现象是符号消费的过程，"引发了以符号消费为基础的文化认同感"[9]。以往经典阅读推广倚重名著内容本身，"共读阅章"在内容和形式上都进行了突破，将经典与印章设计融合，丰富经典推广跨界合作模式，以传统印章形式为载体，将流行元素融入经典文本呈现的设计与传播形态中。印章在"共读阅章"品牌中成为一种特殊的推广媒介，采用印章打卡的形式，增加了阅读的趣味性和互动性。盖章的过程必然会关联到文本本身，从而使活动参与者加入经典作品的意义解读过程。这是一种立体的、互动的阅读推广方式，以"阅读+"的形式为经典作品注入了持续旺盛的生命力。它的形式新鲜而有活力，同时兼具实用功能并满足审美需求，目前"共读阅章"推出的印章有棕色系以及不同配色的渐变色系。

3.3 以"种草官"模式搭建经典阅读内容供给新体系

以往经典阅读推广的主体是图书馆，"共读阅章"除了图书馆常规推广之外，其产生的轰动效应来源于众多读者"种草官"的积极参与。"共读阅章"以小红书为推广平台，用话题带动讨论，用讨论带动口碑。该品牌在小红书上开通了私聊功能，也在每一篇笔记下面与读者积极互动，还设置了粉丝群，打通与读者的情感连接通道，使读者成为该品牌阅读推广的主要参与力量。读者深度参与"共读阅章"策划方向，影响活动内容，形成独特的参与文化，例如，由于读者的投票，《西游记》《红楼梦》的出场推广顺序有了改变，印章的选择也从三色系变成了五色系。"共读阅章"品牌因为参与感赢得了新媒体营销主动权。读者在体验的过程中，产生了晒圈分享的需求。目前，在微信、抖音平台都有"共读阅章"品牌的宣传信息，而这些是读者自发产生的，读者"种草官"模式打造了新媒体时代经典阅读内容供给的新体系。

3.4 以线上种草线下体验探索双融合推广新机制

"共读阅章"不仅在线上推广，还举办周期性很强的线下活动。线下体验十分注重服务质量和体验感，加强与读者的交流，保持读者黏性。比如线下有听取意见环节，即刻在线上开通"听劝"栏目，线上线下配合度极高。读者可以在不同的阅读场景获取阅读信息，在小红书阅读场景中获取的是碎片化阅读信息，在图书馆公共空间获得真实的阅读体验，而在图书馆公共空间产生的阅读行为也可以在小红书平台进行阅读分享，形成新的阅读推广场景，这种线上种草线下体验双融合推广机制，使得小红书平台上聚集的阅读共鸣和在图书馆公共空间内获得的阅读满足互相促进，灵活发挥不同场景的推广效应。这种线上线下双融合模式，让读者获得了更加舒适的用户体验，形成了闭环又开放的传播模式，让品牌具有长久的生命力。"共读阅章"以线上种草线下体验探索双融合推广新机制，更高效、更具延展性地满足了读者多样化的需求，发挥了品牌"长期价值"，增加了品牌黏性。

经典名著是传统文化的瑰宝。"共读阅章"将这些珍贵的经典融入印章之中，采用印章打卡的形式，以一种有趣、富有创意的方式，为读者提供了新奇的阅读体验，点燃了他们对阅读的热情。读者通过收集不同印章，在与经典互动的过程中，领略传统文化的魅力和价值。该品牌首次采取小红书这一新兴媒介，将阅读推广与社交媒体结合，通过小红书的广泛传播，触达了更多年龄段的读者，激发了他们对经典名著的兴趣。小红书社交媒体的特性使得读者能够分享自己的阅读体验，这种互动性进一步提升了经典在数字时代的价值。"共读阅章"通过对跨界融合服务模式的探索不仅传递了经典名言的力量，而且赋予了名著新的生命力，使经典文化以更加鲜活的形象走进读者视野，打造了经典阅读推广跨界融合新模式。

参考文献

[1]都蓝.人文湾区视角下图书馆经典阅读推广服务调查研究[J].图书馆学研究,2022

（1）：87-92，76.

[2]于慧萍，熊静.近十年来国内图书馆经典阅读推广研究综述[J].山东图书馆学刊，2022（1）：11-17.

[3]于静，孙媛媛，弓建华，等.阅读推广中的文创道具应用实践探索与思考——以北京师范大学图书馆为例[J].图书馆杂志，2021（3）：42-48.

[4]李健，任竞，张怡宁，等.我国公共图书馆跨界合作的现状与问题[J].国家图书馆学刊，2021（3）：3-12.

[5]杨威.公共图书馆跨界合作阅读品牌建设研究[J].大学图书情报学刊，2022（3）：52-56.

[6]张潇雨."十四五"期间公共图书馆研究热点和重点领域分析[J].新世纪图书馆，2021（1）：5-10.

[7]彭棱，邵芳强.新媒体时代经典阅读推广的困境及应对策略[J].大学图书情报学刊，2022（4）：75-79.

[8]王波.阅读推广、图书馆阅读推广的定义——兼论如何认识和学习图书馆时尚阅读推广案例[J].图书馆论坛，2015（10）：1-7.

[9]彭羽帆.符号学视域下博物馆纪念印章相关问题研究[D].天津：天津师范大学，2023.

"图书馆+"服务理念下打造公共图书馆阅读服务领域的新业态

——以北京城市图书馆"展阅季"公共艺术展的创新服务实践为例

刘　倩（首都图书馆）

文化和旅游部发布的《"十四五"公共文化服务体系建设规划》中明确提出"推进公共图书馆功能转型升级。适应高质量发展要求，推动公共图书馆向'以人为中心'转型，建设开放、智慧、包容、共享的现代图书馆。"[1]转型已经成为推动公共图书馆高质量服务发展的重要任务。联合国教科文组织、国际图书馆协会与机构联合会《公共图书馆宣言》（2022 版）明确公共图书馆的重要任务包括："为个人创造性发展提供机会，激发想象力、创造力、好奇心和同理心；促进文化间对话，支持文化多样性；促进对传统载体、数字化及原生数字资源中的文化表达与遗产、艺术欣赏的保存和有效获取，以及科学知识、研究和创新的开放获取。"[2]创新是图书馆事业发展的内驱力，随着公共图书馆社会功能的拓展，与城市生活的交集面变多，创新服务正在引领着图书馆转型发展，使其成为融合多元文化的共享、交互的场域，彰显城市地域文化精神的地标。

北京城市图书馆（以下简称"城图"）是首都图书馆的新馆，位于北京城市副中心绿心公园内，建筑面积约 7.5 万平方米，藏书量达 715 万册，以"亲民、特色、智慧"为功能设计理念[3]，是集知识传播、城市智库、学习共享等功能于一体的文化综合体，2023 年 12 月 27 日正式对外开放。

阅读连接万物，如何通过跨界融合，让读者重新了解公共图书馆的新功能和新价值，把读者留在图书馆？在图书馆的公共空间添置艺术品是一条可行之路。但由于艺术品存在投入成本高、制作周期长、科学管理难度大等方面的局限性，制约着其在图书馆的深入应用。

基于以上考虑，城图在建设之初，尝试创新实践服务模式，并从场地、资金、人员以及配套服务等方面给予更多保障，策划并创新推出"展阅季"公共艺术展。

1 艺术品对公共图书馆自身发展和创新服务具有重要意义

作为公共文化服务的主要提供者之一，公共图书馆致力于通过优化、创新读者服务的方式提升文化资源服务效能。

1.1 艺术品赋能公共图书馆，拓展阅读空间新价值

林语堂先生说："一个人如果抱着义务的意识去读书，便不了解读书的艺术。"[4]这种境界的实现离不开图书馆对多元化阅读空间的构建。公共阅读空间是知识、信息和学习的中心。艺术品以其造型、审美、颜色、材质等方面鲜明特点，在"润物细无声"中吸引公众亲近图书馆，爱上阅读。例如，波士顿公共图书馆标志性的两只雄狮，由雕塑家路易斯·圣·高登斯（Louis St. Gaudens）创作，是纪念在美国内战中牺牲的马萨诸塞州第二和第二十步兵团士兵的致敬之作，是独立精神的象征。其馆内阿比厅（Abbey Room）的墙上是画家阿比（Edwin Austin Abbey）所作的 15 幅壁画，描绘的是加拉哈德爵士（Sir Galahad）寻回圣杯的故事。壁画起初是为了陪伴读者度过等待馆员从书库里把书取出来的时间[5]，传说故事中圣杯具有神力，读者要看完一圈壁画描述的故事才能找到圣杯，所以常常读者还没把故事看完，书就取出，有效缩短了读者等待服务的心理时间。

1.2 艺术品赋能公共图书馆，打造文旅融合新场域

艺术的真善美是形式、情感、价值观的融合，公共图书馆的公益性、基本性、均等性、便利性是公共文化服务的突出特点[6]。在艺术中体会阅读，在阅读中发现艺术，二者的交流与碰撞往往能使公共图书馆凭借其公共价值和空间美学成为旅游热门打卡点，更有甚者，公共图书馆自身也会因此成为城市的文化地标。耶鲁大学的拜内克古籍善本图书馆坐落在拜内克广场上，

免费对公众开放。广场中心设置了一个下沉的庭院，地下阅览室的玻璃门都通向这个庭院，这里摆放着艺术家野口勇（Isamu Noguchi）充满禅意的抽象寓言雕塑：金字塔、圆盘和立方体，分别代表了时间、太阳和机会[7]。野口勇日本禅宗式的简约清淡和意味深长，与拜内克古籍图书馆相呼应，也是对耶鲁大学的校训"光明与真理"的呼应。每年都有数以万计的游客前去打卡，也让拜内克古籍图书馆成为耶鲁校园里标志性的打卡地。

1.3 艺术品赋能公共图书馆，创新文化服务新方式

2019 年 9 月 8 日，在国家图书馆建馆 110 周年之际，习近平总书记在给国家图书馆老专家的回信中强调公共图书馆在读者服务中要"创新服务方式。"[8]随着社会经济发展和人们生活水平的提高，公共图书馆正面临着挑战，与时俱进地进行组织架构和服务方式的创新成为图书馆发展的新常态，推动着人们对公共图书馆作为文化创新载体的再认识[9]。挪威的戴希曼公共图书馆前的广场上是美国艺术家马丁·珀伊尔（Martin Puryear）的雕塑作品《来自伊德菲尔德的巨人》（Creature from Iddefjord），造型抽象古怪又富有深意，巨人似乎正跪坐在图书馆前，向知识膜拜，这里成了游人们喜爱的打卡地。馆内充满艺术气息的灯具也均出自特邀艺术家之手，不仅使馆内更加明亮，还因设计现代前卫，充满艺术气息，为整个空间注入活力[10]。2021 年戴希曼公共图书馆被国际图联评选为"全球最佳新公共图书馆"。

2 设置艺术品已成为国内外公共图书馆的亮点服务

公共图书馆放置艺术品是"以人为中心"理念的一种有益实践，目前，这种实践在国外图书馆相对普遍，国内应用较少，在国内的中小城市更是难见。"展阅季"公共艺术展是首都图书馆为城图策划的一项创新服务，现已成为城图的一张靓丽名片。

2.1 主要特点

虽然不同国家、地区的图书馆环境空间受到社会与历史背景影响而各具特色，但艺术品在创意营造、吸引读者、传播文化、审美教育、激发想象力和培养创造力等方面发挥着同样重要的服务效能。

一是传承地域文化，体现"在地性"。图书馆作为传统文化、地域文化、专业文化等文化的汇聚地，馆内的艺术品具有"在地性"特点。这种直观的、独特的文化传播方式，能更好发挥传承文明、弘扬文化、展示历史的职能。匈牙利国家图书馆的一楼楼梯两侧的雕塑有两尊身披豹皮、与野兽为伴的马扎尔人。匈牙利人利用现实主义写实手法真实还原了粗犷、强壮、善战的马扎尔先人形象，用最直观的形象为观众讲述匈牙利人的历史文化[11]。

二是传播新理念、展现新形式。公共图书馆的核心是书籍，但不止书籍，是"连接一切，无处不在"的公共文化空间。上海图书馆东馆在公共阅读空间设置了10件兼具人文情怀、现代科技元素的艺术品，让读者充分感受阅读之美的同时，积极反映公共文化设施迭代创新[12]。布拉格市立图书馆的入口大厅中央有一件以书叠垒而成的桶形互动装置艺术作品，内部的镜面制造出空间无限延伸的视觉错觉效果，给观者带来学无止境的震撼。

三是智能化技术，助力创新服务。新时代背景下的公共图书馆，迫切需要改变传统的服务模式，新媒体艺术的加入为读者提供更多的互动体验，还可以实现空间的功能化叠加。读者不再只是旁观者，通过手指、身体的触动等，享受阅读所带来的别样感受，激发其对知识、文化更深的渴求[13]，同时，也有效提升了读者对公共图书馆的好感度，进而通过口口相传，为公共图书馆带来更多人气。城图的元宇宙体验馆是以蓝色赛博朋克风格为主基调的空间，读者可以通过元宇宙技术与历史上的文化巨匠对谈。

2.2 "公共艺术百分比"政策

"公共艺术百分比"政策指以立法形式，规定在公共工程建设总经费中提取一定比例的资金用作城市公共艺术开支[14]。美国是"公共艺术百分比"政策的发源地，美国费城成为第一个明确为公共艺术立法的城市。费城复兴当局于1959年通过《公共艺术百分比法案》（*Percent for Art Programs*），要求保证不少于1%的建筑预算用于艺术品建设[15]。后续美国多个州纷纷效仿，上千个因《公共艺术百分比法案》而诞生的公共艺术项目先后在美国的图书馆、法院、医院、公园、码头、消防站落地，公共艺术项目遍地开花。

除了美国，意大利的《百分之二法规》（*Law of 2%*），是现行法律中对"公共艺术"或"公共建筑"的资金作出规定的唯一国家层级立法[16]。芬兰在1956年将"1%原则"扩展到所有公共建筑，1991年，赫尔辛基市成为第一个对所有建筑项目施行这一政策的城市，这项举措刺激了赫尔辛基全市及郊区地区的文化艺术乃至总体经济的蓬勃发展。

在中国，浙江省台州市以地方性法规的形式明确，"建筑面积一万平方米以上的文化、体育等公共建筑；……前款规定的建设项目，建设工程造价二十亿元以内的，公共环境艺术品配置投资金额不低于本项目建设工程造价的百分之一；建设工程造价超过二十亿元的，超出部分的配置投资金额不低于超出部分建设工程造价的千分之五。"[17]北京通州区已率先提出探索实施"公共艺术百分比"政策，培育打造一批文化新空间、新地标，推出夜游博物馆、最美图书馆、亲子文化馆等网红打卡地[18]。

3　艺术品在北京城市图书馆的应用分析

"展阅季"公共艺术展是城图在对海内外相关领域调研的基础上，推出的创新服务。服务以项目为抓手，通过邀请艺术家实地踏勘，顺利完成前期活动申报，后续由公开招标引入的专业艺术公司完成全部活动策划和落地服务，从而确保项目从设想、策展、实施方面实现合理性和专业化；艺术品共31件，分为雕塑、绘画、手作书三大类，散落分布场馆内，既满足了建筑设计要求，又展示和传播了多元服务的文化理念。

3.1　主要目的

"展阅季"公共艺术展是城图创新的读者阵地服务。作为审美教育的阅读空间，城图有着天然优势。第一，场馆建筑以中国传统文化符号"赤印"为设计理念，超高玻璃幕墙赋予了建筑充足的灵动感和轻盈感。艺术品又为阅读空间增添了具体的审美意象，不仅让读者能够亲身感受艺术之美，还把艺术品展示、艺术可阅读的理念融入阅读氛围。第二，设置艺术品是城图公共空间艺术表现多样化的典型示范，实现了艺术作品、公共空间、市民读者的多维互动，为"临山间、于树下、勤阅览"的阅读意境增添光彩。第三，"展阅季"的艺术品中不仅有隋建国、徐冰、史金淞、白明、郅敏、林岗、张伟等有影响力的艺术家的作品，彰显艺术品质；在山间阅览区内还散落着众多青年艺术家们的艺术作品，为他们提供展示平台，发挥着孵化培育艺术家的功能。

3.2 主题理念

以"睿寻"为主题,展现城图独特文化魅力。城图是北京新建设的公共文化设施,内景如两座书山,其所形成的山谷对应中国文字的"睿",两山之谷远望明察,是为睿。寻,是搜寻与研究,与读者来城图查找、阅读、研究的状态相契合。不同于传统的集中展陈形式,"展阅季"公共艺术展根据场馆区域的功能属性放置展品,星罗棋布的艺术品如同坐标般引导着观众穿行在书山林海之间,使作品串联起整个图书馆空间,实现了图书馆整体空间与艺术作品的有机结合,读者观展的过程就是一次求知的旅行。

倡导"图书馆里的艺术+"。从北京城市文化记忆的经典元素出发,通过当代视觉艺术进行呈现,将传统的静态观看扩展到动态交互、与读者服务相结合;把传统文化叙事延伸至当代叙事,通过多类型艺术作品重构,实现了城图"政府(资金扶持)+图书馆(市民空间)+艺术"的文化平台愿景,提升了"艺术+功能""艺术+交互""艺术家+平台""艺术+运营"等多种艺术人文与文化服务的价值,让艺术的真善美影响日常生活,提升城市形象,启迪读者心智。

3.3 作品展现

"展阅季"的雕塑作品有隋建国的《合古塔》,史金淞的《双松图》《未来诗学研究·竹谱》《客厅里的园林》,张伟的《山峰》,郅敏的《天象四神》中的青龙、白虎,林岗的《纤歌》《清音》。绘画作品有白明的《席纹如书之二》和丘挺的《水泉院》。还有大量的手作书,其中徐冰著名的《天书》《地书》放置在山间的台阶两侧,其他手作书拾阶而上置于山间阅读桌上。这些作品与图书馆建筑、环境相映成趣。

《合古塔》是唯一专为城图创作的雕塑艺术品,在三层阅览区,以中国式的修辞方式"以实写空"为灵感,展现雕塑脱离常态后所带来的无限可能。在城图四个主题馆附近,坐落着四座"山峰",希望读者在山峰的"静"中,感受山的隐而不露的温暖和热情,以及蕴含的容忍和包纳。

古典符号,抒今人胸臆。雕塑作品《未来诗学研究·竹谱》用突破性的方式,把传统竹子的形象拆解,再以金属零部件重组,在还原竹子东方韵味的基础上增添了科技未来感,是对公共图书馆守正创新的诠释。在书山的东侧和西侧放置了《天象四神》中的青龙、白虎，抽象的形态象征着天上的星宿，以此映照中国古代星象蕴含的智慧，以陶瓷为材而散发出的温润有出人意料的艺术效果。

书籍与艺术的极致融合。城图的阅读区域散落着数十本的手作书，艺术作品抓住人类自有读物以来就再也挥之不去的对翻阅、印痕、书香的嗜好[19]，能够有效地实现对艺术氛围的营造。在这个读屏时代，手作书在寻找原始的、低科技艺术表达的魅力，寄托着人们对于翻动书页的情感体验，成为一种综合的艺术展现形式。

3.4 实践创新模式

自身服务的创新实践。城图更加注重空间形态的多元化和场所精神的营造，"展阅季"公共艺术展就是优化读者服务体验的一次创新尝试。艺术品入驻场馆空间，在一定程度上将"艺术可阅读"的理念传递给公众，为青年艺术家提供展示的舞台。"展阅季"公共艺术展是城图扩展服务职能和提高服务能力的有益尝试。

"常设馆藏+临展"的双模式。"展阅季"首展共展出 31 件艺术品，展期是 4 个月，临近展期结束时，挑选出读者反响好、互动体验性强以及与城图环境融入度高的艺术品收入馆藏，并增设新的艺术品，解决了艺术品成本高、制作周期长的问题。流动的艺术品让城图的阅读空间时刻保持新鲜感，既是一场公共艺术品的展出，也是一个长期的审美教育计划。

"图书馆+画院+社会力量"的共同参与。服务以项目形式开展，并邀请北京画院的艺术家到城图踏勘，保障服务的合理性和可行性，于 2023 年进行公开招标，委托专业机构负责策划制作。项目会定期召开专题推进会，反复推敲、确认艺术品，咨询专家意见，最终进场和实地安装。

4 公共图书馆阅读空间设置艺术品的启示

"展阅季"激发了公共图书馆服务新的活力，推动服务范围向纵深延展，在阅读空间多元化构建、拓展阅读资源、创新读者服务模式等方面成效初显。透过城图推动艺术品与公共图书馆跨界融合的生动实践，本文得出在阅读空间设置艺术品方面的如下启示：在创新文化供给服务过程中，要坚持"以人为中心"，秉承"图书馆+"服务理念，不断创新文化服务和价值的供给方式，打造阅读服务领域的新业态，从而实现对服务效能的整体优化。

4.1 以人为中心，满足公众的精神文化需求

以人为中心，不断丰富以阅读为核心的综合性文化服务是公共馆创新驱动发展、解决不平衡不充分的"馆读"矛盾的应有之义。美是多元、包容的，艺术品是美的集中表现。读者亲近艺术、阅读艺术、与艺术进行交流，使美育触达更广泛的人群，是公共图书馆提升文化创造力和滋养审美感知力的创新实践，这种有温度的阅读能更好地满足人民日益增长的美好生活需要，以及对更高品质艺术生活的热切追求，更好地肩负起"滋养民族心灵、培育文化自信的重要场所"使命。

4.2 美美与共，多元主体合作聚力

在大阅读时代背景之下，公共图书馆在空间建设、服务创新、资源共享等方面呈现出鲜明的跨界融合及社会力量参与度高等特点。通过与艺术文化机构、专业团队合作，实现资源增值、智慧的叠加和新业态的培育。

4.3 "在地文化"，彰显城市魅力

对公共图书馆而言，"在地文化"是其特色资源，更是优势资源。一方面，"在地文化"的产品最具特色、最容易引起关注度，是最具持久性和可行性的代表性资源，能有效地助力阅读推广。另一方面，对特色资源的深度挖掘，进行跨领域开发，推动传统文化焕发时代活力，是公共图书馆在弘扬和传承中华优秀传统文化方面的重大贡献与服务实践。

城图的"展阅季"服务是公共图书馆创新文化服务的有益尝试，提升了服务效能，推动着公共文化服务向高质量发展。在之后的服务中建议以全球征集、增设馆藏、延伸文创、开展讲座等多措并举的方式打造全周期服务生命链，从而为广大读者带来更加丰富、多元的"悦读"体验，打造公共图书馆阅读服务领域的新业态。

参考文献

［1］文化和旅游部关于印发《"十四五"公共文化服务体系建设规划》的通知［EB/OL］.
　　［2021-06-10］. https：//www. gov. cn/zhengce/zhengceku/2021-06/23/content_5620456. htm.

［2］《中国图书馆学报》编辑部，吴建中. 国际图联/联合国教科文组织公共图书馆宣言
　　2022［J］. 中国图书馆学报，2022（6）：126-128.

［3］北京城市副中心三大文化建筑建设全程综述［EB/OL］. ［2023-12-28］. http：//www.
　　bjtzh. gov. cn/bjtz/fzx/202312/1688847. shtml.

［4］林语堂：读书是一种艺术，而不是义务［EB/OL］. ［2018-03-15］. https：//mp. weixin.
　　qq. com/s/YVtyhD71QcYFiLnW-JhZNw

［5］波士顿公共图书馆参观记［EB/OL］. ［2022-06-19］. https：//mp. weixin. qq. com/s/
　　2ISXQ7MyMrmwUmcZr3JU-Q.

［6］徐延章. 场景理论视域下公共文化数字化服务的创新维度［J］. 图书馆学研究，2023
　　（11）：25-32.

［7］耶鲁古籍图书馆：包裹理性的艺术品［EB/OL］. ［2017-04-06］. https：//mp. weixin. qq.
　　com/s/jIvQWWCDkjg1vxKkC0StAQ.

［8］习近平给国家图书馆老专家的回信［EB/OL］. ［2019-09-09］. https：//www. gov. cn/xin-
　　wen/2019-09/09/content_5428594. htm.

［9］王世伟. 对公共图书馆"传承文明、服务社会"三大功能的再认识［J］. 图书馆杂志，
　　2019（10）：24-28.

［10］挪威最美图书馆：爱书人的新天堂［EB/OL］. ［2022-07-29］. https：//baijiahao. baidu.
　　com/s? id=1739677039588548854&wfr=spider&for=pc.

［11］曹雄，康琼琼. 图书馆雕塑艺术的功能探析——以欧洲国家部分图书馆为例［J］. 神州
　　学人，2022（7）：50-54.

［12］陈骞，姚馨. 公共图书馆艺术品设置的实践与思考——以上海图书馆东馆为例［J］. 图
　　书馆杂志，2022（7）：31-35，13.

［13］余凯璇，吴云. 新媒体艺术在公共图书馆的应用研究［J］. 图书馆研究与工作，2017
　　（10）：50-53.

［14］刘子烨. "公共艺术百分比"政策：美国公共艺术发展的源头活水［EB/OL］. ［2023-06-
　　21］. https：//mp. weixin. qq. com/s/ZmLiyHKmNTErlwrArE1F9w.

［15］About public art［EB/OL］. https：//www. creativephl. org/public-art/.

［16］朱茜·乔克拉，李娜琪. 在集权与去中心化管理之间创造公共性：意大利公共艺术政
　　策的二进式代码［J］. 公共艺术，2018（6）：12-28.

［17］浙江省城市景观风貌条例（修正文本）［EB/OL］. ［2022-10-13］. https：//www. zj.

gov. cn/art/2022/10/13/art_1229610718_2436396. html.

[18]重磅! 北京城市副中心（通州区）"十四五"规划《区级任务分工方案》印发[EB/OL]. [2021 - 08 - 26]. https://baijiahao. baidu. com/s? id = 1709159046117671091&wfr = spider&for = pc.

[19]胡超，马飞飞. 当"印迹"蕴藏"书香"——凸版画艺术语式融入手工书装设计的实验性探索[J]. 设计艺术研究，2018（5）：76-82.

新时代图书馆服务转型与发展探析

刘冬梅（北京市房山区图书馆）

随着互联网、大数据、人工智能等技术的普及，人们的信息需求和阅读习惯经历了深刻的变化。图书馆需要适应这些变化，提供更加智能化、个性化的服务，以及时应对数字化时代的挑战。图书馆应将传统服务与数字化服务相结合，大力推进数字资源建设，积极促进数字阅读的普及推广。同时，图书馆还需积极拓展服务范围，充分利用移动设备、社交媒体等新兴平台，为用户提供更加精准的服务。

1 新时期图书馆服务转型发展的重要价值

1.1 提供多样化的信息资源

随着信息技术的发展，图书馆可以通过数字化、网络化等手段，提供更多种类的信息资源，包括电子书籍、学术期刊、在线数据库等，以满足读者的多样化需求。数字化、网络化等技术手段的应用，为图书馆带来了巨大的转型和发展机遇。通过数字化的方式，图书馆可以将传统纸质资源进行数字化处理，建立电子图书馆，使得读者可以随时随地通过互联网获取到丰富的电子书籍、学术期刊和在线数据库等信息资源[1]。数字化技术还催生了一些新的服务模式，例如虚拟图书馆和远程借阅等。虚拟图书馆通过构建虚拟空间，提供在线阅读、在线借阅和参考咨询等服务，不受时间和空间的限制，方便读者进行自主学习和知识获取。远程借阅则可以通过在线申请和服务配送，将图书馆的纸质资源送到读者所在的地方，满足他们的阅读需求。此外，图书馆还可以利用数字化和网络化的手段，开展各类在线学习和交流活动。

通过建设在线学习平台和开展网络培训、视频讲座等活动，图书馆可以直接面向广大读者提供学习资源和知识服务[2]。通过数字化、网络化等手段，图书馆可以打破传统的时间和空间限制，提供更多种类的信息资源，满足读者的多样化需求。同时，这也促使图书馆不断进行技术创新和服务优化，提高服务质量和效率，以适应信息社会的发展需求。

1.2　推动学术交流和知识共享

图书馆不仅是获取信息的场所，也是学术交流和知识共享的中心。通过开展各类培训、讲座和学术活动，图书馆可以促进读者学习和自我提升，并且为学术界提供一个交流和合作的平台。图书馆作为提供知识资源和学习场所的公共文化空间，不仅拥有丰富的信息资源，还承担着促进学术交流和知识共享的重要使命。比如，图书馆可以组织各类培训和讲座活动，邀请专家学者分享学术研究成果和经验，帮助读者扩展知识领域，提高专业能力[3]。这些活动不仅有助于读者的学习和自我提升，也为他们提供了与学术界专家交流的机会，激发思想碰撞和学术合作的火花。同时，图书馆也可以定期举办学术研讨会、学术论坛等活动，为学术界提供一个交流和合作的平台。通过这些活动，学者们可以讨论研究成果、交流学术观点，促进学科交叉和跨领域合作，推动学术研究的进展。

1.3　对读者进行信息素养教育

在信息爆炸的时代，图书馆可以对读者进行信息素养教育，帮助他们提高信息获取、评估和利用能力。首先，图书馆可以提供丰富的信息资源，满足读者的信息需求[4]。与此同时，图书馆也可以为读者提供信息检索和利用的培训课程，教授他们如何使用各类检索工具和检索技巧，有效地获取所需信息。其次，图书馆可以帮助读者提高信息评估的能力。在信息爆炸的时代，大量的信息呈现在人们面前，但并不是所有的信息都准确可靠。图书馆可以教授读者如何辨别信息的真实性、权威性和可信度，帮助他们筛选出有价值的信息[5]。最后，图书馆可以指导读者提高信息利用的能力。信息本身没有意义，只有通过合理利用才能产生价值。图书馆可以通过举办培训和讲座，教授读者如何有效地组织和应用信息，提高他们解决问题、开展研究和创新的能力。通过引导读者进行信息素养教育，图书馆帮助他们更好地适应信息社会的发展，掌握信息获取、评估和利用的核心能力。这也是图书馆在信息爆炸时代中扮演的重要角色之一。

1.4 促进文化传承与创新

图书馆不仅是储存知识的场所，还担负着文化传承和创新推动的责任。首先，通过收集、保存和展示文献、文物和艺术品等，图书馆可以帮助人们更好地了解和传承历史文化。图书馆作为文化宝库，收藏了大量珍贵的文献和文物，可以为读者提供深入了解历史和文化的机会。通过阅读古籍、观赏艺术作品等，读者可以感受到历史的厚重和文化的魅力，并将其传承下去[6]。其次，图书馆还鼓励创新思维和创造力的发展。除了传统的文献和文物，图书馆也收藏了大量的创意作品、研究报告和科技成果等。这些资源激发了读者的想象力和思维的灵活性，促进了创意和创新的发展。图书馆可以举办各类讲座、工作坊和竞赛等活动，鼓励读者展示自己的创意和创新成果。通过文化传承和创新推动，图书馆不仅扮演了知识储存的角色，更成为社会发展和进步的重要推动者。在当今信息化的时代，图书馆的地位和作用变得更加重要，为人们提供了全方位的知识和文化服务。

2 新时代图书馆服务转型发展方向

2.1 转变服务模式，提供个性化、精准化服务

在当今信息爆炸的时代，图书馆作为知识的宝库，也在不断地进行服务模式的变革。从传统的图书借阅、阅览服务向知识服务、信息素养教育转变，是我国图书馆事业发展的必然趋势[7]。这一变革的核心在于关注用户需求，提供个性化、精准化的服务，以满足广大读者在知识获取、信息处理、素养提升等方面的需求。首先，传统的图书借阅、阅览服务仍然具有很高的价值。然而，随着互联网的普及和数字资源的快速增长，人们获取信息的渠道越来越多样化。图书馆需要适应这一变化，从单纯的书刊借阅场所转变为知识服务的提供者。这意味着图书馆要在文献资源建设、知识组织、知识挖掘等方面下功夫，以满足读者在学术、文化、娱乐等方面的多元化需求。其次，信息素养教育成为图书馆服务的新使命。在信息社会，人们面临着信息过载的挑战，信息素养的提升显得尤为重要。图书馆作为信息素养教育的重要阵地，

要充分发挥自身优势，开展各类信息素养培训活动，如计算机技能培训、信息检索技巧讲座等，帮助读者提高信息获取、分析、应用的能力。再次，个性化、精准化服务是图书馆服务模式变革的关键。图书馆要深入了解读者的兴趣、需求和问题，通过数据分析、人工智能等技术手段，为读者提供量身定制的服务。例如，开展个性化推荐、线上问答、预约服务等，以满足读者在学术研究、职业发展、生活休闲等方面的个性化需求。最后，图书馆还要注重服务内容的创新。在传承中华优秀传统文化的同时，引进新颖、前沿的资源，以吸引更多读者。总之，服务模式的变革是图书馆事业发展的必由之路。只有关注用户需求，提供个性化、精准化的服务，才能让图书馆在信息时代发挥更大的作用，为全民素质提升贡献力量。在这一过程中，图书馆人要不断学习、创新，以适应时代发展的要求，为读者提供更好的服务。

2.2　创新技术手段，实现图书馆服务自动化、智能化

在当今信息技术飞速发展的时代，图书馆作为文化传播的重要载体，也需要不断地进行技术创新以适应新的发展需求。首先，大数据技术在图书馆的应用可以帮助我们对海量的图书信息进行高效整理和分析。通过对读者借阅记录、浏览行为等数据的挖掘，可以精准地为读者推荐符合其兴趣的图书，提高图书的利用率。同时，大数据还可以帮助我们分析读者群体的需求变化，为图书馆的采购决策提供有力支持。其次，人工智能技术的引入将使图书馆的服务更加智能化。通过构建智能问答系统，图书馆可以实现对读者咨询的实时响应和精准解答，减轻人力负担。此外，人工智能还可以用于图书馆的自动化管理，如自动整理书架、自动借还书等，进一步提高了服务效率。在此基础上，我们还可以探索图书馆与其他领域的跨界合作，如与教育、科研、文化等领域的深度融合。这将有助于拓展图书馆的服务范围，为读者提供更为丰富的资源。同时，利用大数据和人工智能技术，可以实现图书馆与其他机构之间的数据共享，打破信息孤岛，让更多人受益于知识传播[8]。总之，技术手段的创新将为图书馆的发展带来前所未有的机遇。我们应充分发挥大数据和人工智能等技术优势，推动图书馆服务的自动化、智能化，为读者提供更加高效、便捷的服务。

2.3　整合信息资源，构建统一、便捷的信息资源服务体系

新时代数字技术与信息技术的发展向图书馆服务提出了智能化、信息化

的建设要求，当前实现数字资源的整合与管理，是图书馆服务转型发展中的重要一环。整合与管理中应考虑的工作主要有：一是优化数字资源结构，通过对现有数字资源进行梳理和分析，了解各类数字资源的类型、内容和覆盖范围，以便进一步优化数字资源的结构和布局。这包括对重复、过时、低质量的数字资源进行清理，以及对缺失的数字资源进行补充。二是建立统一的数字资源平台，通过技术手段，将各类数字资源进行整合，实现一站式检索和一站式服务。这有助于提高数字资源的利用效率，使用户能够更便捷地获取所需信息。三是加强数字资源的管理，建立完善的数字资源管理制度，包括数字资源的采购、入库、更新、维护和下架等环节，确保数字资源的质量和可持续性。四是提升数字资源的智能化服务水平，利用大数据、人工智能等技术，对用户行为进行分析和挖掘，为用户提供个性化、精准化的服务。同时，利用技术手段优化数字资源的检索和推荐，提升用户体验。五是加强数字资源的宣传与推广，通过线上线下多种渠道，加大对数字资源的宣传力度，提高用户对数字资源的认知度和使用率。六是加强数字资源的合作与共享，推动各类图书馆、文献机构之间的合作与资源共享，打破信息孤岛，提高数字资源的覆盖范围和利用效率。七是加强数字资源的安全保障，采取必要的安全措施，确保数字资源的安全和完整，防止数字资源被恶意攻击和篡改。八是培养数字资源利用的人才，加强对图书馆工作人员和用户的培训，提高他们在数字化环境下的信息素养和技能水平。这将有助于图书馆服务迈向智能化，更好地满足新时代用户的需求。同时，还需不断关注数字技术的发展趋势，适时调整数字资源整合策略，以确保图书馆服务的持续发展。

2.4 优化空间布局，打造舒适、人性化的阅读环境

为满足读者和用户的多样化需求，调整图书馆的空间布局应当按功能区域划分，设置不同功能的空间，包括安静阅读区、电子阅览区、讨论交流区、休闲阅读区、儿童阅读区以及自习室等。在动线设计上，要设置清晰的导向标识，引导读者快速找到自己需要的功能区域。要规范室内动线，保持流畅，避免拥挤，使读者在行走过程中能够轻松自如地进入不同功能区域。要在相对独立的区域设置出口动线，确保读者在离开时能够迅速疏散，避免拥堵。也要关注设施配套，包括在各个区域配备足够的座椅、书架、储物柜等，方便读者使用。

卫生间和休息区、网络和充电设施以及安全设施等，均需要进一步完善。运用温馨、简约的装饰风格，打造舒适宜人的阅读空间。采用柔和、舒适的光线，避免眩光，为读者提供良好的阅读环境。保持室内空气流通，设置合理的通风口。通过打造一个舒适、人性化的图书馆空间布局，满足读者多元化的需求，进一步提升图书馆的服务质量和读者满意度。同时，也需要定期对图书馆进行维护和更新，以适应不断变化的时代需求和读者需求。

3 新时代图书馆服务转型发展的路径

3.1 加强顶层设计

确保新时代图书馆服务转型发展，首先要明确图书馆服务转型的目标、战略和路径，形成具有可操作性的实施方案。明确图书馆服务转型的目标，比如推动数字化服务、提升用户体验或者是加强社区互动等，根据图书馆实际情况和用户需求，进一步制定明晰的发展目标和指标，为转型工作树立明确的方向。通过全面调研和分析，了解图书馆服务现状和发展趋势，制定战略规划，这就包括转型重点领域、优化资源配置、提升技术能力以及改善管理机制等多方面的策略。将传统图书馆服务与数字技术深度结合，进一步推动数字化服务发展。通过建设数字化图书馆、提供在线图书馆服务平台、推广数字阅读等方式，满足不同用户对数字化学习和阅读的需求。做到以用户为中心，重视用户的需求和体验，通过各种手段改善用户体验，比如提供个性化的推荐服务、延长开放时间、提供自主借还书服务等，让用户能够便捷地使用图书馆资源。也要注重与社区居民和用户建立良好的互动关系，加强社区服务功能。例如，北京市房山区图书馆开发的基层图书管理系统，通过软件技术与通信技术，结合用户手机实现了智慧化的图书借还服务。系统通过微信小程序实现图书检索和借还服务。利用手机摄像头扫描图书条码，自动识别后可自助完成图书的借还。减少了工作人员的工作量以及图书管理设备的采购成本，解决了村级图书资源的现代化管理问题，打通了图书馆管理的"最后一公里"。

3.2 优化人力资源

要实现图书馆服务转型升级，提升图书馆员的专业素养，培养具备创新能力、跨学科知识的复合型人才同样重要。一方面，针对图书馆员建立全面的培训计划，包括持续的职业发展培训、专业知识更新培训以及创新能力提升培训等，确保培训内容与图书馆服务转型发展的需求相匹配，塑造可用之才。另一方面，强化学习机制，鼓励图书馆员自主学习创新，并为其提供相应的学习资源和平台，通过线上课程、学术研讨会等方式，鼓励馆员进步。例如北京市房山区图书馆在本馆的数字化管理平台上开发了员工管理模块，除登记工作人员信息外，还增加了学习培训内容，可以进行知识培训、研讨交流、月度考核等。也可同步建立导师制度，为新进员工提供指导和支持。注重跨学科合作，促进图书馆员之间和图书馆与其他学科领域之间的跨学科合作，培养出具备跨学科知识和技能的复合型人才。进一步扩大专业交流，健全激励机制，可以通过薪酬、晋升等方式激励和鼓励优秀图书馆员，为他们提供更多发展空间，激发图书馆员的创新能力和积极性。

3.3 加强合作伙伴关系

新时期图书馆服务要想取得长足进步，要有与各类信息机构、社会组织建立合作机制、共享资源，提高服务质量的发展眼光。一方面，图书馆应积极主动与各类信息机构、社会组织进行对接，建立长期稳定的合作关系。可以通过签署合作协议或合作框架，明确双方的合作内容和责任。图书馆与合作伙伴可以共享各自的资源，实现资源互补。比如，北京市房山区图书馆与本区文创企业采取"置换服务"的合作方式，图书馆提供场地，企业提供不低于场租同等价值的体验课、亲子活动、文创产品开发等服务，达到了合作共赢的目的。另一方面，图书馆作为信息服务机构，具备丰富的图书馆学和信息科学知识。与合作伙伴建立合作关系后，图书馆可以提供专业支持，帮助合作伙伴提升信息服务能力。合作伙伴关系可以激发创新思维，进行跨界合作。图书馆可以借助合作伙伴的创新能力，开展一些新的服务模式和项目，优化服务效果和提升用户满意度。

3.4 加大投入力度

加大对图书馆设施、设备的投入，提升图书馆的服务能力和水平，是确保新时期图书馆服务转型发展不可缺少的重要一步。一方面，投资建设更加现代化、功能齐全的图书馆设施，包括舒适的阅览室、多媒体学习区、数字资源中心等。设施投入应考虑用户需求和未来发展趋势，使得图书馆的空间设计和布局更加科学合理。引进先进的图书馆管理系统、数字化资源管理平台、自助借还设备等，提升办公效率和服务质量。同时，应根据用户需求更新图书馆的各类设备，如电子阅读器、电子期刊和数据库访问终端等。另一方面，加强图书馆的网络基础设施建设，提高网络带宽和稳定性，以满足用户对在线资源和数字化服务的需求。同时，推动无线网络覆盖全馆，方便用户随时随地接入图书馆的资源和服务。加大对数字资源的采集、整理、开放力度，满足用户对数字化学术资源和电子图书的需求。提高数字参考咨询服务水平，提供个性化推荐和学术辅助服务。最后，投入资金培养图书馆专业人才，增强员工的专业素质和服务意识。建立健全培训体系，不断提升员工综合能力和服务水平。

综上，新时代图书馆服务转型与发展是适应社会变革、满足用户需求的必然选择。图书馆应抓住机遇，勇于创新，不断探索适应新时代的服务模式和发展路径，为用户提供更加优质、高效的服务，充分发挥图书馆在文化传播和知识创新中的重要作用。只有这样，图书馆才能在新时代焕发出更加璀璨的光彩，为我国文化事业的发展贡献力量。

参考文献

[1]梁锦旗."互联网+"环境下的图书馆服务转型与发展[J].价值工程，2023（1）：48-50.

[2]李建平.基于"互联网+"的图书馆服务转型与发展探析[J].淮南职业技术学院学报，2023（3）：146-148.

[3]许建业.新时代图书馆区域协作高质量发展的若干思考[J].图书馆学刊，2023（3）：14-21.

[4]李莉."十四五"时期公共图书馆阅读服务转型发展路径研究[J].河南图书馆学刊，2022（10）：56-58.

[5]王伟."互联网+"环境下公共图书馆服务创新与转型发展[J].兰台内外，2022（16）：57-59.

[6]吴建中.新时代图书馆的探索与转型——以新馆建设为例[J].中国图书馆学报，2022（5）：4-12.

[7]张洁.新时代公共图书馆服务转型与效能实现路径研究[J].文化产业，2022（21）：89-91.

[8]弓建华，钊林真，刘迎春，等.新时代社区图书馆作用发挥及馆店融合发展研究[J].大学图书情报学刊，2022（1）：100-103.

提升品质化阅读之路

——北京市朝阳区城市书屋建设实践分析

郑　玲（北京市朝阳区图书馆）

城市书屋建设项目是朝阳区为提升公共阅读服务整体效能、解决公共阅读服务"最后一公里"难题而推出的文化惠民项目，是探索公共阅读服务提供主体多元化的新实践。项目旨在融合政府及社会阅读推广组织二者优势，盘活空间存量，刺激潜在增量，提升区域文化品质，打造城市文化新地标。朝阳区城市书屋具备公共图书馆功能，市民可以从城市书屋借阅书籍。城市书屋的建设主要强调公益性，为大众提供公共阅读服务，尽力满足公众多元化、品质化的阅读需求。

2016 年，北京市朝阳区正式启动城市书屋建设，将政府资源优势与社会力量运营优势结合，共同打造以人为核心的高品质公共阅读空间和有温度的新型文化社区。经过多年的探索实践，城市书屋在为辖区群众提供特色化阅读服务、创新基层治理模式等方面发挥了重要作用，成为点燃城市阅读之光的"文化灯塔"和示范区创新发展成效的一个缩影，为朝阳区阅读之城建设提供了重要支撑。

1　朝阳区城市书屋的建设背景

1.1　新时代高质量发展的创新探索

从政府层面、从国家战略高度推动全民阅读，已然成为世界潮流。自2014 年至 2023 年，我国政府工作报告连续 10 年提到全民阅读，体现了党中央、国务院对坚定文化自信以及开展全民阅读工作的高度重视。党的十九大报告指出"中国特色社会主义进入了新时代",提出了我国发展新的历史方位。朝阳区文化发展进入"更加注重文化引领"的新阶段。作为全国首批国家公共文化服务体系示范区、全国唯一的国家文化产业创新实验区和全国文明城区,朝阳区始终以文化引领城市高质量发展,在"两区"建设上求突破、树标杆、作示范,"争取成为全国文化中心建设核心区"。朝阳区城市书屋进一步解放思想,大力推动文化事业与文化产业深度互动、创新融合发展,实现文化资源配置优化、文化要素高效组合。

1.2 满足人民美好生活新期待的生动注解

解决人民日益增长的美好生活需要和不平衡不充分的发展之间的矛盾,满足居民对品质化、个性化阅读的新需求,是朝阳区建设阅读之城的出发点和落脚点。朝阳区城市书屋通过公共阅读服务的供给侧结构性改革,不仅对现有公共阅读服务标准化、均等化发展进行有益补充,更通过优质阅读服务供给大大激发了居民的阅读需求,切实满足并引领着朝阳居民日益增长的精神文化需求。

1.3 新时代中国特色社会主义思想的文明实践

朝阳区以习近平新时代中国特色社会主义思想为指引,坚定文化自信,广泛吸纳社会力量参与公共阅读服务供给,推动公共文化服务社会化发展。朝阳区城市书屋充分发挥社会力量的主动性,将阅读场景融入楼宇、文创园区、学校、医院、社区、商圈、残疾人实践基地,打造出有温度、有质感的城市阅读新空间,在共建共享共治中提升居民的文化幸福感和满意度,培育和践行社会主义核心价值观。

2 朝阳区城市书屋的建设实践及推进情况

为提升公共文化服务效能,2017 年通过政府部门与社会力量共建共治的形式,北京市朝阳区建设开放了 8 座"城市书屋",投入图书近 3 万册,并加入北京市公共图书馆服务系统,实现免费借阅,通借通还。2018 年以来,朝阳区图书馆通过不断盘活区域空间资源,先后建成安贞文化服务中心馆、莱锦创意产业园馆、北京中学东坝校区馆、朝阳区委党校馆等 4 家城市书屋。

2018 年，朝阳区城市书屋建设项目入选中宣部创新案例、朝阳区委宣传部创新案例。2019 年，朝阳区图书馆在科学规划布局的前提下，继续增加城市书屋的数量，完成 18 家城市书屋建设工作，朝阳区城市书屋总量达到 31 家，有效缓解了城市公共阅读空间不足的问题。2020—2022 年，朝阳区图书馆进一步实现城市书屋建设常态化，完成了 16 家城市书屋的建设，同时对运行状况不佳的 4 家书屋启动资产回收，终止合作关系。实现了城市书屋建设从无到有，从有到精的发展之路。2020 年，朝阳区文旅局、朝阳区图书馆受邀成为全国城市书屋共享机制发起单位，实现将朝阳区城市书屋建设融入国家文化发展的宏伟蓝图中。

2.1　拓展服务网络，构建特色公共阅读服务体系

截止到 2023 年底，朝阳区共计对外开放 43 座城市书屋（见表 1），覆盖 24 个街乡，覆盖率达 55.8%，投入使用总面积超过 2 万平方米，藏书量超过 30 万册，形成了朝阳区品质阅读网络。

表 1　朝阳区城市书屋街乡分布情况表

序号	街道	数量	名称
1	香河园街道	1	梦工坊馆
2	呼家楼街道	2	宸冰书坊馆、朝阳区图书馆（小庄馆）特色空间
3	三间房地区	3	东亿产业园馆、知行书店馆、梦想书坊馆
4	建外街道	2	良阅书房馆、建投书局馆
5	双井街道	2	东区儿童医院馆、中信书店·合生汇馆
6	安贞街道	3	读聚时光馆、博雅书屋馆、安贞文化中心馆
7	三里屯街道	2	春风习习馆、昇国医馆
8	南磨房地区	4	熹阅堂馆、众享生活书坊馆、酷车小镇馆、大雅书坊馆
9	东坝地区	3	北京中学（东坝校区）馆、良阅 station 馆、人大附中朝阳分校东坝校区馆
10	八里庄街道	2	莱锦产业园馆、12 阅馆
11	左家庄街道	1	朝阳区委党校馆
12	劲松街道	2	书香少年馆、朝阳区图书馆（劲松馆）特色空间

续表

序号	街道	数量	名称
13	太阳宫地区	1	艺+健康主题书屋馆
14	朝外街道	3	鸿芷书屋馆、北京 CBD 白领驿站馆、书穹格馆
15	望京街道	1	晓街馆
16	将台地区	2	丽都会客厅、将悦书馆
17	和平街街道	1	书香少年馆（和平街）
18	高碑店乡	2	宸冰书坊——高井文明家风分馆、友来友往馆
19	崔各庄地区	1	京旺家园阅读空间
20	王四营地区	1	中国动漫科技馆
21	堡头街道	1	堡头传统文化实践中心
22	麦子店街道	1	霄云荟
23	平房地区	1	微阅轩
24	小关街道	1	关悦书屋馆

通过朝阳区城市书屋的建设，朝阳区原有"四网一体"公共阅读格局拓展为"五网一体"格局，即"五个网络构成一个体系"：以四级架构为基础的传统公共图书馆服务网络；以自助图书馆为主体的城市街区图书馆服务网络；以电子阅览室、共享工程服务点为基础的数字图书馆服务网络；以流动图书馆为主体的定制化阅读服务网络；以朝阳区城市书屋为主体的品质化阅读服务网络；"一体"指朝阳特色公共阅读服务体系。通过"五网一体"建设，实现了朝阳区公共阅读网络高质量全覆盖。

2.2 聚合社会力量，推动文化融合发展

目前已建成的城市书屋，分布于商业区、艺术园区、医院、学校、社区地下空间、残疾人就业实践基地等。朝阳区城市书屋充分利用文化产业发展优势，创新性地将文化产业载体转化为公共文化服务的载体，实现文化融合发展。政府投入图书等资源引导推动品牌性文创园区建设，和运营管理人员紧密合作共同打造高品质的公共阅读空间。书屋既精准服务于各园区内的青年白领人群，又吸引周边社区居民走进园区形成互动，推动了一批地理位置优越的城市空间转化为文化艺术空间，实现了政府与园区的共建、共治、共享。

朝阳区城市书屋以点带面，借力周边产业资源、社区资源、文化资源，与区级公共图书馆、街道乡镇公共图书馆、自助图书馆、书店互为依托、同频共振，形成特色"阅读生活圈"，将公共阅读真正融入城市生活。同时还形成了三里屯等一批阅读旅游线路，探索出阅读和旅游融合发展的新模式。

2.3　坚持公益属性，实现全龄全民友好

朝阳区城市书屋在充分借助社会力量发展的同时，始终坚持公益底线，免费向社会开放，扎根、服务、融入社区，关照各个群体，就近整合优化，就近提供服务。

目前已建成的城市书屋，除了以全年龄层群体为服务对象，还有 5 家主要服务于少年儿童，3 家主要服务于老年人。梦工坊馆深切关照残疾人，为视力障碍人群提供专业的盲文书籍及阅读区每晚开放到 12：00，将特殊群体的文化权益保障落到实处。艺+健康主题书屋馆关注老年人的康养需求，免费举办中医健康讲座和专家诊疗活动，配备医疗检测设备、疗养设施。良阅书房馆将长安街畔的保安厅改造为快捷书店，24 小时提供便民服务，为寒冷夜晚排队等公交的群众提供一处温暖的休憩之所，体现了浓厚的社会责任和人文关怀。东区儿童医院馆将亲子阅读延伸到医院的各个角落，充分发挥医院丰富的健康知识资源，成为青少年儿童健康知识的传播基地。

2.4　因地制宜，突出特色，形成品质化阅读网络

朝阳区图书馆努力让每一家城市书屋都有自己的定位，有自己独特的特点，在建设和经营过程中，探索出最优的政府资源分配方式，让社会力量参与建设，让文化事业和文化产业紧密结合，从而为朝阳区的城市书屋创造了一种全新的模式。除了要做到差异化和特色化，还要坚持专业化和高质量的发展方向，满足人民群众对美好生活的需求，满足人民日益增长的个性化阅读需要。通过对朝阳区城市书屋进行科学的规划和布局，创建城市书屋的优质公众阅读网，解决朝阳区的公共阅读资源不平衡、不充分的问题。

宸冰书坊馆：阅读推广的书香空间。东区儿童医院馆：儿童健康知识传播基地。良阅书房馆：舒适、自由的阅读生活场景。良阅 station 馆：以"悦读"空间凝聚文化认同。梦想书坊：打造"泛社区文化体"。建投书局馆："我为群众办实事"的生动实践。垡头传统文化实践中心：阅读与社区治理深度融合。

对于已经开放的书屋，图书馆将根据读者的意见，适时地调整所需图书的类型与数量，制定朝阳城市书屋准入机制，并对其进行评价，将市民满意度、阅读服务效果等纳入评价体系。

2.5　注重课题研究，加强制度设计

与北京大学、全国中小型公共图书馆联合会等单位或专业机构合作，启动"朝阳城市书屋考核机制研究""阅读之城下的朝阳城市书屋建设研究"和"阅读之城"三个课题的研究。其中"朝阳城市书屋考核机制研究"是对准入机制的后续研究项目，旨在为朝阳区城市书屋认定、监管、考评、激励及动态调整提供依据、程序、标准等支持；"阅读之城下的朝阳城市书屋建设研究"主要对朝阳城市书屋建设经验进行梳理及理论提升并提出下一步工作方向与思路；"阅读之城"研究对朝阳区"十三五"时期公共阅读发展情况进行梳理，并就"十四五"时期进一步推进"阅读之城"建设提出意见。

2.6　注重树先进，形成头雁效应

注重发挥城市书屋阅读推广人的引领作用，带动区域全民阅读发展。如宸冰，她是朝阳区培育起来的阅读推广人，是北京读书形象大使和北京十大金牌阅读推广人。2019年以来，朝阳区图书馆注重发挥其作为阅读推广人的示范引领作用，支持帮助其积极开展丰富多彩的阅读活动，服务"书香朝阳，阅读之城"的建设。在突发新冠疫情的2020年，宸冰带领团队，制作原创线上音频节目34期，直播讲座及线上课程42场，线上阅读打卡活动5次，累计陪伴公众阅读120天，录制视频节目28期，开展综合类系列阅读活动14场，接受媒体采访5次，推书、荐书类小视频及直播互动83期，线上线下收听、收看量达300万余人次。她在疫情期间开展的系列阅读活动，让群众在家中得到陪伴，感知到人性的坚强和伟大，避免了迷失和恐慌情绪的产生，同时有效疏导了群众的心理焦虑，充分体现了朝阳区阅读推广人的示范引领作用。

3　朝阳区城市书屋的未来规划

未来朝阳区将坚持以打造全民参与、全龄友好、全时共享、全域品质的阅读之城为目标，进一步复制推广朝阳区城市书屋模式，扩大朝阳区城市书

屋的覆盖率，打造朝阳区城市书屋品牌活动，健全朝阳区城市书屋品质阅读网络，将品质阅读的星星之火汇聚成朝阳阅读之城的燎原光辉。

3.1 科学布局、完善网络

根据朝阳区内现有阅读空间布局、城乡居民阅读需求、书屋服务半径等情况，制定朝阳区城市书屋建设规划，进一步推广朝阳区城市书屋模式，完善城乡、区域布局。大力推动"阅读生活圈"的内涵式发展，强化"阅读生活圈"公共服务力和文化引领力。

3.2 完善管理、强化考核

健全考核体系，加强精细化管理，制定考核评估细则，将日常管理、居民满意度、阅读服务效能、文化活动质量等纳入考评体系。拓宽监督与反馈渠道，在"朝图预借""朝阳文化云"等网络平台开辟朝阳区城市书屋评价窗口，根据居民的反馈及时动态调整书籍配送的种类及数量，做到日常监督与年度考评常态化及动态化管理。完善准入和退出机制，开展最美朝阳城市书屋评选，对获奖书屋给予奖励。

3.3 优化服务、提升效能

优化朝阳区城市书屋借阅服务，普及手机借阅，升级网上预借、文献转借、快递到家、新书推介等功能。积极培育阅读志愿者队伍，促进居民自我服务、自我教育。进一步完善城市书屋无障碍设施，鼓励支持书屋24小时开放，为居民提供更加优质的阅读服务。积极探索朝阳区城市书屋与党建、教育、旅游、夜间经济发展融合的新方式和新途径。建立朝阳区城市书屋联盟，定期开展城市书屋人员培训、举办系列阅读活动，推动城市书屋之间资源共享、经验交流、联动发展。凝聚广大社会力量共同促进朝阳区城市书屋健康有序发展。

3.4 探索高质量发展的创新路径

朝阳区将依托城市书屋构建更加便捷高效的"15分钟阅读圈"，将公共图书馆、阅读推广人、阅读志愿者、社会阅读推广组织与力量、出版社、书店、融媒体、现代物流等要素有效连接，形成"政府主导、社会参与、优势融合、百姓受益"的朝阳特色阅读文化生态圈。借助重点事件，综合报道城市书屋建设成果及朝阳区阅读之城建设，扩大知名度和影响力。

参考文献

[1]严贝妮，程诗谣，李永钢.城市阅读空间的构建研究——基于合肥市"悦·书房"的解析[J].图书馆建设，2018（5）：64-69.

[2]叶帆.公共图书馆打造"城市书房"案例研究[D].合肥：安徽大学，2018.

[3]李焱.打通公共文化服务"最后一公里"[J].投资北京，2018（4）：58-60.

[4]北京朝阳开放8座"城市书屋"共建共治把公共阅读带到城市中间[EB/OL].[2017-12-19].https://www.sohu.com/a/211569167_162758.

公共图书馆跨界融合服务模式的实践创新

——以北京市丰台区图书馆为例

郝 伟 罗红艳 (北京市丰台区图书馆)

文化兴则国家兴，文化强则民族强。公共图书馆作为公共文化服务体系的重要组成部分，不仅承担着推动全民阅读、举办社会文化活动、开展社会教育的责任，更肩负着保存人类文化遗产、传播知识、促进国家文化建设的使命。近年来，各行各业跨界融合的趋势如火如荼，为顺应时代发展，公共图书馆应积极打造跨界融合创新服务新模式，推动公共文化事业发展，最大程度拓展公共图书馆服务对象、服务功能、服务领域，加速转型发展。

1 跨界融合的含义

跨界融合是指通过打破传统边界，对不同领域的知识、技术、资源和理念进行交叉与整合，从而创造出更便捷、高效、更新颖的服务模式。在公共服务领域，这意味着将公共图书馆服务与其他行业和领域的服务进行结合，创造新的价值，带来新的体验[1]。跨界融合通过双方，甚至多方之间的资源整合，实现效益最大化的一种共赢模式，跨界融合的核心要义是创新。

2 公共图书馆跨界融合的意义

一是拓宽服务领域，满足读者多样化需求。在信息高速发展的今天，读者对公共图书馆的需求已远远超出了传统的借阅服务，公共图书馆迫切需要拓宽服务领域，推动跨界融合。二是提高资源利用率，促进知识传播和创新。

公共图书馆与其他机构跨界融合可以促进资源共享，资源的共享和整合能显著提高资源的使用效率[2]。三是深化社会职能，加强知识多元化保障。现在公共图书馆已不再孤军奋战，只有增强社会价值和影响力，扩展服务功能，创新服务方式，才能促进公共图书馆可持续发展。

3 北京市丰台区图书馆的实践创新

北京市丰台区图书馆不断加强、深化、拓展跨界融合服务模式的实践创新。通过与政务中心、酒店、学校、供应商、媒体、文化志愿团队、党政机关、旅游业及街镇等的深度融合，不仅扩大了服务范围，还极大提升了丰台区图书馆的社会影响力和文化价值。

3.1 与政务中心融合转型成城市文化会客厅

丰台区图书馆大红门馆于 2021 年 6 月正式对公众开放，它位于南中轴线上的丰台区政务服务中心大楼内。大楼"一楼两用"，东侧集合了丰台区 40 多个政府部门的服务中心，提供政务服务，西侧是丰台区图书馆，体现了"政务服务+文化服务"的理念，不仅解决了民众的一站式办事需求，也满足了民众的精神需求。作为北京市首个利用疏整促腾退空间打造的"政务服务+文化服务"相融合的重点功能项目[3]，它是丰台区为民办实事的重点工程，也是南中轴线发展规划的亮点工程，更是北京南城的文化新地标。2023 年，丰台区图书馆大红门馆被评为城市文化会客厅，正式挂牌成为集文化交流、知识分享和居民活动为一体的文化会客中心，这一荣誉不仅是对丰台区图书馆大红门馆在文化传播和公共服务领域成就的认可，也标志着丰台区图书馆迈入了新的发展里程碑。

3.2 与酒店融合，打造书香酒店

丰台区图书馆尝试将公共图书馆、实体书店与酒店进行多元融合，试点建设文化旅游模式下的书香酒店，以"图书+酒店"的方式，开辟城市阅读新空间。2023 年，丰台区首批的 4 个试点书香酒店已正式挂牌投入使用[4]。丰台区图书馆对酒店阅览区域硬件进行了升级，优化服务体验，注重细节改善，规划阅读空间和更新入住导引词，提升酒店文化品质。酒店内的阅读资源以

丰台区图书馆馆藏为支撑，根据各酒店需求提供有关丰台时政消息、旅游景点、休闲娱乐等内容的图书和报刊，并定期更新，通过举办阅读分享活动，抓住游客兴趣点，吸引游客阅读，潜移默化影响游客阅读行为。该项目的实施，不仅丰富了酒店的服务内容，增强了酒店的文化氛围，还为丰台区图书馆开辟了新的服务渠道，实现了资源共享和服务扩展。

3.3　与学校融合，建设馆校合作联盟

丰台区图书馆一直致力于与方庄教育集群及辖区内多所学校的合作共建，邀请师生走进公共图书馆，帮助他们拓宽课外阅读范围，提高阅读兴趣，扩大知识面，增加知识储备，开阔视野。利用世界读书日等节日，图书馆联合各校举办了一系列专题阅读活动，包括绘本故事会、主题性阅读讨论会、亲子共读会以及家庭阅读活动等，旨在通过多种形式和内容的活动，促进全民阅读推广。将学校与丰台旅游景点、博物馆、红色教育基地进行结合[5]，设计多条研学路线并组织多种课外阅读活动。丰台区图书馆为学校提供专业的图书资源和阅读推广活动，同时学校也成为图书馆服务的延伸点，共同推动阅读文化的传播和学生阅读能力的提升。

3.4　与供应商融合，打造智慧阅读空间

智慧图书馆是图书馆与供应商跨界融合的产物。丰台区图书馆通过引入先进的信息技术和智能设备，构建包括读者服务、资源建设、业务运营、应用支撑、数据信息在内的五大核心系统，成功创建了一个集成化的智慧图书馆平台，大大提高了图书馆的运营效率和读者体验。该平台以"一个智脑、两个延伸、三类应用、综合智能支撑"为设计理念，不仅与首都图书馆实现上下贯通，还向下延伸至全区的街镇图书馆，达到了信息共享、资源互联的目的。丰台区图书馆通过运用科技创新手段，打造导航系统、电子借阅、自助办证、自助借还书、数字阅读和朗读亭等在内的高科技图书馆服务系统与设施。丰台区图书馆成功打造了智能化、全方位、立体化的智慧图书馆新模式[6]，实现了图书、读者、场馆等要素的数字化深度整合与互联，为读者带来"随时读、随地读、随心读、随身读"的阅读新体验。

3.5　与媒体融合，打造"书香丰台"品牌

丰台区图书馆通过与快手、抖音、微信公众号、视频号、《丰台时报》、

优酷视频等多个媒体平台的合作，成功打造"书香丰台"品牌，相继在快手、抖音、微信公众号等平台创立了"书香丰台全民阅读"自媒体账号[7]，通过预热宣传、直播活动、视频录播等丰富多样的宣传和推广方式，向广大读者提供全年不间断、内容丰富、形式多样的阅读推广活动，阅读推广效果显著。特别是在新冠疫情防控期间，丰台区图书馆利用这些媒体平台的技术优势和便捷特性，成功举办了一系列线上阅读活动。这些活动不仅让读者在家中享受到图书馆的文化服务，提高公众的阅读兴趣和文化参与度，同时也充分展示了自媒体在当前社会中传播知识、促进阅读的重要作用。

3.6　与文化志愿者团队融合，开展多彩志愿服务

丰台区图书馆文化志愿者分队成立于 2016 年，汇集了学生、职工、居民、退休老干部等社会各界人士，形成了一个人员结构多元、年龄跨度大、专业技能各异的志愿服务团队。此团队以丰台区图书馆为核心服务场所，协助完成读者咨询、图书检索、自助设备操作等服务工作，并积极策划和参与文化讲座等各类活动，特别是针对中老年人、青少年、残障人士的阅读推广活动，以及深入机关、社区、公共场所进行的各类文化服务项目，受到社会广泛赞誉。该团队推出的"一日小馆长""旧书新知"和"阅读服务小标兵"等创新志愿服务项目，受到了孩子和家长的热捧。"旧书新知"项目因其独特的社会价值和文化意义，在 2024 年 2 月 24 日被《人民日报》进行了专题报道。这不仅为丰台区图书馆在新年伊始带来了"开门红"，也显著提升了丰台区图书馆的公共服务形象。这些志愿服务活动的成功实施，不仅极大丰富了图书馆的服务项目，也提升了公众对图书馆的认同感和参与度。

3.7　与党政机关融合打造书香社会

丰台区图书馆作为新时代文明实践基地，与区内外多个重要机构和单位紧密合作。这些单位共同利用丰台区图书馆及其分馆、党群服务中心、大红门图书馆的同心之家等多个阅读空间，举办了一系列内容丰富、形式多样的专题阅读推广活动，使阅读文化深入丰台区的每个角落。这些活动极大地丰富了丰台区民众的文化生活，营造了良好的书香社会氛围，促进了机关单位员工和广大居民的持续学习和个人成长，加强了丰台区图书馆与党政机关以及与社会各界之间的紧密联系和互动，为构建书香社会作出了重要贡献。

3.8 与文旅融合，推动文旅双向赋能创新发展

丰台区图书馆积极拓展"图书馆+旅游"文旅融合新模式，通过资源建设、服务拓展和模式创新，探索并实践了一系列创新措施。借助信息化手段，丰台区图书馆成功打造了北京市首个区级文化旅游资源数字服务平台。这一跨平台、多内容、全终端的服务平台，通过将阅读服务与旅游服务深度整合，为读者和游客提供了全新的文旅体验。该平台在阅读终端的数字旅游板块内设置了包括丰台旅游电子地图、丰台文化十景介绍、乡村旅游和美食宣传在内的20余个主题模块。此外，丰台区图书馆还充分利用区域内丰富的文化旅游资源，以阅读为媒介，深挖丰台的历史文化精髓，组织开展了一系列文旅融合特色活动。在北京世界花卉大观园、北京园博园、南宫五洲植物乐园等多个知名旅游景点，举办了家庭书房阅读推介、亲子阅读、绘本图书展示等阅读活动。同时与各大景区联手举办网红打卡活动，在小红书等社交平台上引发广泛关注并促进游客积极参与，有效推广了丰台区的旅游资源。通过这一系列创新实践，丰台区图书馆不仅丰富了公共文化服务的内容和形式，也将图书馆建设成了推广地区旅游的重要平台，吸引更多的游客参与，丰富游客的旅行体验，有效促进了丰台文化和旅游业的发展。

3.9 与街镇融合，完善公共图书馆总分馆制服务新体系

丰台区图书馆与各街镇密切合作，共同推进公共图书馆总分馆制服务体系的完善与发展。通过这项合作，丰台区旨在建立一个统一标准、规范服务、特色鲜明的公共图书馆网络，实现资源共享和服务的广泛覆盖。一是合作建馆。丰台区文化和旅游局负责统筹协调，丰台区图书馆提供业务指导，街镇负责具体承建。三方根据人口分布和交通条件，合理规划分馆布局，分馆纳入北京市公共图书馆一卡通服务体系，确保每个分馆都能有效服务其辖区内的居民。二是建章立制。丰台区图书馆制定了《丰台区公共图书馆总分馆制服务标准》和相关服务规范，推动分馆进一步提升了服务质量并统一了建设标准，同时满足一卡通服务网络的要求，从而实现了规范化管理。三是业务帮带。以丰台区图书馆为基地，建立总分馆人才交流机制，通过人员"上派下挂"、交流学习等方式，定期选派分馆人员到区图书馆进行挂职锻炼，以确保分馆在管理和服务等方面与丰台区图书馆保持一致。四是专业指导。丰台

区图书馆成立专项工作指导小组，专项工作指导小组负责指导和统筹公共图书馆总分馆制的建设工作，协调解决具体事务，确保建设工作的顺利进行。五是评估验收。丰台区图书馆依照建设标准和规范，对 2021 年丰台区行政区划调整后新增的街镇分馆建设进行评估验收，对所有社区（村）服务点进行检查，确保了分馆建设质量。通过这些措施，使更多民众享受到便利的图书馆服务，全面提升了图书馆的文化服务能力。

4 跨界融合中遇到的主要问题

4.1 缺乏有效的合作机制和策略

缺乏有效的合作机制和策略会成为实施跨界融合的障碍。有效的合作机制需要明确合作的目标、责任分配、沟通流程和评估标准等，但这些在不同机构间往往难以达成一致。此外，合作策略的缺失或不完善也会导致合作过程中出现方向偏差、资源浪费和目标未达成的情况。这要求图书馆在管理和策略上进行创新和调整，以建立和维护有效的跨界合作关系。

4.2 资金限制

俗话说"巧妇难为无米之炊"，资金是推动跨界融合的重要资源，但多数公共图书馆财政预算有限，丰台区图书馆也不例外，经常面临资金不足的问题。资金的限制影响图书馆对新技术的采购、新服务的开发，以及与其他机构合作项目的实施。

4.3 人才短缺

随着信息技术的迅猛发展和读者需求的多样化，公共图书馆对人才的专业技能和综合素质要求越来越高。图书馆工作人员不仅要具备信息管理、数字资源管理、数据分析、网络安全等现代化技能，还要具有良好的沟通能力、营销能力、协调能力等。一方面，图书馆工作人员缺乏专业培训，对新技术、新技能不熟悉，无法满足新形势下的服务需求。另一方面，高层次人才流失，公共图书馆的薪酬和晋升空间往往有限，难以吸引和留住高学历、高素质人才。此外，人员年龄、性别、学历、专业背景等方面也存在不均衡现象，影响图书馆服务的多样性和创新能力。

5 丰台区图书馆跨界融合经验

丰台区图书馆在推进服务创新和跨界融合过程中积累了一系列宝贵的经验，这些经验不仅对丰台区图书馆自身的发展有重要意义，也为其他图书馆提供了参考和借鉴。

5.1 发布政策并实施

2023 年 9 月，丰台区出台了首个《关于深入推进新时代书香丰台建设工作的实施意见》，同时发布配套文件《书香丰台全民阅读行动方案》《深入推进新时代书香丰台建设工作重点任务清单》。通过这些政策文件，丰台区不仅明确了提升公共阅读服务质量的目标，也为实现这一目标设定了具体的步骤和分工，强调了公共图书馆在提升市民文化生活质量中的关键作用，为吸引更多社会力量跨界融合，共同推进书香丰台全民阅读工作提供了政策支持。

5.2 扩大资金来源

丰台区图书馆作为政府拨款的公益性单位，在资金筹措、使用和管理上必须全面考量和精心规划，确保财政资金的高效利用和收益最大化。一是争取财政支持，全面阐述图书馆的地位和作用，提高丰台区政府部门对图书馆服务的重视程度，增加财政拨款。二是拓展资金来源。除政府资助外，丰台区图书馆通过赞助、捐赠、资源互换等方式，弥补资金不足。三是开展项目合作。与企业、非营利组织等进行合作，实现公共资源共享共用。

5.3 构建合作网络

丰台区图书馆积极与政府部门、教育机构、文化组织以及社会各界建立合作关系，通过共建项目、共享资源等方式，构建了一个开放合作的平台与网络。丰台区图书馆不仅是合作的参与方，更是重要的组织者和平台提供者，通过积极牵头组织各方资源和力量，形成以点连线，以线成面的合作网络，既扩展了图书馆的服务功能和影响力，又为读者提供了更为丰富和多元的服务。

5.4 加强人才培养

丰台区图书馆高度重视人才队伍的建设，通过内部培训、外部引进、人才交流等多种方式，不断提高图书馆工作人员的专业水平和综合素质。第一，广泛招募具有图书馆学、计算机科学、人工智能等背景的专业人才，为新员工和有潜力的人才制定短期培养方案及长远发展规划。第二，通过外出学习与邀请专家培训的双向互动，采用结合组织性学习、自我学习、培训和交流的综合发展方法，提升素质和能力。第三，实施"今天我讲课"系列培训计划，将该系列培训计划作为人才成长战略的关键组成部分，鼓励人才通过教、学互换，以加速个人成长。第四，定期举办各类培训活动，涵盖政策解析、业务技能培训及学术研究，从专业技能到个人兴趣爱好的多样化授课内容，促进员工全面成长。通过总结学习成效，及时更新培训内容和策略，让人才脱颖而出。

5.5　注重读者反馈

无论是创新服务方式，还是扩大服务范围，读者的满意度始终是丰台区图书馆追求的最高目标。丰台区图书馆高度重视读者的反馈信息，通过问卷调查、读者座谈、意见簿、社交媒体、论坛和 12345 市民热线电话等形式广泛收集读者意见和建议，读者的反馈成为图书馆改进服务、调整方向和制定策略的重要依据，通过读者反馈了解到服务中的不足，变压力为动力，积极改进，努力提高服务质量，增强读者的满意度和黏性。

丰台区图书馆持续推进"图书馆+"多元发展，进一步深化与技术领域的融合，实现服务方式和管理模式的创新，拓展与教育、文化艺术、社会服务、旅游等更多领域的合作，通过跨界合作项目丰富图书馆的服务内容，构建一个覆盖全区、服务于每个角落的公共图书馆网络。丰台区图书馆将在跨界融合的道路上不断探索和创新，以更开放的姿态、更先进的技术和更丰富的服务内容，满足公众的文化需求，促进文化知识的传播和文化软实力的提升。

参考文献

[1]李健，任竞，张怡宇，等.我国公共图书馆跨界合作的现状与问题[J].国家图书馆学刊，2021（3）：3-12.

[2]欧燕，黄丽霞.我国图书馆跨界合作研究进展综述[J].图书馆学刊，2020（8）：

100-106.

[3]林瑶.丰台区图书馆新馆正式开放[N].丰台时报，2021-08-20（1）.

[4]原梓峰.酒店中飘出淡淡书香[N].丰台时报，2023-11-06（1），（3）.

[5]赵容慧.我国图书馆跨界合作研究综述[J].图书馆工作与研究，2021（3）：122-128.

[6]张军平，鲍晓雯.丰台区图书馆大红门馆——北京中轴线上的"城市文化会客厅"[N].丰台时报，2024-01-26（7）.

[7]孙颖，赵慧言.创设家门口的阅读空间、推进"阅读+"多元发展、建立共读点1000个 全方位打造"书香丰台"[N].丰台时报，2023-09-04（4）.

在文化守望与业态创新中彰显公共图书馆多元价值

晋　熠（山西省图书馆）

如今，新媒体技术和智能基础设施正在重塑着人们的社会认知、读写能力甚至公民意识，公共图书馆的功能也不再仅限于借阅书籍和推广阅读，而是为读者提供更丰富的体验，并探索当代城市公共空间的新意义。

公共图书馆的价值无法轻易用经济学术语来衡量。教育学习、平等包容、公共利益、专业精神、社会责任、可持续发展等价值目标已经被大多数国家和地区的图书馆所接受，并将其作为空间设计与用户服务的基本理念，从整体上推动了图书馆空间的开放、包容和发展[1]。本文试图通过文献调研、网络调查和对图书馆的实地探访，探讨在这个智能技术与人类社会生活紧密联系的数字经济时代，公共图书馆因其价值的多元共生所衍生出的新业态。

1　公共图书馆业态创新的典型案例

1.1　公共图书馆的多元价值

数字经济时代，智能技术创造了混合增强的空间形态和新兴的社会行为模式，催生出智慧环境下公共图书馆新的价值取向[2]。这种价值取向是多维的，关注的是数字包容、可持续发展和由公众参与构建的图书馆学习、工作和生活的新空间。

从众多学者的研究报告以及图书馆的愿景文件中都可以看到，世界上绝大多数智慧城市的公共图书馆都在进行业态创新。作为一个覆盖广泛且用途多元的机构，公共图书馆正以其馆藏资源的可见性、可用性和可持续性，为每位公民提供有关研究、阅读、创造和终身学习的服务。

1.2 以数字包容为契机实现地区振兴

数字包容是指确保包括最弱势群体在内的所有个人和社区都能接入和使用信息通信技术（Information and Communication Technology, ICT）。"公共图书馆因其公益性和信息平等原则，成为实施数字包容措施的天然场所。"[3] 如在荷兰代尔夫特，一个名为"DOK"的图书馆概念中心旨在激励人们进行一场数字体验：交互式多用户触摸屏使用户可以浏览城市的文化遗产，DOK Agora（一个视频墙）让用户"看到"与自己相关的故事，任天堂、PC 和 Mac 游戏可能引发一场图书馆员与家长之间关于"严肃游戏"教育价值的讨论[4]……可以说，公共图书馆的业态创新是以用户为导向的、开放包容的场景构建，这样的场景既可以是一种实际存在的物理场所，也可以是一种虚拟空间。

在经济下行期，公共图书馆的业态创新不仅关乎图书馆界，更与当地社区振兴息息相关。在英格兰，有大约 3500 家能够提供基于互联网服务的公共图书馆，它们坐落于各个城镇中交通便利的地点，而且有可能是该地区唯一的公共服务设施。近年来，随着财政资金削减，许多公共服务设施和服务机构都在逐渐消失，而作为一些社区里唯一的公益机构，公共图书馆的生存和发展也显得前所未有的重要[5]。为此，许多公共图书馆已转型成为既提供书籍，又提供休闲活动、跨文化和代际学习、个人发展、商业创建、知识孵化以及技能培训的场所。有研究指出，在经济衰退期，提供此类服务的公共图书馆更受欢迎，使用频率显著增加[6]。例如，在英格兰东北部的纽卡斯尔，以及其他经济活跃度较低、失业率较高的中部城镇，公共图书馆更关注向人们提供诸如就业等方面的服务：纽卡斯尔公共图书馆（Newcastle Public Library）定期组织数字包容学习班，让老年人从年轻人那里习得数字媒体技能[7]；在伦敦塔陶尔哈姆莱茨区，由公共图书馆改造而成的创意商店以其新颖的设计从周围的建筑中脱颖而出，工作人员通过营造自助零售商店式的宽松氛围，重新设计内部空间，而不再严格划分具体区域，向市民提供成人教育课程、职业支持培训和 7×24 小时虚拟访问服务，在伦敦最贫穷的行政区重塑公共图书馆的价值[8]。

1.3 以可持续发展为目标延伸服务空间

图书馆也是实现可持续发展目标的场所。可持续发展是一个内涵广泛的主题，涵盖从气候变化、社会不平等多个领域。每天都有大量关于这些主题的知识和信息产生，人们也可以在图书馆找到很多关于这些主题的文献资源。为呼吁国际社会对可持续发展问题的关注，联合国在 2015 年发布了《变革我们的世界：2030 年可持续发展议程》，提出 17 个重点关注的关键目标，其中有 3 个目标是目前最适合由图书馆帮助实现的——减少不平等、让全民终身享有学习机会、确保健康的生活方式和促进各年龄段人群的福祉[9]。对于普通公民来说，熟悉这些问题和所有相关的信息并非易事。因此，各国图书馆都在积极共享与可持续发展相关的知识并持续付出努力。

在赫尔辛基，中等规模的瓦里拉图书馆（Vallila Library）就因其绿色管理流程而成为芬兰首家获得"EcoCompass"（芬兰中小规模企业环境管理证书）环境标签的公共机构。该图书馆以赫尔辛基城市图书馆（Helsinki City Library）的政策为蓝本制定了自己的环保战略和政策，并展示出包括形象、流通、可持续性、领导力、设计和公共空间在内的 6 种生态意识。如此一来，图书馆用户便清楚地知道瓦里拉图书馆是一个环境友好型的场所。此外，在图书馆内，所有与生态相关的书籍都被集中摆放，帮助读者更容易获取这类信息，同时图书馆员也会经常举办与气候变化有关的公共讨论活动，并定期向芬兰其他图书馆推介这些可持续发展活动。除了阅读推广和研讨会这类的传统活动，瓦里拉图书馆还提出了一项抵制消费主义的倡议，即希望通过鼓励公众之间相互借用如滑雪板、相机和工具等耐用物品的方式，向社会传播分享与合作的价值观念。通过这一系列的行动，瓦里拉图书馆向外界清晰地传达出"图书馆可以是一个与生态相关的项目"的声音[10]。

联合国可持续发展目标在丹麦公共图书馆的工作中也发挥着越来越重要的引领作用。在日常工作中，公共图书馆意识到自己不仅能提供有关可持续发展问题的权威信息，也能通过延伸服务成为解决此类问题的合作伙伴。为此，丹麦公共图书馆既提出了地方层面的倡议，也积极参与国家层面的项目。例如，丹麦巴勒鲁普公共图书馆（Ballerup Public Library）是丹麦绿色智库 CONCITO 国家项目"Gro Selv"（自我成长）的合作伙伴之一。"Gro Selv"是一个由年轻人发起的开放社区，他们在大大小小的项目中尝试使可持续发展目标变得贴近生活，围绕诸如回收和升级利用物品、种植以及准备绿色食物等探索保护地球的方法，举办各种社区活动，还设立了面向儿童的可持续发展节日。在奥胡斯公共图书馆（Aarhus Public Library），馆员们希望通过开展多种类型的项目让可持续发展目标具象化且易于公众理解。例如：图书馆鼓励人们在社区花园一起动手种植农作物、一起食用蔬菜，图书馆因此成为社区的共创空间；图书馆内还开设了"维修咖啡馆"，以方便人们在维修物品时获得有效帮助，实现对废旧物品的重复利用[11]。可以看到，公共图书馆践行可持续发展理念并非难事，且作为一个有力的支持者，公共图书馆可以通过发起倡议、协助和鼓励公民参与的方式来为全社会共同做出改变而努力。

1.4 以公众参与为支点"撬动"创新资源

美国的图书馆业高度发达，这与其公众的大力支持不无关系。作为整个城市的文化中心机构，公共图书馆以历史遗存实物和图书的形式留存了大量文化记忆，并以丰富多彩的文化活动展现出城市的独特魅力。公共图书馆除了扮演向所有公民提供书籍的传统角色外，也努力承担拓宽公民视野、提供工作和学习机会的社会责任，希望通过帮助人们提高识字和阅读能力以及数字素养从而在数字世界中找到出路。

美国西雅图公共图书馆就是这样一座有着悠久历史且每天依然在成长变化的图书馆。在西雅图公共图书馆的转型过程中，最与众不同的就是它的设计过程。在设计者看来，未来图书馆的价值主要基于两种业务形态的融合，即书籍的演变与图书馆的社会功能。一直以来，图书馆的关键要素都是书籍，但近年来，新兴技术或新媒体的嵌入削弱了书籍在图书馆的主导地位。图书馆既要为读者提供充足的阅读空间，也要避免随着馆藏的不断扩张而侵占更多公共空间。因此，设计团队在规划时考虑了空间的冗余度和可持续性，将图书馆的各种组成要素分为稳定和不稳定元素，并考虑了各种元素在未来五十年中重新组合的可能性。他们认为，图书馆总会需要像会议室这样的稳定元素，因此将这些稳定元素都集中在一个平台，而将那些最有可能随着时间推移而改变的不稳定元素，如阅读区、混合区、儿童区等，设计在一个没有天花板的可移动空间内，并且灯光照明和其他技术也可以随之被重新组合。总之，西雅图公共图书馆的空间设计非常灵活且富有前瞻性，而这也是西雅图公共图书馆和其他当代图书馆之间最显著的区别。这就意味着活动的举办不再受场所限制，图书馆的空间也能够承载更多功能。

西雅图公共图书馆的设计之所以独特，就在于它不单单是由建筑师提出，而是在西雅图居民和所有图书馆工作人员的共同参与下完成的。西雅图的人口构成非常多样，他们的文化、兴趣和理想各不相同。为了解公众期望，设计团队设法提高与公众沟通的技巧。他们将科研数据转换为方案、图表、建筑模型和视频，从而把充足的信息呈现给公众，让人们写下对备选方案的偏好和评论。可以说，这是一个非常大胆且新颖的方法。图书馆通过研究个人评论成功地改进了设计，避免了施工后可能出现的问题。更重要的是，将图书馆用户纳入设计过程，能够展现出公共图书馆承担社会责任的勇气与决心，多元价值观的碰撞也丰富了项目本身的创意[12]。

公众参与图书馆设计的成果之一就是图书馆开辟了许多专门用于社交活动的空间。西雅图公共图书馆对"知识获取者"和"信息收集者"的需求进行了有效区分，并为这两类用户分别设计了活动路线："知识获取者"可以在阅览区漫无目的的游览，而"信息收集者"可以直接到达他们预先选择好的资源存放地点。在建筑材料的选择上，建筑师使用更多透明的表面来代替墙壁，以避免阻碍人与人之间的互动。从整体上看，西雅图公共图书馆所传递的正是一个真正意义上的公共领域所应有的价值观，即人们可以自由进入、获取信息并相互交流，图书馆也因此成为一个城市里共同身份的象征[13]。

2 多元价值导向下公共图书馆业态创新的路径

2.1 触及更多人群，为不同群体提供新发展机会

公共图书馆作为公共领域的一部分，是社会文明和集体情感的再现。就国内部分公共图书馆而言，即使它们反映了城市记忆和社会价值，但是这些感受也难以触及个人，因为人们实际上并没有在这些场景中度过更多时间。反观丹麦巴勒鲁普公共图书馆和奥胡斯公共图书馆，他们在传递可持续发展理念的过程中，始终渴望将更多的城市居民联系起来，并且支持人们做出能够产生积极影响的改变，比如为弱势群体提供互联网接入，为受教育程度低的人提供学习场所，为经济上处于劣势的人提供免费休闲空间等。

2.2 支持公众参与，补齐传统业务短板

公众参与是图书馆业态创新过程中一个不可或缺的因素。例如，在公众的参与设计下，整个西雅图公共图书馆充满着一种艺术美感，也象征着城市居民对图书馆未来发展的期待。图书馆的外形酷似一个水晶金字塔，而从图

书馆内部向外望去则可以领略整个城市的景色。虽然图书馆是一个庞大的建筑体，但其交错的建筑结构不仅保证了居民在城市中视野的通透性和城市景观的连续性，而且为人们提供了遮风避雨的地方，从真正意义上与城市融为一体。

2.3 建立广泛的合作伙伴关系

无论是消除数字鸿沟，还是实现可持续发展，都是旨在使整个城市、整个国家、整个地球变得更好，让生活在其中的普通人拥有高品质的生活。为了实现这一目标，图书馆需要开展更多跨领域的合作项目，分享知识的同时借鉴他人的想法。而对于那些处于行业领先地位的图书馆而言，则必须尽可能多地分享经验，以帮助那些刚刚开始探索这一旅程的图书馆。

2.4 将业态创新写入图书馆发展战略

公共图书馆的发展战略应明确提出当前所承载的价值与使命，并主动融入地方和国家重大战略，使之成为业态创新的目标。当图书馆从长远出发规划业态创新的方向，便会在可预见的未来努力实现这些目标，而不只是组织一些小的项目或临时性的活动。

2.5 激励馆员参与是图书馆业态创新的关键

当一个新业态成为图书馆核心工作的一部分时，图书馆最需要考虑的问题就是是否拥有具备相应素养的馆员来完成这些工作，包括：馆员是否具备实现数字包容和可持续发展目标的基本知识？为了完成专业化的合作项目，馆员需要学习哪些新技能？作为一个城市的公共图书馆，如何让更多人对数字包容、可持续发展等新话题产生兴趣？如何促成更多社会机构与公共图书馆开展合作……所有这些问题都需要激励馆员提升专业素养、完成知识迭代，以跳出图书馆传统业务的框架，在"守"与"破"之中完成一系列探索，并创造出行业发展的新增量。

任何公共图书馆的目标都应该是与用户建立个人的、动态的、持久的甚至终身的关系。特别是在危机时期，当人们普遍面临经济和被边缘化的风险时，公共图书馆的价值也更加清晰。从上述各图书馆的大胆实践中不难发现，尽管受到预算紧缩的困扰，但他们的空间、场所和服务都在进行重新设计、改造和再利用，以塑造一系列与科技、信息、知识、环境、经济、艺术等相关的个人与集体体验。公共图书馆作为一个共享的公共文化空间，成功地理解并满足了不同社会群体的需求。而如果没有公共图书馆，那么每个人的学习、社交、职业发展和个人成长也可能会受到严重限制。因此，城市保护和更新这些彰显多元价值的公共空间是非常重要的。如果一个城市失去了作为自由平等空间的公共图书馆，失去了作为人民学校的公共图书馆，失去了作为促进社会包容、社会可持续发展和市民终身学习手段的公共图书馆，那么，社会公平的基础也将失去。

参考文献

[1] 洪芳林，龚蛟腾.公共图书馆空间价值研究：表达、支撑与策略[J].国家图书馆学刊，2023（2）：26-39.

[2] 余思新，陈群.数字赋能下智慧图书馆的价值取向研究[J].图书馆，2023（7）：41-36.

[3] 贾诗威，张钰浩.我国公共图书馆数字包容实践[J].图书馆论坛，2023（6）：45-56.

[4] BLEWITT J. Public libraries and the right to the Smart City[J]. International journal of social ecology & sustainable development，2014（2）：55-68.

[5] MCMENEMY D. Book review：public libraries in the 21st century：defining services and debating the future[J]. Journal of librarianship and information science，2008（4）：287.

[6] CHILD R，GOULDING A. Public libraries in the recession：the librarian's axiom[J]. Library review，2012（89）：641-663.

[7] RUIU M L，RAGNEDDA M. Between digital inclusion and social equalities：the role of public libraries in Newcastle upon Tyne[J]. Library and information research，2016（123）：69-87.

[8] MARSH C. A consideration of the success of the Idea Stores in improving library and learning services in the London borough of Tower Hamlets [D]. London：University College London，2008.

[9] 变革我们的世界：2030年可持续发展议程[R/OL]. [2024-07-22]. https://www.fmprc.gov.cn/web/ziliao_674904/zt_674979/dnzt_674981/qtzt/2030kcxfzyc_686343/zw/201601/t20160113_9279987.shtml.

[10] SAHAVIRTA H. Showing the green way：advocating green values and image in a Finnish public library[J]. IFLA journal，2012（3）：239-242.

［11］HOLMQUIST J. Sustainability in Danish public libraries how do the sustainable development goals inspire their work？［J］. Bibliothek forschung und praxis，2021（3）：472-476.

［12］Seattle Public Library as a new version of public space［EB/OL］.［2023-12-27］. https：//www. researchgate. net/publication/349482340_Seattle_Public_Library_as_a_New_Version_of_Public_Space.

［13］刘佳. 美国西雅图社区图书馆的场所精神构建及启示［J］. 图书馆学研究，2020（6）：88-94，70.

沉浸式体验与公众教育

——提升古籍展览参与度的策略研究

谭碧雁（广西壮族自治区图书馆）

在数字化浪潮席卷的当下，公共图书馆承担着守护文化遗产的重要角色，同时也面临着将古籍资源有效转化为公众教育资源并激发公众参与的挑战[1]。古籍的价值不仅限于学术研究，更在于其对公众的教育意义[2]，它们承载的文化基因和历史智慧对于传承和发展传统文化至关重要。随着科技进步，沉浸式体验作为一种创新的展示手段，为古籍展览带来了全方位、多感官的互动环境，这不仅能吸引更多观众，还能提升他们对古籍的兴趣和参与度，进而加深对文化遗产的认识和尊重。本文旨在探讨如何将沉浸式体验应用于古籍展览，以及如何将其与公众教育有效结合，以增强展览的吸引力和教育成效。通过对这些结合策略的分析，本文期望为公共图书馆的展览服务模式提供新的视角和方法，从而推动古籍文化的传播和公众教育的进步。

1 沉浸式体验的理论探讨

1.1 沉浸式体验的内涵建构与实现机制

沉浸式体验作为一种新兴的研究领域，引起了学者们的广泛关注。徐铷忆等人对沉浸式体验的内涵进行了建构[3]，并提出了实现机制。他们认为，沉浸式体验是一种身心的全面投入，个体在虚拟环境中失去自我意识，完全投入另一个世界。此外，熊开容等人研究了短视频 App 用户沉浸式体验的影响因素和形成机制，认为用户的个性化需求以及平台的内容质量、交互设计等因素会影响用户的沉浸式体验[4]。

1.2 沉浸式体验在相关领域的应用

在教育领域，沉浸式体验也显示出其独特的价值。袁凡等人提出了 AI+沉浸式学习的新场域，认为人工智能技术与沉浸式体验的结合将为教育带来新的变革[5]。安秀红则研究了基于沉浸式体验的图书馆公共文化服务，认为这有助于提高图书馆的服务质量和用户体验[6]。李文静探讨了沉浸式体验下高校思想政治教育的发展路径，认为沉浸式体验有助于提高教育的吸引力和实效性[7]。

在设计领域，沉浸式体验也成了一个重要的研究方向。王竹君等人基于沉浸式体验的儿童美育 App 情感化设计，提出了新的设计理念[8]。高崇悦等人则研究了基于 VR 影像的沉浸式体验[9]。

1.3 沉浸式体验的新趋势

随着技术的发展，沉浸式体验呈现出新的趋势。韩模永论述了网络文学"新文类"的存在形态及沉浸式体验的嬗变，从"意识独占"到"感觉独占"[10]。陈广顺则探讨了沉浸式体验作为图书馆走向元宇宙的突破点[11]。魏国彬等人研究了考古类电视节目的空间叙事、技术赋能与融合传播，以及其带来的沉浸式体验[12]。

2 公众教育与古籍展览

2.1 公众教育的发展探索

在 21 世纪初，公众教育成为学者们关注的焦点[13]。蔡笑岳等人、杨柳艳等人对我国公众教育观念进行了系统研究[14-15]，指出公众教育观念是社会心理形态下的教育观念，对教育的发展和改革具有重要影响。进入 21 世纪，公众教育不再局限于理论探讨，开始更多地与实践相结合。张娜通过北京市的公众教育满意度调查，分析了影响公众对区域基础教育满意度的因素[16]。在最近几年，公众教育的理论和实践都有了更深入的发展。卜鉴民等人展望了面向公众教育的档案文献遗产开发的未来[17]。此外，智慧教育的发展对公众教育产生了深远影响。孟中元等人在秦汉文化门户建设与博物馆公众教育的探索与实践中，分析了智慧教育发展趋势，指出智慧教育在公众教育中的潜力和挑战[18]。

2.2　古籍展览的公众教育目标

公众教育作为一种面向广大公众的教育形式[19]，旨在提升公众的文化素养、审美能力和批判性思维。针对古籍展览，公众教育的目标主要包括：①普及古籍知识。通过展览，公众可以了解到古籍的基本知识，例如古籍的分类、版本、装帧等。古籍的不同类别都有其特点和价值，不同版本之间可能存在差异，不同的装帧形式反映了不同历史时期的文化特点和审美观念。通过普及这些基本知识，公众能够更好地理解和欣赏古籍，从而提升其文化素养和审美能力。②传承中华优秀传统文化。通过展示古籍，公众能够接触到中华民族悠久的历史和丰富的文化。这些古籍不仅包含了丰富的知识，还反映了我国古代社会的价值观、思想观念和审美情趣。公众在了解和欣赏古籍的过程中，能够感受到中华优秀传统文化的独特性和博大精深，从而产生文化自豪感。③提高公众参与度。展览可以通过多种方式激发公众对古籍的兴趣，有效提升公众的文化参与度，有助于形成良好的文化氛围，增强社会凝聚力和文化认同感。

3　沉浸式体验与古籍展览的公众教育

3.1　传统古籍展览的局限性及其对公众参与度的影响

传统古籍展览面临着一系列局限性，这些局限性在一定程度上限制了公众的参与度和对展览的兴趣。①展示方式单一。大多数传统古籍展览依赖于静态的实物展示，缺乏对现代技术的应用，如互动屏幕、多媒体演示等，这些缺乏互动性和体验性的展示方式往往不足以吸引公众的注意力，导致参观者难以产生深刻的体验感和参与感。②专业知识要求高。古籍展览的专业知识门槛较高，公众往往需要具备一定的古文献知识背景才能充分理解和欣赏展品，这对普通公众来说是一个障碍，可能导致他们对展览内容感到难以接近，从而影响了展览的普及性和吸引力。③传播范围有限。传统古籍展览的传播范围相对有限，往往局限于特定的文化群体或学术圈子内，缺乏有效的宣传和推广手段，使得展览难以吸引更广泛的公众关注和参与。这些局限性需要业界探索新的展览形式和技术，以提升公众的参与度和对古籍文化的认识。

3.2 沉浸式体验与古籍展览公众教育的耦合

在古籍展览中，公众教育与沉浸式体验的结合为传统文化传播提供了新的可能性。首先，沉浸式体验能够突破传统古籍展览的时空限制。通过虚拟现实技术，公众可以跨越时间和空间的界限，亲历古籍所描述的历史场景，感受历史文化的氛围。其次，沉浸式体验能够降低古籍展览的专业门槛。通过多媒体互动装置和游戏化设计，展览可以将古籍知识以更生动、易懂的方式呈现给公众，使古籍的阅读和理解不再受专业知识限制。再次，沉浸式体验能够提升公众对古籍的认知和兴趣。通过虚拟现实技术，公众可以更深入地了解古籍的文化内涵和历史价值。最后，沉浸式体验能够扩大古籍展览的传播范围。通过网络平台和社交媒体，沉浸式古籍展览可以触及更广泛的公众，打破传统展览的地理和时间限制。

4 融合沉浸式体验的古籍展览公众教育策略与实践

4.1 沉浸式空间：展览空间设计的提升

沉浸式空间设计对于优化公众教育体验至关重要。创新性的展览空间布局和视觉呈现，可以显著提升观众的沉浸感和参与度。在古籍展览的语境中，这意味着设计师需精心构思空间布局、光线、色彩和声音的运用，以营造出与古籍内容相契合的氛围。沉浸式空间不仅有助于消除观众与历史的时空距离，还能缩短观众与古籍文化的心理距离。

公共图书馆古籍展览的策展人日益重视沉浸式空间设计，他们基于展览大纲内容，运用多元化的设计手法和创新理念，以实现内容与形式的完美融合。作为目前国内最具影响力的专业古籍展览，始于 2014 年的"册府千华"系列展览，从最早的传统展板介绍、展柜陈列，到现在的不断在展览空间的设计上有所发展和突破。比如 2020 年的册府千华——重庆市藏国家珍贵古籍特展[20]，打造了一个古代书房，让观众身临其境；再如 2021 年的册府千华——苏州市藏国家珍贵古籍特展[21]，整个展览的场景设计极具江南风韵，尤其体现了苏式景观的格调。这种沉浸式的观展空间，既可营造与古籍相匹配的阅读环境，又可突出鲜明的地域特色与文化资源特色，从而使整个展览更具观赏性和美感，也更加吸引公众前往欣赏和学习。

近年来，古籍展览突破传统视觉传递信息的局限，采用多样化的多媒体设计，包括声音、图像、文字和影像，为观众提供多感官的立体体验。如视频循环播放介绍古籍的详细信息，多媒体触摸屏让观众互动学习，以及音频设计营造氛围或提供语音导览。2019年四川省图书馆举办的展览"默化——古籍里的传统医学文化与当代生活艺术的潜移"[22]，声音艺术家陈弘礼从中医的阴阳五行汲取创作灵感，专门为展览创作了背景音乐《物语》。参展观众可选择用自己的手机扫二维码收听音乐，或通过现场提供的耳机收听，从而获得了更好的沉浸式观展体验。

4.2 沉浸式交互：体验活动的开发

开发沉浸式交互体验活动是提高公众教育参与度的有效策略。通过在活动中精心设计的互动游戏、角色扮演和情境模拟等环节，观众能够更深入地探索古籍的内涵和历史文化。近年来，公共图书馆逐渐摒弃了传统的静态展橱展示方式，转而采用强调双向传播和观众参与的展览模式，并融入沉浸式交互活动（如表1所示），目的是激发观众主动参与，从而提升知识传播和体验效果。这种转变体现在公共图书馆通过讲座、研讨会和现场讲解等形式，促进公众对典籍文化的深入理解。此外，公共图书馆还策划了一系列互动体验活动，如古籍修复、雕版印刷等，让公众亲身体验古籍文化的魅力。通过这些创新举措，公共图书馆不仅能够更好地满足广大观众的多元需求，还能有效推动传统文化的传承与普及。

表1　古籍展览沉浸式体验活动一览表

展出单位	展览名称	沉浸式体验内容
国家典籍博物馆	从《诗经》到《红楼梦》——那些年我们读过的经典	**编钟、服饰、活字盘、古琴等古籍相关展品+审美体验** 　　展厅内专门设有"诗书礼乐"版块，展示编钟、服饰、活字盘及古琴等展品，特定时间举行古代编钟和舞蹈表演，增强观众的文化认同感和审美体验
	妙手传天禄　丹心鉴古今——国家图书馆藏清宫"天禄琳琅"修复项目成果展	**古籍修复技艺+数字化互动** 　　古籍修复室的复原场景：观众可以用数字化的方式体验"天禄琳琅"修复项目的各种修复形式，一起参与守护"天禄琳琅"藏书，在完成闯关后，观众将成为"天禄琳琅"守护人，获得一张电子版"天禄琳琅"守护人证书 　　修复纸样体验：观众可对不同种类的修复用纸进行"科学"检测，通过指定操作可得到一份包括纸张产地、制作工艺、纤维结构等详细信息的纸张报告，增进观众对古籍修复用纸的了解

续表

展出单位	展览名称	沉浸式体验内容
广西壮族自治区图书馆	"珠还合浦　历劫重光——《永乐大典》的回归和再造"广西巡展	**新媒体体验+互动式讲解+研学活动** 多种新媒体体验：入口处设有沉浸式环幕体验区，展厅中设"名家带你临大典"触屏游戏、永乐版式透明屏互动游戏、笔墨纸砚互动游戏、《永乐大典》知识互动游戏 专题活动：定场讲解，古籍台阁体临摹体验，"跟着《永乐大典》走读广西"系列研学活动与广大读者共赴穿越之旅，走进古籍里的"八桂"故事
山东省图书馆	一山一水一圣人——山东珍贵文献展	**古籍修复技艺+雕版印刷+碑刻传拓** 展览在澳大利亚南澳州图书馆现场演示古书修复、雕版印刷和碑刻传拓，生动讲述了"中国故事"
浙江图书馆	楮墨浙韵——浙江印刷文化展	**雕版印刷技艺+古籍装订体验** 展览在巴黎中国文化中心设置了雕版印刷和线装书籍装订的体验活动，外国嘉宾经过数次尝试终于成功"印"出一幅孔子画像，活动诠释了在传承中不断创新的新时代"浙江故事"
黑龙江省图书馆	册府千华——黑龙江省藏国家珍贵古籍特展	**古籍修复技艺+讲座+吟唱活动** 开设专题讲座和古籍修复、碑帖传拓、雕版印刷、线装书制作、古诗词吟唱、古籍公开课、古琴雅集等活动，增强观众的文化获得感和活动参与感
云南典籍博物馆	藏典云滇——云南珍贵古籍展	**多媒体+互动体验区** 互动体验区：体验古籍修复和传拓技艺

4.3　新媒介赋能：传播空间的拓展与延伸

随着信息技术的飞速发展，新媒介在古籍展览公众教育中的作用日益凸显。新媒介技术的发展极大地拓展和延伸了古籍展览的传播空间。借助这些新媒介，古籍展览能够超越物理空间的限制，吸引更广泛的受众群体。

新媒介技术的持续发展和应用，推动了古籍展览从传统实体展览向数字化、虚拟化转变。通过数字化加工，古籍得以活化及更广范围传播，同时也为公众提供更加便捷的学习方式和丰富的学习资源。例如，国家典籍博物馆官网设置了网上虚拟展厅和在线看展板块，虚拟展厅展示了四个展览，并采用最新的 VR 技术打造了全景展览，观众可以通过电脑或移动设备进行虚拟参观。

此外，新媒介技术的持续发展和应用为古籍展览带来了更丰富的互动和参与方式。社交媒体和在线论坛使得观众能够与展览建立更加紧密的联系，并分享他们的观展体验。这些新媒介工具还使展览机构能够及时获取观众的反馈，从而优化展览内容。例如，上海图书馆的官方公众号不仅提供展览信息，还提供手机观展服务。同时，非官方渠道如文化人士或其他机构的公众号、小红书号、抖音号等，也有效地扩大了信息的传播范围。这些新媒介的运用，不仅增强了观众的参与感，也为古籍文化的传播开辟了新的路径。

　　本文通过理论探讨与实证分析，揭示了沉浸式体验在古籍展览公众教育中的重要价值，并提出了融合沉浸式体验的古籍展览公众教育策略与实践。同时，提出了包括提升展览空间设计、开发沉浸式交互体验活动及利用新媒介技术拓展与延伸传播空间等策略，旨在为公共图书馆等文化机构提供参考。

参考文献

[1] 林明.高校古籍保护工作的深化与发展[J].大学图书馆学报，2022（3）：17-20.

[2] 刘雪平.古籍保护良性运行机制的探析——（湖南省）《古籍保护与服务规范》的解读与启示[J].图书馆，2020（6）：101-105.

[3] 徐铷忆，陈卫东，郑思思，等.境身合一：沉浸式体验的内涵建构、实现机制与教育应用——兼论 AI+沉浸式学习的新场域[J].远程教育杂志，2021（1）：28-40.

[4] 熊开容，刘超，甘子美.刷抖音会上瘾吗？——短视频 App 用户沉浸式体验影响因素与形成机制[J].新闻记者，2021（5）：83-96.

[5] 袁凡，陈卫东，徐铷忆，等.场景赋能：场景化设计及其教育应用展望——兼论元宇宙时代全场景学习的实现机制[J].远程教育杂志，2022（1）：15-25.

[6] 安秀红.基于沉浸式体验的图书馆公共文化服务研究[J].图书馆工作与研究，2023（S1）：48-52.

[7] 李文静.沉浸式体验下高校思想政治教育发展路径研究[J].学校党建与思想教育，2023（18）：58-60.

[8] 王竹君，李智雪.基于沉浸式体验的儿童美育 APP 情感化设计[J].现代出版，2021（2）：110.

[9] 高崇悦，金妹.无我之境——基于 VR 影像的沉浸式体验研究[J].当代电影，2021（10）：162-170.

[10] 韩模永.从"意识独占"到"感觉独占"——论网络文学"新文类"的存在形态及沉浸式体验的嬗变[J].南京社会科学，2022（4）：115-124.

[11]陈广顺.沉浸式体验：图书馆走向元宇宙的突破点[J].图书与情报，2022（2）：127-133.

[12]魏国彬，安加卫.空间叙事、技术赋能与融合传播——考古类电视节目的沉浸式体验解析[J].中国电视，2023（3）：78-81.

[13]张平，戴天岩."资源性"大学——21世纪江苏公众教育的导向[J].科技进步与对策，2000（4）：110-111.

[14]蔡笑岳，于龙.我国公众教育观念研究[J].教育研究，2007（4）：56-60.

[15]杨柳艳，蔡笑岳.论公众教育观念及其心理建构[J].广州大学学报（社会科学版），2009（3）：18-23.

[16]张娜.公众对区域基础教育满意度影响因素研究——基于北京市公众教育满意度调查[J].中国教育学刊，2012（8）：22-25.

[17]卜鉴民，邵亚伟，吴飞.面向公众教育的档案文献遗产开发：实践图景与未来展望[J].档案与建设，2022（1）：25-28.

[18]孟中元，侯宁彬，容波.智慧教育发展趋势下秦汉文化门户建设与博物馆公众教育的探索与实践[J].中国博物馆，2022（5）：112-116.

[19]吴波.民间读书会对家长影响及其推广策略研究[J].新世纪图书馆，2019（12）：21-25.

[20]重庆市办特展全面展示所藏国家珍贵古籍[EB/OL].[2023-10-31].https://baijiahao.baidu.com/s? id=1686136587780700581&wfr=spider&for=pc.

[21]"册府千华"，见证姑苏千年书香[EB/OL].[2023-10-31].https://baijiahao.baidu.com/s? id=1694436775383823511&wfr=spider&for=pc.

[22]四川省图书馆"默化——古籍里的传统医学文化与当代生活艺术的潜移"展喜获"成都生活美学大赏"大奖[EB/OL].[2023-11-30].https://sclib.org/info.htm? id=1061576827665296.

元宇宙时代的智慧图书馆
建设的机遇与挑战

图书馆知识资源细颗粒度建设的实践与思考

王静斯（首都图书馆）

1　全国智慧图书馆体系中的知识资源细颗粒度建设

2021 年 3 月，《中华人民共和国国民经济和社会发展第十四个五年规划和2035 年远景目标纲要》（以下简称《纲要》）明确提出积极发展智慧图书馆，推进公共图书馆等公共文化场馆免费开放和数字化发展。《纲要》将建设智慧图书馆纳入公共文化服务体系中，旨在为人民提供智慧便捷的公共服务[1]。"十四五"时期，文化和旅游部在中央财政立项实施全国智慧图书馆体系建设项目。该项目致力于推动公共图书馆与新兴信息技术融合发展，打造面向未来的下一代图书馆智慧化服务体系，拓展面向知识生产、知识发布、知识存储、知识传播和知识服务全域链条的开放合作，推动全国公共图书馆空间、资源、服务、管理等全面智慧化升级，建成中国特色、世界一流的智慧图书馆体系[2]。传统图书馆面临着由文献服务到知识服务的升级和挑战。

2021 年 4 月，文化和旅游部发布的《"十四五"文化和旅游发展规划》指出，要建设全国智慧图书馆体系。国家图书馆在此基础上，提出了全国智慧图书馆体系建设的总体架构——"1+3+N"模式，"1"即 1 个云上智慧图书馆，"3"代表搭建其上的全网知识内容集成仓储、全城智慧化知识服务运营环境和全国智慧图书馆管理系统，"N"为全国各级图书馆及基层服务点普遍建立的 N 个线下智慧服务空间[3]。其中，在全网知识内容集成仓储框架下，文献细颗粒度标引成了知识资源库的重要组成部分，语义网、知识图谱、数据挖掘分析、数据建模、大数据存储等技术被应用到智慧图书馆建设中来。

如何对知识深度加工、支持海量知识细粒度标引与关联、提供精准有效的知识组织服务，对图书馆的资源建设提出了新要求[4]。

2 国内图书馆及国外人文社科领域知识资源建设的案例分析

智慧图书馆背景下的知识资源细颗粒度建设要求图书馆人对文献有着更加深入的解构，将文献内容碎化为更细粒度的知识单元，并根据读者需求进行重组，以实现资源的精细化揭示和知识化、专题化服务。近年来，国内一些图书馆在知识资源细颗粒度建设的政策和开发方面做出了有益尝试并取得了一定成果。

2.1 国内图书馆知识资源细颗粒度建设优秀案例

2021 年 9 月，国家图书馆印发了《智慧图书馆知识资源数据建设指南》（以下简称《指南》），明确了知识资源建设的内容和建设方向，并相继出台了《知识资源细颗粒度建设和标签标引项目工作方案》和《全国智慧图书馆体系建设：古籍数字化和知识标引规范手册》等制度规范。

2023 年，国家图书馆（国家古籍保护中心）发布了"国家珍贵古籍名录知识库"，该知识库借由交互式可视化技术与关联语义技术，实现了对《国家珍贵古籍名录》收录古籍的多维度查询与探索。其中，名录分析页面充分利用关联语义技术，呈现名录中隐含的人物关系与书目关系，结合统计功能帮助更多用户进一步探索文献[5]。

各省市图书馆根据实际建设能力，开展了具有本地特色的智慧图书馆知识资源细颗粒度建设项目。例如，内蒙古自治区图书馆和广东省立中山图书馆分别推出了《绥远日报》知识星球平台和《华商报》报纸数字化展示平台，利用知识图谱对报纸内容进行梳理，为读者提供基于知识组织、知识图谱和知识发现等理念的民国时期报纸阅读新体验。深圳图书馆"方志里的深圳"微信小程序则对清嘉庆《新安县志》进行智慧化开发，用生动、系统的知识图谱与丰富、趣味的互动界面重现厚重的典籍，让读者沉浸式了解 200 多年前深圳地区的源流沿革、风俗物产、名人掌故、山水地理、官制学制、古迹艺文等知识，挖掘深圳的沧桑变迁。

2.2 国外人文社科领域知识资源建设优秀案例

大数据和人工智能技术使得在长历史跨度和海量文献资料上的研究成为可能，尤其为人文学科的研究提供了新方法、新工具[6]。不仅在图书馆界，科研院所、高校与数字出版行业也开发了应用数字人文方法重新组织知识的新型数据库和研究工具。

由哈佛大学费正清中国研究中心、"台湾中央研究院"历史语言研究所、北京大学中国古代研究中心及中文在线四方共同合作打造的"中国历代人物传记资料库"（CBDB）整合了中国历史上重要的传记数据。该资料库可通过分析古代传记、著作等资源，得到历史人物的生平、人际关系、迁徙历程、为官履历等相关信息[7]。

由德国马克斯·普朗克科学史研究所（MPIWG）制作的数字人文类研究软件 LoGaRT 地方志研究工具，将所有数字化的方志集合为概念化的数据库并用于历史查询。用户可以使用该软件探索分析中国地方志的内容并将检索结果配合 CHmap（中国陆地测量图）和 LGmap（中国历史交互式地图）等图层软件进行可视化呈现[8]。

3 北京市公共图书馆知识资源细颗粒度建设的实践

3.1 北京市公共图书馆知识资源细颗粒度建设的选题方向

北京市公共图书馆根据北京市文化和旅游局的要求，由首都图书馆对本市、区图书馆资源建设情况进行摸底，于 2022 至 2023 年，开展了包括首都图书馆"燕云智享"北京特色资源精细化标引项目、北京市通州区图书馆运河文化基础数字资源建设项目、北京市石景山区图书馆西山文化带重要文献细颗粒度加工项目和北京市海淀区图书馆"三山五园"及地方史资料细颗粒度加工项目在内的多项知识资源建设工作。各馆紧扣中华优秀传统文化与地方特色文化主题，将主要建设内容定位在反映北京历史地理、文化遗产、民风民俗等具有鲜明地域特色、较高历史人文和科学价值的北京地方特色资源。

3.2 北京市公共图书馆知识资源细颗粒度建设的工作流程

北京市公共图书馆的知识资源细颗粒度建设流程按照《指南》重点分为

两个部分：文献数字资源的精细化标引及知识组织与专题服务（见图1）。

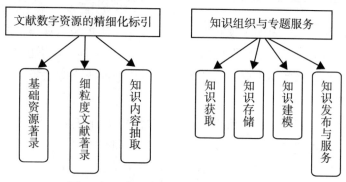

图1　知识资源细颗粒度建设的重点环节

在文献数字资源的精细化标引工作中，首先对基础文献进行元数据著录，一般以文献"种"作为著录粒度。其次对基础文献析出的各个组成要素进行元数据著录，一般以篇章、片段作为著录粒度。最后充分利用自动化手段进行知识抽取，开展知识标引，形成基于文献知识内容的语料库。另一个重点环节是利用知识图谱技术对资源进行精细化揭示。从信息资源中提取出可被计算机读取的结构化数据，选择基于表结构或图结构的存储类别进行知识存储，再根据不同数据的特点构建适用于该领域知识的本体模型，最后形成关联数据以实现知识的可视化服务和其他智慧服务。

3.3　知识资源细颗粒度建设实践中的问题及对策——以首都图书馆"燕云智享"北京特色资源精细化标引项目为例

3.3.1　文献数字文本化过程中的透背现象

文献细颗粒度建设的前提离不开实体文献的数字文本化。在实践中，一般先将纸本文献数字化为图片格式，再通过光学字符识别（OCR）生成双层PDF文件和TXT文件，等待人工审校。首都图书馆"燕云智享"北京特色资源精细化标引项目主要以北京的地方志，如《光绪顺天府志》《大兴县志》《宛平县志》作为加工对象[9]。在数字文本化过程中，常发生文字透背现象，对机器识别和人工阅读造成干扰。这一现象在其他古籍和民国时期文献数字化过程中也经常发生。经实践，可通过前期在古籍筒子页中夹衬纸的方式或后期修图，运用图像透背去除算法等方式去除。

3.3.2　古籍文本的自动句读方法

以"燕云智享"北京特色资源精细化标引平台为代表的诸多数字化平台未对古籍给出断句标识，对非专业用户的友好度欠佳，用户仅可浏览文献的原始扫描图片及文字。目前人工智能技术在古籍方面的运用已有可借鉴的范例，北京大学数字人文中心在古文上训练运用 BERT 模型，在古文的自动标点、自动句读和命名实体识别上进行试验，自动标点可达到 90% 以上的正确率，其主要运用 NLP 自然语言处理技术进行自动标点、命名实体识别、命名实体消歧等[10]。

3.3.3　知识图谱的揭示资源量不足问题

在知识抽取阶段，《指南》指出要建立知识抽取模型，从文献中抽取人物、机构、事件、地理名称以及其他专题、实物等内容，最终形成基于文献知识内容的语料库。但目前计算机自动标引技术尚未成熟，建立资源结构单元和知识标引链接的工作量大，人机结合的方式仍是完成该项工作较理想的选择。以"燕云智享"北京特色资源精细化标引项目为例，其中光绪《顺天府志》的底层数据资源量不大（规模以万条计），且不同文献、不同载体间的文献数据无法关联，在知识图谱展示上会出现因缺少部分逻辑层面而不足以支撑的情况。这就需要在《指南》范围外进行跨种融合不同文献、交叉融合不同学科知识的本体构建，使不同来源的知识互联互通。

3.3.4　知识图谱的多模态呈现

知识的发布与服务通常从知识图谱的特征出发，以图的形式，如结构图、热力图、网络图等提供知识图谱的数据服务。"燕云智享"北京特色资源精细化标引项目通过以点表示实体，以线表示关系的网状结构图展示北京地方志中的人物社会关系（见图 2）、地理名称历史沿革、历史事件时空维度、机构时空维度等内容。

在此基础上，还可吸纳更多技术手段以发挥知识图谱的作用，提高图书馆文化资源的利用率和普及度，例如：①建设基于知识图谱的问答模块，达到高效、实时的信息检索[11]。②与 GIS 等地理可视化系统相结合，实现知识的时空可视化呈现。可参考北京大学数字人文研究中心的朱子年谱可视化系统[12]和德国马克斯·普朗克科学史研究所的 LoGaRT 绘图工具[13]。③与不同艺术呈现手段相结合，创新资源展示形式。可参考清华大学数字化阅读方式的视觉设计研究课题中的"家族树"视觉艺术作品[14]。④与虚拟现实

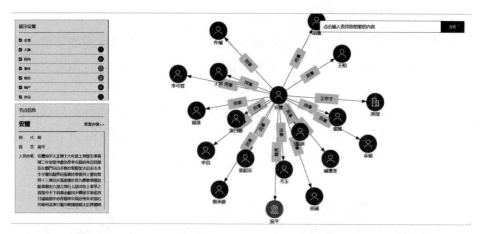

图 2 "燕云智享"北京特色资源精细化标引项目人物社会关系网络分析结构图

（VR）、增强现实（AR）、混合现实（MR）等技术结合，提升用户的参与度和互动性。可参考中国人民大学基于文化数字化和生成式 AI 的城市记忆建构方案中采用 WebGL 技术对清陆军部衙署旧址的 VR 全景再现[15]。

4 对图书馆知识资源建设的思考

知识图谱、语义网、机器学习、自然语言处理等技术的兴起，为文献中蕴藏的知识提供了新的解读方式，也给图书馆带来了革命性变化。程焕文教授曾在《图书馆学研究的使命、问题与方向》一文中提出图书馆知识资源主权异化的忧虑。在北京市公共图书馆知识资源建设的实践中，图书馆作为甲方对各互联网公司提出需求，将知识资源细颗粒度建设和标签标引等工作交由各公司完成，图书馆虽然掌握着知识揭示的服务平台和管理平台，但各公司却掌握了数据的编辑平台及知识建模等专业技术。同纸本时代图书馆拥有纸质知识资源的所有权和相应的管理权不同，在数字图书馆和智慧图书馆时代，图书馆失去了数字知识资源的所有权和相应的管理权[16]。德国汉学家薛凤在澎湃新闻的采访中介绍了马克斯·普朗克科学史研究所的经验："我们这里的计算机工程师跟历史学家坐在一起，历史学家可能提出一个问题，然后计算机工程师负责跟历史学家一起思考，怎么样用计算机方法来处理这个问题。"[17]在图书馆知识资源细颗粒度建设中，知识抽取环节采用知识抽取与人工核验相结合的方式，人工核验部分很大情况取决于核验人员的专业素养和对知识的理解能力，显然不能依赖各互联网公司解决，而需要有对于所加工文献更加了解的图书馆员参与其中。图书馆亟须在知识资源建设业务中平衡发展社会化合作和掌握知识资源主权二者的关系，保证在掌握知识资源主权的基础上兼顾社会化合作。

图书馆知识资源的细颗粒度建设为读者深挖文献内容提供了便利，对文献内容的解构、重组和多元呈现为读者揭示了文献中所蕴含知识点间的联系。但是，每个图书馆单独的知识资源建设量还不能体现细颗粒度建设将文献专题化和知识化的显著优势，知识图谱的揭示资源量不足、知识抽取环节人工核验的专业性不足、古籍扫描与句读的细节呈现欠佳等问题也伴随而来。各公共图书馆在发挥自身特色资源细颗粒度建设的同时，期待着国家级全网知识内容集成仓储和更加开放共享的知识平台的建立，为读者提供更加智慧和便捷的服务。

参考文献

[1]中华人民共和国国民经济和社会发展第十四个五年规划和 2035 年远景目标纲要[EB/OL].[2024-01-29]. https://www.gov.cn/xinwen/2021-03/13/content_5592681.htm.

[2]文化和旅游部、北京大学、抖音集团共建全国智慧图书馆体系[EB/OL].[2024-01-29]. https://www.mct.gov.cn/whzx/whyw/202306/t20230612_944424.htm.

[3]文化和旅游部关于印发《"十四五"文化和旅游发展规划》的通知[EB/OL].[2024-01-29]. https://zwgk.mct.gov.cn/zfxxgkml/ghjh/202106/t20210602_924956.html.

[4]司莉，何依，郭晓彤.国外知识组织研究主题、特征及思考[J].情报资料工作，2024（1）：12-22.

[5]国家珍贵古籍名录数据库[DB/OL].[2024-01-29]. https://www.nlc.cn/pcab/gjzggjml/.

[6]北京大学数字人物研究中心[DB/OL].[2024-01-29]. https://www.kvlab.org/about.html.

[7]引得历代人物数据平台[DB/OL].[2024-01-29]. https://www.inindex.com/biog.

[8][13]LoGaRT: Local Gazetteers Research Tools[DB/OL].[2024-01-29]. https://www.mpiwg-berlin.mpg.de/research/projects/logart-local-gazetteers-research-tools.

[9]"燕云智享"北京特色资源精细化标引平台[DB/OL].[2024-01-29]. http://110.43.

70. 241：8080/.

[10]北京大学吾与点智能标注平台[DB/OL].[2024-01-29].https://wyd. pkudh. net/.

[11]张帆.基于文书档案知识图谱的问答系统设计与实现[D].兰州：西北民族大学，2022.

[12]朱子年谱可视化系统[DB/OL].[2024-01-29].https://www. kvlab. org/project/nian-pu/.

[14]向帆，朱舜山.中国家谱树的绘制实验报告——基于中国历代人物传记资料库的视觉化实践[J].装饰，2018（10）：90-93.

[15]清陆军部衙署旧址[DB/OL].[2024-01-29].http://www. bjjy. cn/qljysjz/

[16]程焕文，刘佳亲.图书馆学研究的使命、问题与方向[J].图书情报工作，2020（1）：20-24.

[17]专访德国汉学家薛凤：当历史学家和计算机工程师同桌思考[EB/OL].[2024-01-29].https://www. thepaper. cn/newsDetail_forward_7305307.

元宇宙赋能智慧图书馆阅读推广服务

——特征、场景与推进路径

徐　钰（吉林省图书馆）

元宇宙技术的迅速发展，为我国的图书馆事业带来了新的机遇与挑战。元宇宙场景下，传统的智慧图书馆服务已难以满足用户不断增长的个性化需求，国内外研究亦不断探讨元宇宙赋能智慧图书馆服务的新途径，虽取得了一些成效，但仍未实现元宇宙对智慧图书馆服务的深度赋能，元宇宙的服务价值也未得到充分释放。基于此，本文尝试将元宇宙技术融入智慧图书馆阅读推广服务，探讨元宇宙赋能智慧图书馆阅读推广服务的特征、场景及推进路径，以期为元宇宙场景下智慧图书馆创新阅读推广服务模式，实现服务转型与升级提供参考。

1　元宇宙与智慧图书馆阅读推广服务

1.1　元宇宙

元宇宙（Metaverse）这一概念源于 1992 年尼尔·斯蒂芬森的科幻小说《雪崩》中描述的三维虚拟世界。元宇宙是一个通过互联网实现的虚拟共享世界，利用虚拟现实（VR）、增强现实（AR）、区块链等技术手段，元宇宙可以为用户提供与现实极度相似的沉浸式交互体验。在特征方面，首先，元宇宙强调跨平台互操作性，它可以联通不同设备和平台，使用户能够随时随地进入元宇宙中。其次，元宇宙重视社会交往功能，用户可以在元宇宙中结识朋友，并参与各种社交活动。再次，元宇宙还具有开放性，支持对内容和形式进行扩展及个性定制[1]。从技术实现层面来看，元宇宙实现了虚拟现实、增强现实、物联网和人工智能等多种技术的融合统一，它通过 VR 头戴显示设备重塑了用户的感知场景，通过 AR 技术将虚拟对象重叠于实体世界，依靠分布式账本等技术实现了跨平台数据的联通共享[2]。元宇宙作为一种新的通信范式，已在各行各业产生了革命性影响，目前，一些图书馆已开始和相关的研究机构合作，共同为元宇宙赋能智慧图书馆服务谋篇布局。

1.2 智慧图书馆阅读推广服务

作为智慧图书馆的重要服务内容之一，阅读推广服务的宗旨是打造一个开放的知识交流学习平台，满足读者不断变化的阅读与学习需求，拓展传统阅读的边界，为读者提供更便捷、个性化、多元化的阅读体验，协助更多的读者获得知识并创造价值[3]。

传统的阅读推广服务主要面向读者推广纸质读物，依靠分类和标签等方式进行推荐，以线下为主的推广渠道以及单一的阅读体验模式往往限制了其服务功能的拓展。而智慧图书馆阅读推广服务将服务重点转移到了线上，支持多端阅读，通过移动互联网，读者可以随时随地享受到智慧图书馆优质的阅读推广服务。同时，智慧图书馆注重利用信息技术手段开展个性化阅读推荐，并鼓励交流与分享，致力于打造开放互动的知识型阅读社区[4]。借助移动互联网的强大能力，智慧图书馆阅读推广服务实现了阅读内容的智能推荐与用户体验的大幅提升，而元宇宙技术的加入，将会助力智慧图书馆更好地发挥其优势，使更为智慧的阅读推广服务成为可能。

2 元宇宙赋能智慧图书馆阅读推广服务的典型特征

2.1 沉浸式用户体验

通过元宇宙相关技术，读者得以置身于丰富多彩的虚拟图书世界，他们可以自由漫步于通过 VR 构建的历史文献典藏馆中，全景"翻阅"周围陈列的珍贵古籍，或利用 AR 技术将数字信息直接叠加到现实视野，只需一次注视或一声语音指令，即可获取附近书架上书目的详细内容[5]。此外，利用元宇宙技术，智慧图书馆系统还能够通过实时监测视线聚焦时间和表情动作，跟踪读者的阅读行为，自动为读者停留视线较长的章节标注出亮点，帮助其高效浏览信息。元宇宙为智慧图书馆阅读推广服务注入全新的动力，为读者提供了一场立体化、沉浸式的全新阅读体验。

2.2 分布式知识参与

元宇宙为智慧图书馆提供了一种灵活自由的分布式知识交流模式，读者不再受时空条件约束，可以使用各种便携设备随时随地进入智慧图书馆的阅读区域，与其他读者共同阅读并进行实时互动交流。同时，基于区块链的权益共享机制可以公开阅读记录及读者在阅读社区中的各种贡献，鼓励更多读者主动参与知识产出，激发出阅读内容的应用价值[6]。此外，分布式架构也支持知识工程化协作编辑，从而实现阅读内容产出的迭代升级与整合应用。元宇宙为知识共享创造了全新的模式，也让智慧图书馆为读者提供更为全面的阅读内容与更为均等的阅读机会成为可能。

2.3 全过程个性定制

智慧图书馆拥有海量的用户数据，依托元宇宙相关技术，智慧图书馆可以对读者长期以来的交互行为进行全面分析，并精准识别出每个读者在阅读类型及阅读方式等各个维度的独特特征，从而生成精准的用户画像。基于这些数据，智慧图书馆可以为每个读者提供从内容推荐到课程设置的阅读全过程个性化定制服务。如根据读者喜好列出定制书单，或依据阅读速度和难易程度设计分段知识渐进式提升路径等。通过持续交互并不断调整用户画像，智慧图书馆得以为每个读者提供满足其个性化需求的精准服务。相比传统一刀切的方法，这将大大提升读者的阅读参与度与阅读效率，充分发挥元宇宙赋能下智慧图书馆阅读推广服务的全面个性化优势。

2.4 自动化内容生成

随着智慧图书馆数字文献资源规模的迅速扩大，如何高效挖掘与利用这些资源成为阅读推广服务发展的重中之重。元宇宙时代，智慧图书馆可以依靠强大的 AI 技术实现自动化内容生成。具体而言，AI 可以通过深度学习对智慧图书馆中海量多模态资源进行智能分类，并根据主题自动构建完善的知识图谱。同时，AI 还可以自动提取文献中的结构化信息，如人物、场景等实体元素，为读者提供更为便利的检索入口[7]。此外，机器翻译等技术还能够为海量文献资源提供自动化的多语言阅读服务。AI 技术的助力显著提升了智慧图书馆的文献资源开发效率，实现了知识资源的深度挖掘与内容价值的充分释放。

3 元宇宙赋能智慧图书馆阅读推广服务的应用场景

本文从智慧引导、智慧研究、智慧还原、智慧合作、智慧共享五个方面探讨元宇宙赋能智慧图书馆阅读推广服务的具体应用场景，具体内容见图1。在这五个应用场景中，元宇宙技术能够充分发挥其赋能优势，为智慧图书馆阅读推广服务助力。

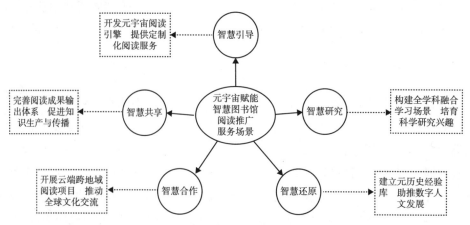

图1 元宇宙赋能智慧图书馆阅读推广服务的应用场景

3.1 智慧引导：开发元宇宙阅读引擎

元宇宙阅读引擎是一个基于 AI 与 VR 等技术，为读者提供定制化阅读服务的导航系统。该引擎通过 AI 分析识别每一个读者的阅读特点，包括兴趣、水平及习惯等，对读者进行精准分类，并为不同读者定制化推荐相匹配的阅读资源。同时，它将书中的各类结构化与非结构化知识进行整合加工，为读者提供语音阅读与可视化阅读等多种阅读方式，并支持通过虚拟节点进行深入探索。阅读过程中，引擎还能够自动提取重点，进行知识回顾与总结，其内置的智能阅读助手能够根据当前内容实时解答读者疑问，并展示关联内容帮助读者提升其理解能力。元宇宙阅读引擎真正实现了智慧图书馆"以人为本"的服务宗旨，为读者提供了一流的定制化阅读体验，助力智慧图书馆实现更为个性化的阅读推广新模式。

3.2 智慧研究：构建全学科融合学习场景

利用元宇宙技术强大的数字化及虚拟化能力，智慧图书馆实现了领域资源的深度整合，从而构建了一个全景式的学科融合学习场景。例如：整合医疗健康领域资源，建立智慧健康平台，为读者提供一体化的健康知识服务；整合文化艺术领域资源，建设在线博物馆及艺术馆，与读者共享丰富的数字文化产品与延续至今的人类文明成果；整合法律领域资源，开设法律帮助中心与模拟法庭；整合农业、航天等领域资源，利用 VR 重现科学探索过程，培养读者的科学研究兴趣等。此外，通过智能连接各领域知识并形成全领域融合的学科学习框架，智慧图书馆也打破了各学科之间的边界，为读者提供了广阔的跨学科学习机会，大大提升了阅读效率和学习体验。

3.3 智慧还原：建立元历史经验库

在元宇宙场景下，利用 AI 等技术，可以在智慧图书馆中构建一个极为沉浸式的虚拟元历史经验库。依托元宇宙相关技术，智慧图书馆可以对大量第一手历史资料进行深度数字采集与智能处理，还原历史场景中有关建筑环境、衣着服饰等丰富的视觉细节与历史元素。还能够对海量的传统手工艺视频与文献进行智能分析，提取人物动作，重现历史技艺制作流程。结合 VR、AR 等交互设备，读者得以亲身"走入"历史，体验当时的生活与工艺。而通过语音交互，读者还可以询问智能助手与当前场景相关的历史知识，解开读者对历史细节的各种疑惑。随着与读者互动的增强，智能助手对历史知识的理解能力也在不断提升，从而形成人与 AI 经验共享的闭环。元历史经验库为读者提供了前所未有的历史学习体验，助推人文数字化进程，为未来更为广阔的智慧教育领域奠定基础。

3.4 智慧合作：开展云端跨地域阅读项目

利用元宇宙技术在智慧图书馆中开展跨地域阅读合作项目，将有效推动全球读者之间的文化交流与知识共享。智慧图书馆可以通过 AI 分析了解全球不同地区和文化背景读者群体的阅读需求与兴趣点，进而设计出符合跨文化特征的阅读项目主题，如比较文学、文化交流史等。智慧图书馆可以对项目进行在线协作管理，设置每个地区读者的阅读任务，并提供同步和异步的实时讨论渠道来推进项目，还可以定期举办云阅读沙龙以促进读者间的交流。项目完成后，各地区的读者可以将自己的阅读项目成果进行整合汇总，形成可在全球共享的项目报告。这一创新阅读模式，能够极大地促进全球范围内读者的交流与合作，加快阅读知识成果传播，推动全球化智慧阅读的实现。

3.5 智慧共享：完善阅读成果输出体系

利用元宇宙技术，智慧图书馆得以构建一个知识产出与传播高效融合的阅读输出体系。一方面，智慧图书馆可以利用 AR 等技术，公开展示读者每日阅读时长、本周阅读书单等个性化的阅读数据，并将优秀的读后感与读者评论通过平台推广，引导更多读者参与讨论书中的知识点并表达想法，鼓励深度阅读，推动深入交流。另一方面，智慧图书馆还可以组织线上及线下的读书沙龙，鼓励读者将自己的阅读成果以视频、教案等形式共享给他人参考学习，并邀请专家进行分析解读，促进读者阅读及学习能力的提升。此外，还可以将智慧图书馆中海量的个人阅读数据整合成群体阅读报告，并共享统计数据，为出版机构及教育单位提供参考依据。通过这套"读后输出"的多元体系，智慧图书馆推动了知识生产与传播的深度融合，实现了阅读成果的高效利用。

4 元宇宙赋能智慧图书馆阅读推广服务的推进路径

本文从交互体验、内容生产、知识流通、服务框架四个维度探讨元宇宙技术推进智慧图书馆阅读推广服务革新的具体路径，见图2。四条路径相互支撑，在元宇宙场景下，共同为智慧图书馆阅读推广服务提供支持。

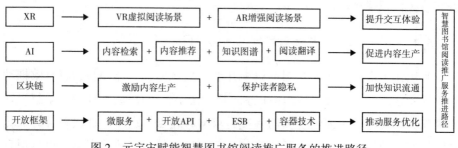

图 2　元宇宙赋能智慧图书馆阅读推广服务的推进路径

4.1 基于扩展现实的交互体验模式

扩展现实（XR）技术通过构建多种虚拟知识场景，并支持手势交互、语音交互等丰富的互动模式，重塑了智慧图书馆的阅读交互方式，为读者带来了浸润式的阅读体验。XR 技术在智慧图书馆中的应用主要体现在 VR 和 AR 两个方面。在 VR 方面，可以利用头戴显示设备创建古籍图书室或报刊阅览厅等虚拟阅读环境，或构建全息书桌等阅读场景，使读者能够在其中自由选择、浏览书籍，并利用手势识别等技术实现通过手势翻转书页、选择注释内容、选择不同颜色的虚拟画笔进行记录等丰富的文本级交互[8]。AR 技术促进在现实环境中叠加虚拟内容，可以实现如通过扫描实体书籍封面弹出相关书评、目录信息等诸多功能。XR 技术的加入使得智慧图书馆能够在虚拟环境中模拟现实场景，弥补了现实条件的诸多限制，为读者带来了身临其境的沉浸式体验，不仅有利于激发读者的学习兴趣与阅读兴趣，提升阅读体验，也有助于帮助其更好地理解与应用知识，完善自身的知识体系。

4.2 基于 AI 的内容生产模式

基于自然语言处理（NLP）、深度学习等人工智能（AI）技术开展内容服务，推动内容从数据转变为智慧，实现内容智能化生产，已成为元宇宙赋能智慧图书馆阅读推广服务的重要路径。首先，借助 AI 技术，智慧图书馆能够实现文献内容的全面识别与检索。AI 采用深度学习等机器学习方法，能够对大量数字资源进行语义解析，并提取主题词与实体，从而实现智能分类与内容级搜索。其次，AI 技术能够支持智慧图书馆实现个性化阅读内容推荐。基于对读者阅读数据的分析，运用协同过滤等算法，AI 能够自动为每个读者推荐匹配度高的资源，最大限度激发其阅读兴趣。此外，AI 还能够帮助智慧图书馆实现自动化的内容知识提取。AI 可以从文本中自动提取出主旨大意并生成内容梗概，并识别出文献内部的实体、概念、属性、关系等，形成知识图谱，从而实现内容的深度挖掘与整合[9]。另一方面，AI 还能够通过神经机器翻译（NMT）实现多语种内容共享，助推智慧图书馆的自动化阅读翻译服务。基于 AI 的内容生产模式能够充分挖掘文献内在价值，使智慧图书馆从内容获取、阅读理解到读后反馈各个环节实现个性化阅读定制，满足读者不同层次的阅读需求。

4.3 基于区块链的知识流通模式

区块链技术具有去中心化、不可篡改和自动执行等优势，有利于打造公开透明的知识共享体系。区块链支持开放型内容生态系统的构建，允许读者通过内容共享等方式获取回报，并以动态机制配置个人受益程度。通过追踪读者阅读成果，公开阅读记录、内容贡献等行为，将读者的贡献以数字资产的形式回馈给读者，区块链技术构建了以知识为核心的内容生产与共享的激励机制。同时，区块链利用分布式账本的特点，使得内容流通记录在链上公开透明，便于追踪的同时也能够有效避免纠纷，读者的点赞、评论、编辑、收藏等各种不同形式的贡献都可以体现在个人徽章或数字资产中，不仅有利于发掘创新内容与潜力读者，也帮助智慧图书馆构建了一个更为公开透明的阅读生态体系[10]。在隐私保护方面，区块链通过加密技术保护用户行为数据不外泄，同时也允许授权式分享以实现个性化推荐，在读者数据保护与知识成果利用之间取得了良好的平衡。基于区块链的知识流通模式有利于提升读者的阅读参与度，培养知识生产者，形成可持续发展的知识环境。

4.4 基于开放框架的服务优化模式

传统智慧图书馆的单体架构难以适应不断变化的图书馆业务需求，也无法实现水平扩展，为解决这一问题，可以采用微服务架构重构智慧图书馆系统。可以将单体应用根据功能拆分为独立的微服务，每个服务有自己的进程、数据及配置，再通过服务间调用来实现业务上的协作。同时，微服务架构需要基于开放应用程序编程接口（API）实现，各个微服务通过公开自身的 RESTful API 与外部交互，进而为第三方开发提供便利。服务治理是该系统的核心部分，使用企业服务总线（ESB）进行服务注册与发现，并通过配置中心管理配置信息，可以显著提升系统运维的自动化程度。此外，容器化微服务可以实现快速的编排调度。通过容器技术打包应用并使用 Docker 或 Kubernetes 等容器化工具进行编排与弹性伸缩，帮助智慧图书馆系统实现了自动部署与水平扩展。基于微服务和分布式设计的智慧图书馆架构与基于开放和松耦合的设计理念，不仅提升了系统的可扩展性与可管理性，也有利于实现智慧图书馆服务的快速迭代升级，满足不断变化的业务需求。

　　本文在元宇宙赋能智慧图书馆阅读推广服务的特征、场景与推进路径方面进行了探索，认为在智慧引导、智慧研究、智慧还原、智慧合作、智慧共享等服务场景下，通过创新交互体验、内容生产、知识流通及服务框架模式，元宇宙技术能够持续为智慧图书馆的阅读推广服务提供支持，助力智慧图书馆拓展阅读推广服务的服务范围、提升读者的阅读体验。未来，引入元宇宙相关技术面临的可扩展性、兼容性、隐私与安全性问题，将是后续研究的重要课题。通过持续深入研究与实践，届时，元宇宙将真正成为智慧图书馆服务可持续发展的强大助力。

参考文献

[1]陈莉，杨雨欣.元宇宙智慧图书馆内涵、技术与实现路径[J].图书情报工作，2023
　　（12）：29-38.

[2]刘喜球，杨亚非.元宇宙视域下赋能智慧图书馆的探索[J].图书馆研究，2023（2）：
　　87-96.

[3]邱锦.基于群智图谱的图书馆智慧阅读推广服务模式研究[J].图书馆研究与工作，2024
　　（1）：52-56.

[4]王毅，董怡婷.类ChatGPT人工智能在图书馆智慧服务中的应用与思考[J].图书馆理论
　　与实践，2023（6）：129-136

[5]文伟.元宇宙赋能智慧图书馆服务：重大变革、问题挑战及实现策略[J].图书馆理论与
　　实践，2023（5）：120-128.

[6]李立伟.5G边缘计算、区块链与图书馆智慧建设的融合研究[J].大学图书情报学刊，
　　2023（3）：44-49.

[7]董同强，吴运明.元宇宙赋能图书馆智慧转型：机理、隐忧与出路[J].图书馆学研究，
　　2023（7）：29-33，15.

[8]王晔斌，张磊.虚实相生——元宇宙视角下智慧图书馆场景实现[J].图书馆杂志，2022
　　（7）：18-24.

[9]杨新涯，涂佳琪.元宇宙视域下的图书馆虚拟服务[J].图书馆论坛，2022（7）：
　　18-24.

[10]方向明，曹迎杰.元宇宙与图书馆：理论研究与实践进展[J].图书情报工作，2023
　　（17）：129-140.

城市公共图书馆智慧化建设的实践与路径

——以西城区图书馆为例

韩　芳　崔月强（北京市西城区图书馆）

元宇宙时代的加速到来，为城市公共图书馆智慧化建设与发展带来了新机遇和新挑战。城市公共图书馆智慧化建设是指广泛应用"技术智慧"，大力提升知识组织、加工、存储、传播、服务等领域的"图书馆智慧"，以全面激活创新创造过程中的"用户智慧"，进而服务于智慧城市的建设与发展[1]。目前，国内公共图书馆智慧化建设的研究热点有内涵、特征、要素、技术应用、管理、用户、服务、体系建设等，主题广泛，视角多样。但是，由于存在着内涵与要素认识不统一、实践上缺乏完善的顶层设计与制度保障、建设路径尚不清晰、低水平重复建设等问题，城市公共图书馆智慧化建设仍处于初级探索阶段[2]。北京市西城区图书馆（下文简称"西城区图书馆"）是位于首都功能核心区的区级公共图书馆，分南北两个馆址。近年来，西城区图书馆抓住机遇，进行智慧化建设的实践探索，积极调研读者智慧化服务需求，思考城市公共图书馆智慧化建设的可行路径，助力推进城市及城市公共图书馆智慧化建设进程。

1　西城区图书馆智慧化建设实践概况

1.1　建设新媒体平台并持续优化

西城区图书馆通过官网、微信公众号、数字资源专用网 VPN、微博等新媒体平台提供各种智慧服务。以 2023 年为例，智慧服务数据如下：①新媒体平台用户超 13 万人，访问量超 310 万人次；②可对外服务的数据库 31 个，其中自建特色数据库"什刹海文化""非物质文化遗产""古籍文献"为重点建设项目；③可对外服务的数字资源总容量为404.9TB，总访问量达335.1万次，下载播放量达230.5万次；④发布信息2582条，累计阅读量达9.5万次。西城区图书馆依据智慧服务数据，对新媒体平台持续进行优化工作。例如，西城区图书馆优化数字资源工作主要做法有：①采集、上传、完善数字资源，提高资源质量，丰富资源类型（包括文字、图片、音频、视频等）；②替换、补充、新增、整合展示页面，完善功能模块，方便读者搜索、阅览、获取个人所需的数字资源及其服务；③在国家图书馆和首都图书馆的引领下，共建共享数字资源；④运用新技术，升级改造基础设施设备。

1.2　通过平台对接提供云服务

云服务是在大数据环境下发展出来的集群化计算方式，具有可扩展性[3]。西城区图书馆以平台对接的方式提供云服务：①大数据综合分析平台与首都图书馆Aleph系统中心库对接，将读者到馆情况、馆藏数据情况、图书借还情况与借阅比率、导读服务等内容进行可视化展示；②图书借还系统对接首都图书馆"一卡通借还系统""手机借阅小程序"等，读者用一张读者卡可以到北京市所有公共图书馆预约或借还图书；③微信公众平台对接"慧读西城"App，为读者提供文献借阅、图书搜索等移动图书馆服务；④微信公众平台对接"西城文化云"平台，开展西城讲坛、活动预约、视频直播等公共文化服务。

1.3　尝试构建智慧应用场景

智慧应用场景是指应用人工智能等现代信息技术开展图书馆智慧化管理和服务，如"沉浸式"体验服务、自动盘点机器人、智慧书架、智慧书库等。西城区图书馆运用RFID技术，构建自助办证、自助借还、智能盘点、馆藏架位智能管理、智能安全门禁等智慧应用场景（见表1），为读者提供更加个性化和深层次的服务。

表1　西城区图书馆智慧应用场景情况表

序号	名称	应用（服务）内容	主要应用技术
1	绿色科普驿站	环保信息互动显示，图书馆内外厅空气质量智能监测	使用最新的交互信息技术，可与个人数字终端无线连接，将碳排放计算、水足迹计算、科普游戏、视频信息在线实时点播交互等功能同时展现给用户

续表

序号	名称	应用（服务）内容	主要应用技术
2	24 小时城市书房	24 小时全天候无人值守的自助性服务	采用全套智能云后台系统，如人脸识别、扫码开门、AI 语音模型、可视化大数据展示、自助办证、智能物联网的相关技术等
3	总分馆智慧导览系统	全域图书馆资源展示平台，线上线下同步"云"体验平台	智能语音讲解、VR 全景多维信息、一键导航、场馆导航、手绘地图+GPS 导航
4	3D 架位导航	助读者快速找到图书	C++
5	消毒机器人	室内环境、图书及书架的消毒	智能机器人
6	宝宝智库	服务于低幼儿童	触摸屏
7	移动图书馆 App	各类资源一站式检索、活动报名等	系统集成、接口对接、终端自适应、统计分析、资源画像

1.4　通过培训提升馆员能力

西城区图书馆重视对馆员进行培训教育，不断提升馆员智慧化服务和理论研究的能力，进而反哺图书馆智慧化建设事业。例如，在西城区图书馆的安排和组织下，笔者近年来参加了中国图书馆学会、国家图书馆、首都图书馆、西城区图书馆等不同机构组织的业务培训 40 余次，其中包括"智慧图书馆建设与管理——创新服务培训班""全国智慧图书馆体系建设培训""挑战、融合与重构——智慧化时代图书馆服务创新培训""西城区新时期智慧图书馆建设与管理研讨会"等与智慧图书馆相关的培训。

1.5　服务升级改造与新馆规划

西城区图书馆正在开展北址服务升级改造与南址新馆建设工作，以此为契机进行智慧化建设，计划于两年内完成。北址正进行基础设施的更新换代、互联网的改造、服务平台的升级转化等工作，搭建智慧服务平台总体框架，与北京市智慧化建设的功能模块对接。南址新馆建设立足清晰的功能定位，应用先进技术打造实体物理智慧空间，融合虚拟空间，建设智能管理控制平台，提供多元化的智慧空间服务。

2 关于西城区图书馆智慧化建设情况的调查分析

元宇宙时代,城市公共图书馆的服务应该是泛在的、共享的、个性化和多元化的,是以用户为中心的。2023 年底,笔者以网络调研软件"问卷星"为调查方式,以"基本情况""了解程度""认识看法"为主要内容,在微信群、朋友圈发布调查问卷,得到有效问卷 303 份。

2.1 基本情况分析

问卷设置了性别、年龄、居住地、职业类型、常去图书馆类型共 5 道选择题,得出调查对象的基本情况如下:一是以女性读者、中老年读者、离退休人员为主;二是居住地以直辖市(北京和天津)为主;三是调查对象更愿意选择离自己居住地较近的区级或社区公共图书馆。城市公共图书馆应该考虑用户情况和需求,有针对性地提供精准化智慧服务。

2.2 了解程度分析

首先,图书馆智慧化建设离不开技术手段和智能化设施设备的支持。调查发现,多数调查对象了解大数据、人工智能、5G 等常见的信息技术(见图1),较为了解图书馆提供的设施设备及其服务(见图2)。但是,22.11%的调查对象根本不了解常见的信息技术,说明相当多的调查对象也许不了解图书

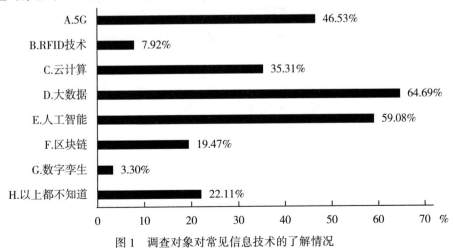

图 1　调查对象对常见信息技术的了解情况

馆智慧化服务。其次，调查对象获取信息的方式依次是图书馆网站主页、图书馆电子屏、移动设备的推送、图书馆的纸质通告或海报以及其他方式（见图3）。此外，在调查中还发现近半调查对象不够了解或接受图书馆的智慧化服务。如何增加智慧化建设的被了解程度？如何提高读者的数字素养？这是城市公共图书馆应重点关注的问题。

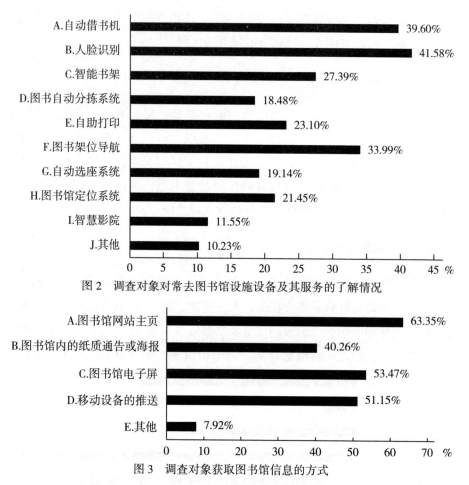

图2　调查对象对常去图书馆设施设备及其服务的了解情况

图3　调查对象获取图书馆信息的方式

2.3　认识看法分析

调查问卷设置智慧图书馆的特点、建设内容、存在问题、态度兴趣等问题，旨在了解读者的需求和推动智慧图书馆的宣传推广。关于智慧图书馆的特点（见图4），多数调查对象认为应该坚持以人为本的核心理念，赞同智慧图书馆与智慧城市建设、智慧生活服务有效对接。关于智慧图书馆的建设内容（见图5），多数调查对象能认识到管理机制、新技术、空间建设、设施设备、馆员等几个要素。关于智慧图书馆建设存在的问题（见图6），超半数调查对象认为，图书馆缺乏完善的顶层设计和制度保障、没有形成合作联盟。但是，约三分之一的调查对象不了解智慧图书馆的特点和建设内容，从38.28%的调查对象不适应、不接受新知识新事物可见。如何让更多读者认可和接受图书馆智慧化建设及其服务？城市公共图书馆应积极应对，让读者真正享受到图书馆智慧化建设所带来的乐趣。

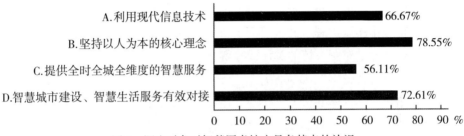

图4　调查对象对智慧图书馆应具备特点的认识

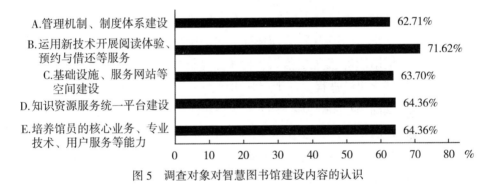

图5　调查对象对智慧图书馆建设内容的认识

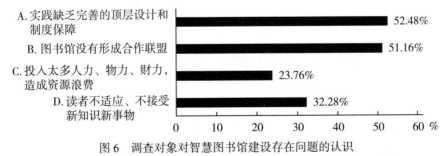

图6　调查对象对智慧图书馆建设存在问题的认识

在问卷最后，调查对象提出自己的意见建议，其中一些关键词，如"方便读者""以人为本""更人性化""简单易学"等，其核心理念都是"人"。

而以人为本，读者至上，正是城市公共图书馆智慧化建设的价值和目的。

3 城市公共图书馆智慧化建设路径

3.1 统筹规划，借鉴先进馆的实践经验

城市公共图书馆智慧化建设是一项系统性、整体性事业，需要认真细致的建设规划与方案论证，这离不开地方政府的支持。地方政府应加大资金拨款、技术指导、人员支持、设施设备供应等方面的扶持力度，自上而下地推动图书馆智慧化建设进程。政府还可以采取一定的激励措施和政策，吸引更多个人、社会力量对图书馆的关注或投资。

全国各级公共图书馆都应抓住智慧城市、数字中国等国家战略机遇，及时将智慧化建设纳入本馆发展规划中，西城区图书馆也不例外。但是，西城区图书馆在建设理念、资金实力、人才储备、发展规划等方面没有优势，需要借鉴省级馆、先进馆的实践经验。首都图书馆建设大兴机场分馆、上海图书馆建成中国家谱知识服务平台、山东图书馆构建山东智慧图书馆云、成都图书馆拥有 Interlib 图书馆集群管理系统等实践案例中，无论是关联省内公共图书馆，还是应用 5G、智能机器人、物联网等新技术，都引领带动着区县级公共图书馆智慧化建设进程。深圳市盐田区图书馆以立项的文化和旅游部科技创新项目为基础，搭建较为完整的"智慧图书馆服务平台"，探索具有盐田特色的垂直一体的总分馆制服务体系，实现了区级馆到社区图书馆及智慧服务的资源、馆员与读者各个要素的互联、互通、互动[4]。对西城区图书馆来说，以上实践经验具有可复制性、可推广性。

3.2 融合重构，重视新技术的升级转化

新技术是智慧图书馆的直接推动力，智慧图书馆充分呈现出人与人之间、人与物之间、物与物之间的智慧互联互通。技术与图书馆的融合重构可分三个层次：一是融合网络技术与多媒体工具，如把纸质图书转为数字资源，提供数字图像、流媒体视频和 VR 等，推进可视化、趣味化服务；二是融合实体与虚拟，如通过智能书架、24 小时自助借还机等技术设备来优化业务流程、重构服务模式；三是通过智能技术融合其他图书馆或机构组织，构建智慧服务共同体的"大公共图书馆"环境，如对接当地政府服务平台、系统、小程

序等。不同的智能技术有各自独特的发挥作用的领域，融合重构不同智能技术，可以发挥新技术的最大价值，推动城市公共图书馆智慧化建设进程。

近年来，许多城市公共图书馆引进新技术，不断升级转化现有技术资源，构建智慧图书馆系统平台，开展自助式智慧化服务。例如，2022年，西城区图书馆升级改造网站实现IPv6与IPv4用户的无阻碍访问，整合南北两址微信公众平台构建读联体数字资源共享阅读服务平台，为用户持续提供智慧应用场景。

3.3　共建共享，实现各种资源的智慧组织

首先，城市公共图书馆可以与政府部门、文化机构、教育机构、企业等开展跨界合作。西城区图书馆品牌项目"信息技术训练营"跨界合作内容如下：图书馆是项目发起方，负责项目的策划、实施和管理，提供培训场地和人员；共青团西城区委员会负责大学生志愿者的招募；同方知网（北京）技术有限公司提供新技术、知识管理及协同创新平台系统（OKMS）的搭建与维护；嘉里集团郭氏基金负责项目推广、学员招募、项目评价等。

其次，城市公共图书馆可以与各级各类图书馆开展战略合作。战略合作是指制定资源建设标准、资源共享规范，致力于打破资源孤岛、建立合作共享的馆际联盟或总分馆体系[5]。一是通过语义网、关联数据等技术实现图书馆资源的统一建设、联结，进行细粒度的知识解锁、组织，支持用户进行智能检索、知识发现。例如，罗湖区图书馆打造的城市社区图书馆服务品牌——"悠·图书馆"，实现文献、技术、人力资源的统筹管理与共享[6]。二是开发利用能覆盖全省全市的服务平台或小程序，提高智慧化服务的覆盖面和实效性。例如，首都图书馆推出的"阅享京彩"网借服务平台，可满足北京市403家"一卡通"成员馆的读者选书、找书、借书等需求，推动全市公共图书馆服务体系建设的创新发展[7]。

最后，城市公共图书馆还要加强自身资源建设。管理上，为在架图书配备独一无二的电子标签，通过对读者浏览记录的跟踪和挖掘，对资源进行深度整合和数据分析，提高馆藏推送的针对性和匹配度；服务上，协调实体馆藏的拥有与虚拟馆藏的存取，把不同载体、不同地理位置的信息资源用数字技术存储，便于跨区域网络查询和传播。

3.4　学习培训，提升智慧馆员的智慧水平

从馆员层面来说，馆员应增强学习意识，提高智慧服务能力。馆员应在深度认知和熟练应用新技术的基础上，具备智慧服务的策划、推广、研究能力，对用户数据进行采集和分析，以知识为中心提供精准的资源和服务[8]。从图书馆层面来说，图书馆应加强培训力度，提高馆员专业素质。国家图书馆、中国图书馆学会、首都图书馆都已经或正在发挥组织协调和示范引领作用，多次开展业务培训，有计划地培养与图书馆智慧化建设相适应的新型人才队伍。城市公共图书馆可以通过举办讲座、参观、委托培养的方式，打造具备多元素质能力、结构合理的智慧馆员；可以制定奖励激励机制，为馆员提供学习、交流、研讨的机会，促进馆员智慧服务能力提升；还可以对用户进行培训，以启迪用户心智、激发用户情感、促进用户发展为目标，提升用户对智慧图书馆的关注度和接受度。

3.5　营销推广，协同智慧城市的发展理念

首先，针对调查中存在"不了解""不适应""不接受"等问题，城市公共图书馆应该积极主动地开展营销推广工作，吸引用户参与智慧化建设。如利用阅读推广活动介绍图书馆网站、微信公众号、小程序，或者面向来馆读者演示图书馆的自助借还系统、移动图书馆 App 的使用，形成良好的口碑效应。图书馆馆员更要增强责任意识，在朋友圈、个体交际圈等不同场景，持续不断地宣传推广图书馆信息或资源。而针对调查对象 70% 为离退休人员的情况，图书馆宣传推广要有针对性，如面向中老年读者开展新技术培训等。其次，城市公共图书馆应运用大数据为用户画像，掌握用户的真实需求。图书馆用户画像注重对用户借阅、浏览、预约、位置等各类历史行为数据的获取，为用户信息的标签化、向量化提供更多的数据支撑，为图书馆的精准营销、服务提升和效果评估等提供可靠的数据参考[9]。最后，公共图书馆是城市的主要信息资源中心，是智慧城市的重要组成部分，与读者、与城市、与社会联系紧密，因此，城市公共图书馆必须将智慧化建设与智慧城市的发展紧密结合。城市公共图书馆应结合自身实际与智慧城市系统规划，建立与智慧城市相协调的智慧图书馆服务，推进智慧图书馆与智慧城市的协同发展。

参考文献

[1]饶权.全国智慧图书馆体系：开启图书馆智慧化转型新篇章[J].中国图书馆学报，2021
（1）：4-14.

[2]柯平，胡娟，邱永妍，等.我国智慧图书馆建设的目标与路径[J].四川图书馆学报，
2022（3）：2-10.

[3]甯佐斌.基于数字图书馆云服务平台的架构模型设计——以西南民族大学图书馆为例
[J].图书馆理论与实践，2016（9）：98-100.

[4]何柳莹."智慧+"模式助力国家级示范项目创建——以深圳市盐田区图书馆为例[J].
图书馆学刊，2021（7）：41-45.

[5]罗素洁，李烽平.新型智慧城市视角下未来社区图书馆建设研究——以杭州市余杭区临
平图书馆为例[J].图书馆工作与研究，2021（10）：83-88.

[6]高小军.以社区为中心的现代社区图书馆服务模式研究——以深圳市罗湖区"悠·图书
馆"为例[J].图书馆论坛，2017（3）：57-66.

[7]李洋.首图百万册图书可网上外借[N].北京日报，2022-08-31（9）.

[8]丁鑫.5G技术背景下智慧馆员支持服务模式构建研究[J].图书馆，2020（9）：46-51.

[9]廖运平，卢明芳，杨思洛.大数据视域下智慧图书馆用户画像研究[J].国家图书馆学
刊，2020（3）：73-82.

图书馆非遗保护和传承的路径探索

公共图书馆非遗保护与传承工作的现状与策略研究

于　洋（金陵图书馆）

"十四五"以来，国家出台了系列政策文件，加强对非物质文化遗产（以下简称"非遗"）的保护与传承。截至 2023 年 12 月，我国共有国家、省、市、县四级非遗代表性项目 10 万余项，其中共有 43 个项目列入联合国教科文组织非遗名录、名册[1]，总数居世界第一。公共图书馆是公共文化服务阵地，天然肩负保护各类文化遗产的职责，拥有投身非遗保护与传承的义务。长江经济带横跨我国东中西三大板块，人口规模和经济总量占据全国"半壁江山"[2]，以其作为样本研究有一定的代表性和参考价值。笔者通过调研长江经济带内 11 所省级图书馆和 5 所副省级图书馆在非遗保护方面的工作实践，通过统计分析与实例探究揭示当前公共图书馆开展非遗保护与传承的发展现状，并针对薄弱环节提出精准性优化措施，以期为公共图书馆保护与传承非遗提供有效可行的策略参考。

1　相关研究

随着文旅热度逐步攀升，非遗正在成为频繁引爆互联网的文化新热点。在这样的背景下，图书馆界诸位学者对公共图书馆在非遗保护与传承中的角色与作用纷纷展开研究。通过对 CNKI 论文的挖掘，笔者得出大多数研究集中在现状与策略分析，如彭亮[3]从"要素说"视角下的管理、服务和资源三要素出发来分析全国的代表性非遗项目，指出非遗品牌营销应以用户需求为中心，在品牌营销的基础上与整合营销、数字营销相结合。图书馆文旅融合和社会化合作的探索能给非遗项目的社会化合作和商业化运作起到支撑作用。

高春玲[4]分析了我国省级图书馆保护与传承非遗的方式，提出了运用数字人文技术、采用数字叙事、融入图书馆日常工作等相关优化策略。吕明[5]以郑州图书馆弘扬与发展黄河非遗文化的实践为例，介绍了现状，指出目前郑州图书馆还缺乏有效创新、有效联动机制、有效资源配置机制，并逐一提出改进建议。

此外，也有部分学者结合当下前沿科学、多元传播理念，就某一专门领域开展非遗保护的措施展开研究。如沈绚楠[6]指出在建设智慧图书馆的背景下，公共图书馆开发非遗数字藏品意义非凡并大有可为，作者提出完善政策、加强管理、顺应市场、加强人员培训等针对性建议以供参考。陶晶雯[7]从文创产品开发入手，对于目前处于初级阶段的非遗文创产品开发现状提出创建跨学科非遗文创产品开发合作平台，在阅读活动中推广非遗元素文创产品，提供非遗文创产品定制众筹服务的构想。

2 长江经济带 16 所公共图书馆非遗保护与传承现状调研详情

2.1 调研对象

本次调研选取的对象为长江经济带覆盖的上海、江苏、浙江、安徽、江西、湖北、湖南、重庆、四川、贵州、云南 11 个省市的省级公共图书馆和所辖 5 所副省级公共图书馆。

2.2 调研方式

通过访问上述 16 所公共图书馆的官方网站、官方微信公众号，分析数据库得到"自建非遗数据库"数据；通过以"非物质文化遗产""非遗"为关键词进行信息提取得到活动开展情况。归纳梳理后形成表 1 与表 2。

2.3 调研结果

结果显示，长江经济带主要公共图书馆均具备保护和传承非遗的意识，并通过各种途径展开实践，详见表 1。公共图书馆依靠文化阵地优势和多年阅读推广经验的累积，主要通过科普、讲座、对谈、展览、体验等方式推进工作，这几种活动形式在 16 所图书馆覆盖率达到了 100%。有部分图书馆自建了非遗数字资源库。另有一些图书馆在常规、分散式活动之余，建立起品牌或系列活动，探索出特色创新类项目，详见表2。

表1　长江经济带16所图书馆非遗保护与传承的实践现状

序号	图书馆	科普	对谈/讲座	展览	非遗体验	自建非遗数据库
1	上海图书馆	√	√	√	√	
2	南京图书馆	√	√	√	√	1
3	浙江图书馆	√	√	√	√	
4	安徽省图书馆	√	√	√	√	2
5	江西省图书馆	√	√	√	√	7
6	湖北省图书馆	√	√	√	√	15
7	湖南图书馆	√	√	√	√	3
8	重庆图书馆	√	√	√	√	
9	四川省图书馆	√	√	√	√	5
10	贵州省图书馆	√	√	√	√	
11	云南省图书馆	√	√	√	√	1
12	金陵图书馆	√	√	√	√	
13	杭州图书馆	√	√	√	√	1
14	宁波图书馆	√	√	√	√	
15	武汉图书馆	√	√	√	√	
16	成都图书馆	√	√	√	√	

表2　部分公共图书馆非遗保护与传承的品牌和特色项目

图书馆	品牌/系列活动	特色项目
上海图书馆	古今相映，乐创未来——非物质文化遗产系列推广项目	互动型展览；线上直播
南京图书馆	"书海拾·遗"项目	微电影"当年笺纸欲开时"；非遗研学
浙江图书馆	小知了非遗课堂	介绍非遗相关的city walk路线
安徽省图书馆		非遗技艺进校园
重庆图书馆		地方特色专题片：武陵山区渝东南记忆
四川省图书馆	"苏东坡传说"非遗讲堂周末艺术鉴赏会	

续表

图书馆	品牌/系列活动	特色项目
贵州省图书馆	走进"非遗"音乐	
金陵图书馆	"非遗学堂"系列课程	
杭州图书馆	宋韵主题文化系列活动	
宁波图书馆	少年话非遗	
成都图书馆		"成渝地·巴蜀情"阅·创图书馆文旅文创设计大赛

3 长江经济带16所公共图书馆非遗保护与传承现状分析

3.1 参与主体

当前，公共图书馆非遗保护和传承的落脚点无疑是宣传推广。推广主体以图书馆员为主，非遗传承人、专家学者、作家、读者等社会人士也有参与。其中非遗传承人作为嘉宾亲身讲解非遗项目往往效果更佳；专家学者和作家参与方式多以书籍为媒，介绍非遗的前世今生；读者通常作为服务对象，也会受邀参与共建，例如，宁波图书馆的系列活动"少年话非遗"就是邀请青少年读者担任"非遗介绍官"，朗读非遗知识。活动策划服务主体以图书馆员为主，部分馆员身兼非遗传承人，如武汉图书馆有两位馆员为装裱修复技艺（古籍修复技艺）传承人，使得宣传示范效果更佳。

3.2 数字资源建设

非遗专题数字资源建设的成果，在调研的16所图书馆中显示出较大差异，其中8所图书馆拥有自建非遗数据库，方便读者线上直接获取非遗文化资源。这8所图书馆多以本地非遗为主题构建数据库，比如湖北省图书馆的"湖北省戏曲多媒体资源库""黄梅天下禅""问道武当"均有鲜明的当地特色。

3.3 活动频率

通过梳理各大图书馆开展非遗活动的报道，发现目前相关活动资讯的发布渠道主要以微信公众号为主，按类型可以分为科普类、预告类和报道总结类。大部分图书馆举办活动频率并不固定，是单列式、偶发性组织策划的，常见的有讲座、对谈、体验类等。小部分图书馆能长期、规律地开展，并形成系列活动或品牌项目。例如，四川省图书馆举办的"巴蜀讲坛 & '苏东坡传说'非遗讲堂"，从 2023 年 7 月到 2024 年 3 月已举办了 5 期，邀请"苏东坡传说"四川省非遗传承人王晋川，每期通过不同主题追寻东坡文化足迹，带领读者探索三苏。比起单独一场讲座，系列讲座更加引人入胜。

3.4 服务对象

调研发现，16 所公共图书馆非遗活动的主要服务对象是广泛的大众读者。值得一提的是，所有图书馆都将少儿读者作为单独的一类服务对象设计策划了相关活动。针对少儿读者的非遗活动形式集中在讲堂讲座、手工体验课堂方面，有部分图书馆将少儿活动做成系列品牌活动进行推广。如浙江图书馆的"小知了非遗课堂"、金陵图书馆的"非遗学堂"系列课程等。

3.5 "非遗+"典型范例

除了前述所有图书馆都展开的常规活动以外，有一些图书馆在"非遗+"的路径中进行了有益的探索。

3.5.1 "非遗+文创"

四川省图书馆、重庆图书馆和成都图书馆主办的"成渝地·巴蜀情"阅·创图书馆文旅文创设计大赛已于 2024 年 1 月 10 日圆满闭幕。非遗主题作品《奏非遗之歌，感巴蜀之情》获得平面设计类作品金奖，其他奖项中也有大量与非遗密切相关的作品，文创赛事的举办让非遗保护与传承以一种更加生动立体、润物细无声的方式被公众发掘和了解。

3.5.2 "非遗+研学"

南京图书馆的"书海拾·遗"作为系列活动，每期以公开课堂的形式为读者介绍科普一类非遗项目。在江苏省非遗"雨花茶制作技艺"课堂中，创新活动形式，邀请 15 组家庭前往盛峰茶叶文化园，由非遗传承人带领参观，讲解雨花茶生长环境，观摩采茶过程。整个研学过程寓教于乐，读者们实地参观，全方位了解雨花茶，成效斐然。

3.5.3 "非遗+直播"

上海图书馆将非遗讲座与直播相结合，让读者能够身在他处也能即时收看"初秋琴音——古琴知识专题讲座与导赏"的讲座。讲座邀请了演奏家现场清奏一曲，伴以主讲人的娓娓叙述，与现场以及屏幕前的读者共享天籁。

4 公共图书馆参与非遗保护与传承的困境与问题

4.1 现实困境

公共图书馆虽然有着地理条件、场馆空间、文化底蕴、活动推广经验丰富等优势，但在非遗工作方面仍然面临着不少现实困境。

4.1.1 经费和资源有限

近年来，非遗频频出圈，成为热点，并迅速融入大众生活。其中不乏AR、VR等高科技赋能的案例。第 19 届文博会 14 号馆非遗展区有大量非遗与新型数字媒介跨界融合的实例。比如在浙江展台，当参观者戴上特制虚拟现实装备后，就可以聆听悠扬琴声，仿佛"走"入《听琴图》中[8]。这样的形式新颖奇特，让观者流连忘返，传播力度非一般的平面展览所能比拟。然而，与 VR、AR、元宇宙等相关前沿科技有关的设备，造价昂贵，维护成本高，对于一般公共图书馆来说，在经费有限的情况下无法负担。

4.1.2 定位不明

当前，人类学对非遗展陈展示的参与式实践主要通过生态博物馆、民族文化村、文化生态保护区等形式[9]。现实生活中，非遗也与旅游的结合也比较常见。这个春节，泉州蟳埔女的簪花围头饰火爆全网，赵丽颖等明星的流量灌入让这个临海村落声名远播。簪花这项古老非遗项目获得市场化加持后，近能带动当地经济，远能出海影响国际。相较之下，公共图书馆在非遗传承中就会略显定位不明。

4.1.3 人员配置不足

公共图书馆缺乏从事非遗保护与传承的专业人士，这就导致对相关活动的策划比较简单。即便个别图书馆员身兼非遗传承人，也多数集中在古籍修复这一单一领域。值得一提的是，上海图书馆曾招聘专攻非遗技艺方向的硕士研究生，是图书馆开展非遗工作的一个有益尝试。

4.2　存在问题

4.2.1　活动形式同质化

目前公共图书馆开展的非遗活动，其形式同质化明显，多以传统阅读推广的方式为里，非遗内容为表。即便是一些已成系列的少儿非遗类活动，也是传统少儿阅读推广中的一个分支，本身亮点不足，不足以独立成品牌。此外，传播载体也以文字、图片为主，视频、音频占比较少。这样比较扁平的活动编排，难以长久吸引大众的兴趣和目光，对于非遗"飞入寻常百姓家"作用有限。

4.2.2　目标人群不精准

与阅读推广工作不同，目前公共图书馆难以做到针对不同群体，精准开展不同类型、不同深度的非遗活动。这就导致来参加图书馆非遗活动的仍然是图书馆本身的那批读者，无法吸纳潜在的受众群体，也无法有效将单次受众转化为长期固定的读者用户群体。

4.2.3　传播路径较单一

公共图书馆以官方网站、微信公众号为主要媒介平台进行活动预热、宣传，在如今的数字化融媒体时代效果有限。在小红书 2.6 亿的月活用户中，90 后的占比高达 70%[10]，而日活跃用户达 7 亿的抖音，更早已融入普罗大众的日常生活。公共图书馆的传播方式对于年轻人以及更广阔群体的时效性都比较差，随之而来的是活动效果的大打折扣。

5　公共图书馆参与非遗保护与传承的优化策略

5.1　明确定位，立足本职工作

公共图书馆在文化建设、社会教育、信息咨询等方面发挥着关键作用，因此在非遗工作中也要明确自身定位，利用自身优势扮演好公共教育的角色，切忌舍本逐末。一是设置专有空间，比如非遗专题阅览室、非遗专题书架、非遗展览区域，让读者无论何时来到图书馆都可以即时获取非遗资讯；二是构建特色资源，纸质文献方面广泛包罗相关史料形成的档案，数字资源则力图构建特色视频库、音频库等丰富多元的内容供读者采用。

5.2 共建共享，联动社会力量

非遗作为活态资源，渗透于日常生活的方方面面，依靠图书馆员单一力量不足以形成有效覆盖，因此联动各方社会力量共同参与具有一定现实紧迫性。一方面，图书馆可以发布招募启事，邀请非遗组织、专家学者、热心读者形成志愿者队伍，扩大声量；另一方面，图书馆也要积极走入基层，走进校园、街道、社区，将非遗知识与活动直接"送进"群众手中。

5.3 创新活动形式，深入挖掘"非遗+"

活动形式的创新性很大程度上决定了活动效果与影响力。一是运用新兴科技呈现，比如 AR、VR 的加入能够让读者沉浸式观展，产生"打卡"欲望。二是丰富传播形式，比如拍摄微电影、微短片等。南京图书馆为宣传木版水印技艺曾拍摄微电影《当年笺纸欲开时》，这样的方式成本小、趣味性强，极易传播。三是与外界联合，举办互动性强的大型活动，比如杭州滨江区图书馆与滨江区文化馆共同举办了"非遗+市集跨界计划"，通过市集、游戏、寻宝等方式吸引游人。

5.4 分众宣传，打造传播矩阵

吸引年轻群体有利于非遗宣传，除官网、微信公众号、微博等常规宣传平台，公共图书馆应提升对抖音、视频号、小红书、B 站等年轻人流量更大的平台的重视程度。通过积极抓取正向流量，提升曝光度，打开受众。一方面，针对对非遗感兴趣、知识文化水平较高的人群策划严肃讲堂、文化沙龙、读者交流会等活动；另一方面，设计吸引年轻人的活动形式，比如集章展览、汉服走秀、非遗体验，并邀请读者上传至社交媒体，形成打卡宣传矩阵。

5.5 定期评估与反馈，动态调整策略

在开展非遗保护与传承工作中，公共图书馆要定期对活动效果进行评估，以电话回访、调查问卷、实地访问等方式收集参与者的反馈意见，悉心听取读者的意见与建议。在反馈的基础上，及时调整策略，动态展开工作。

非遗的保护与传承是长期性、系统性、复杂性的工作，需要全社会的共

同参与。公共图书馆是社会主义公共文化服务体系的重要组成部分，在其中充当着不可或缺的角色。目前，公共图书馆在非遗保护与传承方面还有广阔的创新空间，应当融合共生，形成可持续的保护机制，为非遗文化的活态传承和发展注入新动能。

参考文献

[1]国务院新闻办就加快建设文化强国、推动文化和旅游高质量发展举行发布会[EB/OL]. [2023-12-14]. https://www.gov.cn/lianbo/fabu/202312/content_6920451.htm.

[2]长江经济带人口规模和经济总量占据全国"半壁江山"[EB/OL]. [2021-09-01]. https://www.gov.cn/xinwen/2021-09-01/content_5634743.htm.

[3]彭亮，刘旭青，柯平."要素说"视角下非物质文化遗产项目研究[J].图书馆，2024（2）：51-59.

[4]高春玲，张熙苗.我国图书馆参与非物质文化遗产保护与传承的实践探索[J].图书馆学刊，2023（10）：7-14.

[5]吕明.图书馆弘扬与发展黄河非遗文化研究——以郑州图书馆为例[J].河南图书馆学刊，2022（3）：84-86.

[6]沈绚楠.智慧化背景下公共图书馆非遗数字藏品开发探究[J].图书馆界，2023（4）：81-85.

[7]陶晶雯.非遗传统技艺保护视角下高校图书馆文创产品开发构想[J].图书馆工作与研究，2021（4）：87-91.

[8]非遗出圈 别样之美[EB/OL]. [2023-06-11]. https://baijiahao.baidu.com/s?id=1768362240957431202&wfr=spider&for=pc.

[9]刘朝晖，王星星.非物质文化遗产呈现的空间叙事与日常生活的"真实性"——一项基于人、物与技术革命的博物馆人类学研究[J].东南文化，2024（1）：14-23，190-191.

[10]小红书CMO之恒：2.6亿月活，90后占比高达70%，品牌在小红书上玩转"产品种草"的两个秘诀[EB/OL]. [2023-05-03]. https://baijiahao.baidu.com/s?id=1764827164591544370&wfr=spider&for=pc.

非物质文化遗产在少儿阅读活动中的推广路径研究

——以广西壮族自治区图书馆为例

王书炳（广西壮族自治区图书馆）

非物质文化遗产（以下简称"非遗"）是指由人类创造并代代相传的非物质性文化资产，包括口头传统和表现形式，表演艺术，社会实践、仪式、节庆活动，有关自然界和宇宙的知识与实践等。这些文化遗产承载着丰富的历史、文化和智慧，而儿童是国家的未来和希望，通过在儿童群体中宣传非物质文化遗产，不仅起到了让儿童了解民俗、认知传统、陶冶情操的作用，也是当下及未来保护和传承非物质文化遗产的重要途径和方式之一。同时，儿童也是公共图书馆重要服务对象，而弘扬传承非遗文化，培养阅读习惯是公共图书馆的使命。因此，公共图书馆在少儿读者中开展非遗阅读活动意义非凡。

1 图书馆在少儿读者中开展非遗阅读活动的意义

1.1 培养儿童的民族自豪感

非物质文化遗产具有较高的历史文化价值，它不仅仅是一种历史文化的承载体，更重要的是，它传承了历史悠久的生活方式和文化理念，传承着民族精神，可以塑造一个民族的自尊心、自豪感和自强精神。儿童作为国家的未来当家人，是祖国的希望与未来主力，承担着国家的历史重任，非遗只有在儿童中得到传承，才能更好地弘扬民族精神和传承中国传统文化。加强儿童对非遗的传承，不仅有利于儿童继承传统美德，提高思想道德素质，而且可以对弘扬和培育民族精神以及全社会的发展进步起到促进作用[1]。所以，在儿童中开展各类非遗的宣传教育活动是迫在眉睫的。

1.2 非物质文化遗产保护的紧迫性

我国非遗资源丰富，但传承情况并不理想。一方面，非物质文化遗产不像物质文化遗产能够独立存在，其无形性使得它的传承和延续有一定的困难。部分非遗技艺的传承主要靠口口相传或师徒式教学，因非遗传承人年龄增长或思想观念等原因，一些非遗面临着失传的危险。另一方面，随着现代化的推进，市场经济的飞速发展，传承环境越发恶劣，传统技艺的消失速度在加快。此外，儿童的思想观念、思维模式尚未成型，极易被日韩、欧美等流行文化所影响，对洋节、洋品牌如数家珍，对非物质文化遗产等传统文化却知之甚少。这些现象都说明保护和传承非物质文化遗产已是一个不能回避的问题。

1.3 公共图书馆的职责要求

图书馆具有保存人类文化遗产，传播人类文明的作用，公共图书馆保存与非遗相关的书籍和图片资料，对于非遗的宣传推广也有着不可推卸的责任与义务。《中华人民共和国非物质文化遗产法》第三十五条规定："图书馆、文化馆、博物馆、科技馆等公共文化机构和非物质文化遗产学术研究机构、保护机构以及利用财政性资金举办的文艺表演团体、演出场所经营单位等，应当根据各自业务范围，开展非物质文化遗产的整理、研究、学术交流和非物质文化遗产代表性项目的宣传、展示。"[2]《国务院办公厅关于加强我国非物质文化遗产保护工作的意见》要求各级图书馆积极开展对非遗的传播和展示工作。可见，公共图书馆在非遗保护工作中具有重要作用[3]。因此，公共图书馆应充分利用自身优势，即丰富的文献资源、稳定的人流量以及较高的社会认可度，在少儿读者中积极开展各类非遗阅读推广活动，使少年儿童成为非物质文化遗产的传播者与传承人，为非物质文化遗产的保护做出积极贡献。

2 广西图书馆开展少儿非遗阅读系列活动概况分析

2.1 广西非遗情况简介

广西是中国非遗资源十分丰富的地区之一，这里非遗的种类繁多，传承形式多样，大约包括了 17 项国家级、141 项自治区级以及 2000 余项地方级非遗项目，涵盖了民间文学、传统音乐、传统舞蹈、传统戏剧、曲艺、传统体育、游艺与杂技、传统美术、传统技艺、传统医药、民俗等多个门类、多个方向。这些非遗项目经过多年发展和传承，已成为广西乃至全国文化艺术的瑰宝。近年来，广西壮族自治区政府对非遗支持力度不断加大，但由于各种各样的原因，非遗的保护与传承并不理想。非遗的保护工作迫在眉睫，特别是儿童参与的程度，从根本上决定着非物质文化遗产的未来命运。广西壮族自治区图书馆在少儿阅读活动与非遗的结合方面做了一些有益的探索。

2.2 广西壮族自治区图书馆近两年少儿非遗阅读活动情况

广西壮族自治区图书馆 2023—2024 年少儿非遗阅读活动情况，见表1。

表1 广西壮族自治区图书馆 2023—2024 年少儿非遗阅读活动列表

序号	时间	活动主题	活动内容	分享阅读书籍	读者年龄	参加人数	活动主讲人
1	2023 年 8 月 5 日	传承非遗剪纸，"剪"出快乐暑假	国内外优秀剪纸作品赏鉴；剪纸艺术及工艺介绍；介绍团花剪纸的发展历程，阅读书籍；讲解团花剪纸"如意牡丹"和"年年有余"的文化背景和民俗意义	《中国剪纸》（绘本）	9—12岁	30	李丽梅，女，广西民间文艺家协会会员，广西传统工艺孵化中心剪纸技艺导师
2	2023 年 9 月 24 日	传播文明火种的印刷术	讲解活字印刷、雕版印刷的发展历史、操作方法等；观看数字资源视频，阅读书籍；展示活字印刷术、雕版印刷术成果；体验活动；合影留念	《伟大的印刷术》（漫画）	6—12岁	30	程小娥，广西图书馆副研究馆员，具有丰富的少儿读者服务经验
3	2023 年 10 月 21 日	马尾缠丝凝绣魂——水族马尾绣体验	讲解水族马尾绣的历史、特点；马尾绣作品展示；学习马尾绣线制作技法；用马尾绣线绣制香囊 1 个，成品可带走	无	10—16岁	30	吴芳，毛南族，广西南丹县人，从小跟妈妈学习南丹民族服饰制作，2018年被认定为南丹壮族服饰市级代表性传承人

序号	时间	活动主题	活动内容	分享阅读书籍	读者年龄	参加人数	活动主讲人
4	2023 年 11 月 25 日	指尖"掐"出非遗来——掐丝珐琅技艺体验	掐丝珐琅的前世今生;掐丝工具和掐丝技巧介绍;阅读书籍;在老师的指导下制作掐丝珐琅;作品展示、心得分享	《珐琅精工:珐琅器与文化之特色》	11—16岁	30	黄芬芳,高级非遗技艺传承师,从事景泰蓝掐丝珐琅画的工作 12 年
5	2024 年 1 月 26 日	甜蜜艺术·糖画:糖画龙年	介绍糖画的起源和发展;阅读书籍;分享制作糖画的方法、步骤和工具;介绍纸笔;在老师的指导下制作糖画;作品展示、心得分享	《妙笔糖画·春节》(绘本)	7—12岁	30	卢扬定,非遗糖画传承人,有丰富的糖画教学和糖画工具生产制作经验
6	2024 年 2 月 2 日—2 月 4 日	"阿图籽"志愿者带你邂逅乌衣,深入壮乡	阅读书籍;壮锦纹样科普;壮锦书签绘制;"蚂拐节"民俗科普;课堂讨论:如何保护传承少数民族文化	《乌衣》	9 岁以上	20	武汉大学"珈书传桂"实践队,由广西籍学子组织的"反哺家乡·书香远播"实践活动,与广西壮族自治区图书馆合作开展绘本阅读推广活动

2.3 活动取得的成果

2.3.1 非遗阅读活动促进了少儿读者的综合素质发展

在制作糖画、掐丝珐琅以及体验绣制香囊、活字印刷、剪纸活动中,少儿读者能够培养自己的动手能力、观察力和想象力。同时,在参与这些传统文化活动的过程中得到了情感的满足和审美的享受。这些非遗活动需要儿童与同伴一起沟通、协作,共同完成一项任务,这有助于培养儿童的人际交往能力和团队合作意识。此外,非物质文化遗产的运用还可以培养儿童的创造力,他们可以在传统文化的基础上进行创新,将自己的想法和创意融入活动中,培养出独特的创造性思维。

2.3.2 非遗阅读活动得到了社会广泛关注和认可

广西壮族自治区图书馆少儿非遗阅读活动的每场报名广告一经发布，都是当天报满，但因场地限制和人力不足，每场活动最多允许 30 名少儿读者参加。据不完全统计，非遗阅读系列活动共得到了本馆官网 6 次报道，得到了广西新闻网、南宁头条、《南宁晚报》等媒体报道 5 次，浏览次数共计 2000 余次。同时，非遗阅读活动带动了相关文献的借阅量，其借阅量较之前提高了 50%，相关数字资源访问量提高了 30%。

2.4 存在的不足之处

广西壮族自治区图书馆少儿非遗阅读系列活动是近两年为传承广西非物质文化遗产所做的努力和探索，得到了少儿读者和家长的欢迎，取得了良好的社会效应，但在实践中也发现了一些困难和不足。一是馆藏非遗相关文献不够丰富，没有系统整理，有些非遗项目的文献甚至没有收藏；二是非遗活动没能形成完整的系列，尚未创立品牌；三是活动内容和形式较少；四是因场地小和工作人员不足，为保障安全，要求报名活动的儿童需一名家长陪同参加，每场活动参加的少儿读者上限为 30 人，场内总人数上限为 100 人，无法兼顾所有读者的需求。

3 公共图书馆开展少儿非遗阅读活动优化路径分析

3.1 加强非遗文献资源的收藏和整理，建立特色馆藏数据库

丰富的文献资源是开展读者活动的前提和基础。公共图书馆要提高对非遗文献价值的认识，加大对非遗文献资金及人力资源的投入。根据本地非遗题材，遵循一定的收藏原则，通过长期积累、实地考察搜集或采购等途径，收集较为完备或有相当数量的非遗相关文献，并对文献资源进行整合，为图书馆后期开展各类读者活动、阅读推广活动提供系统性、多样化的文献资源。同时，建立非遗数据库，运用现代化科学技术手段按专题内容对非遗文献进行加工整合，并转化为多种电子阅读格式进行保存，逐步形成具有本地文化特色、形式多样的"非遗"特色数据库[4]。新时代的少年儿童是与互联网、多媒体共生的一代人，电子资源中的有声读物、戏曲、动漫、纪录片非常适合用来开展少儿阅读推广活动。

3.2 丰富活动形式，激发少儿读者学习兴趣

兴趣是孩子最好的老师，丰富有趣的阅读活动可以激发孩子浓厚的学习兴趣。一是可以通过民族节日的庆祝活动来开展非遗活动。很多民族节庆都有着深厚的历史底蕴和浓厚的民俗特色。广西作为多民族聚居区，民族节庆活动更是蔚为壮观，如壮族三月三、瑶族盘王节、苗族芦笙斗马节、侗族多耶节，这些节日都与一个甚至多个非遗项目有关，图书馆可结合节日中的传统美食、舞蹈、音乐等，开展相关非遗书籍推荐和导读活动。例如，广西壮族自治区图书馆少儿非遗阅读活动中就有结合壮族"蚂拐节"来科普壮锦文化，让孩子们在欢乐中感受到传统文化的魅力，增强他们的文化认同感和自豪感。既传承了非遗，又增添了节日的乐趣。二是沉浸式阅读体验活动，儿童通过亲身实践来加深对非遗的理解和感受，非遗项目中有许多传统技艺、工艺，可以让少儿读者亲自体验制作过程。广西壮族自治区图书馆少儿非遗阅读活动多是采用这种方式，如让小读者亲自动手剪纸、制作糖画、刺绣等。还有非遗中的舞蹈、故事，可以采用上台表演和做游戏等方式，让"非遗"活起来，真正做到寓教于乐。三是研学式推广活动，既要"走出去"，也要"请进来"，可以带领小读者实地参观非遗村落、非遗工艺品加工基地，让孩子们边走边学[5]，也可以邀请非遗专家、非遗传承人来图书馆进行表演、演讲和培训，让孩子们近距离感受非遗的魅力。

3.3 探索适宜的活动模式，打造少儿非遗阅读活动品牌

要使少儿非遗阅读活动更加有影响力，就不能是片段式、一阵风式举办，而是要持续长效举办，要把少儿非遗阅读推广活动作为公共图书馆传播与传承非遗的重要手段，不断创新阅读推广活动工作理念和服务模式，把活动提炼成品牌，通过长期性、进阶式的活动，使品牌深入人心。少儿读者到馆时间主要集中在周末、节假日和寒暑假，那么可以在这些时间段固定开设"非遗学堂""非遗慢时光手作""书海识非遗"等活动[6]。还可以根据少儿读者不同的年龄阶段创立符合各自身心成长特征的品牌：为低幼儿童（3—6岁）设立"非遗绘本故事会"；为小学生（7—14岁）设立"非遗表演秀"；为中学生（15—17岁）设立"非遗研学之旅"。目前，广西壮族自治区图书馆举办的非遗阅读活动均根据内容限定了不同年龄的少儿读者参加，这也是出于

按年龄分级阅读的考虑。有条件的馆舍，还可以设立本地区非遗展示与宣传专柜作为品牌宣传窗口，以供所有读者到馆参观学习非遗知识。图书馆努力培养全民保护非遗的观念和意识，力争在全社会形成保护非遗的社会环境和舆论氛围。

3.4 加强合作与研究："图书馆+非遗+X"模式

他山之石，可以攻玉。图书馆行业正处在转型、跨界和融合发展的大趋势下，应主动与社会各界合作，充分利用多方资源，为少儿读者提供更加优质和丰富的非遗活动，扩大非遗保护成效，实现多方的合作共赢。一是与幼儿园、中小学校合作。图书馆凭借非遗文献馆藏优势，可以到学校开展非遗阅读推广活动，对相关书籍进行推荐，还可以邀请非遗传承人共同进校园，对非遗文献进行深度导读。二是与非遗景点合作。许多古村落经过保护性开发变成有非遗特色的旅游小镇、景点。"非遗"内涵与时代紧密结合，从而使传统文化发挥出崭新力量，非常适合少年儿童开展研学活动。三是与文化志愿者团队密切合作。开展非遗阅读推广活动，常会涉及动手操作，为保障安全和传授到位，需要对少儿读者进行一对一的服务，那么文化志愿者是图书馆人力资源的有益补充。四是与兄弟单位，如博物馆、档案馆、文化馆等联合开展非遗阅读活动，可以达到资源互补，提升社会效应的作用。

综上所述，公共图书馆如何开展少儿非遗阅读活动是一个值得探讨和研究的课题。图书馆应充分利用自身优势，坚持守正创新，认识到非遗保护和传承是其职责和使命所在，积极主动作为，通过一系列宣传和实践，在少儿读者中种下热爱祖国、热爱家乡、热爱传统文化的种子，在潜移默化中保护和传承非物质文化遗产，这既是时代的需要，也是图书馆自身发展的需要。

参考文献

[1]王冯玉.非物质文化遗产在幼儿园活动中的应用与探索[J].中文科技期刊数据库（全文版）教育科学，2023（9）：148-149.

[2]林继富.新时代非物质文化遗产保护传承的基本方向与问题导向——基于《关于进一步加强非物质文化遗产保护工作的意见》的分析[J].长江大学学报（社会科学版），

2022（5）：15-21.

［3］国务院办公厅关于加强我国非物质文化遗产保护工作的意见［EB/OL］.［2022-12-07］.
　　http：//www. gov. cn/zhengce/content/ 2008-03/28/content_5937. htm.

［4］黄莹.浅论公共图书馆在非物质文化遗产保护中的现状与研究［J］.河南图书馆学刊，
　　2023（2）：20-21，25.

［5］朱秋华.新媒体时代非物质文化遗产的传承研究［J］.山东商业职业技术学院学报，2023
　　（2）：97-100.

［6］余雁舟，陆瑶.公共图书馆开展非物质文化遗产保护路径研究［J］.河北科技阁苑，2023
　　（4）：63-67.

图书馆非遗保护和传承路径探析与思考

——以北京城市图书馆非遗文献馆为例

吉亚楠（首都图书馆）

非物质文化遗产（以下简称"非遗"）是世界各族人民在长期的生活实践中，经过世代积累与传承，创造出独具特色的文化形式。非物质文化彰显了民族个性、民族精神价值及民族审美习惯，是人类发展"活"的体现，保护非物质文化遗产对于人类文化传承和社会发展有着重要意义。图书馆是专业文献聚藏地，其重要功能之一是保存人类知识和文化遗产。因此，对于图书馆而言，非物质文化遗产的保护工作也格外重要。作为首都图书馆的新馆，北京城市图书馆积极推进文献资源建设，专设非遗文献馆，意在打造保护和传承非物质文化遗产的文化平台。所以，非遗文献馆全面加强非物质文化遗产的保护、传承和利用，探索非遗传承新路径至关重要。

1 图书馆开展非遗保护的重要性

非物质文化遗产指各族人民世代相承的、与群众生活密切相关的各种传统文化表现形式（如民俗活动、表演艺术、传统知识和技能，以及与之相关的器具、实物、手工制品等）和文化空间[1]。非物质文化遗产具有强烈的地域性和民族性特征，是中华优秀文明的重要组成部分，是历史发展的生动见证。图书馆作为"收集、整理和保存文献资料并向读者提供利用的科学、文化、教育机构"[2]，是文化传承的重要场所，具有保存和传承中华优秀传统文化的重要功能，也是非物质文化遗产保护和传承的重要角色。图书馆在非遗保护中的重要性体现在以下几个方面：第一，非物质文化遗产包罗万象，内容多元，但其发展不可逆，具有不可再生的特点。图书馆有着丰富的馆藏资源，收集和保存了大量的非遗文献，同时无论是硬件设施还是软件设施方面，图书馆在开展非遗保护工作方面都具有天然优势，这对于发展文化产业、保护和传承中华优秀传统文化有重要意义。第二，新时代的中华民族现代文明呈现出承前启后的特点，既有优秀传统文化的历史积淀，又有蓬勃的生命力和创新性。非物质文化遗产作为中华优秀传统文化的重要组成部分，实现保护和传承的重要方式是活态传承，即"形成鲜活的文化记忆，亦能与当下甚或未来产生关联，并在新的时代创造新的价值"[3]。图书馆作为区域性的文化中心和地方文献部门，一直在持续收集、整理和挖掘地方文献资源，不断丰富地区特色文化，这对于非物质文化遗产的传承有重要意义。同时图书馆开展非物质文化遗产保护，有利于丰富自身馆藏，整合文化资源，增强自身影响力。第三，非物质文化遗产作为中华文明的重要组成部分，也是我国文化软实力的体现。新时代，文化建设已被纳入中国特色社会主义"五位一体"的总体布局，图书馆开展非遗保护，对于促进中华文明建设，增强文化自信有重要意义。第四，图书馆作为重要的文化教育载体，可以在非遗保护传承中发挥文化平台作用，吸引更多的非遗爱好者加入非遗保护工作中来，激发公众对非遗文化的兴趣和保护意识。

2 图书馆开展非物质文化遗产保护和传承的基本原则

在全球化背景下，世界各国文化交流互鉴，对我国传统文化而言既是机遇又是挑战。图书馆在保护和传承非物质文化遗产的工作中，要遵循非物质文化遗产自身的发展规律，即在充分保护非遗的前提下合理利用，使非物质文化遗产在历史传承中焕发活力。在这个过程中，图书馆应遵循以下原则。

2.1 真实性原则

1964 年《威尼斯宪章》提出"将文化遗产真实地、完整地传下去是我们的责任"[4]，非物质文化遗产通过精湛的技艺，展现出特有的思维方式和丰富的审美旨趣，这种独特性是非遗在时代的洪流中不被符号化的原因。因此，图书馆在开展非物质文化遗产的保护和传承工作中，应该忠于非遗项目本身的文化内涵，在馆藏建设、研究、宣传等工作中力求做到真实、客观，各个环节应如实反映非遗项目蕴含的历史文化信息，项目参与者也应以此为指导，保持高度的文化自觉。

2.2 整体性原则

非物质文化遗产是由数个具象的非遗项目组成，这些项目各自拥有特定的文化生态空间，并保持内在统一，以整体的形态存在于非遗的大系统中。比如，中国书法、中医针灸这些传统非遗项目中，尽管内容丰富纷繁多样，名家云集，但是它们在非物质文化遗产的大系统中，拥有自身的知识体系，与中华民族的优秀文化基因一脉相承。因此图书馆作为保护者和传承者，应当在非遗这个有机整体的基础上，保护项目所包含的全部内容和形式，努力做到整体传承，而不是只做单个的项目罗列。

2.3 系统化原则

非物质文化遗产与其产生及传承的时代有着紧密的联系，既是文化多样性的源泉，也是地域特征显著的珍贵资源。非物质文化遗产的表现形式多样，如 2022 年被选入世界级非物质文化遗产的中国传统制茶技艺及其相关习俗，涵盖了茶叶采摘、茶制作、茶园管理及茶的饮用和分享的知识等多方面内容。茶这一非遗项目经过历代传承，成熟的技艺经过广泛的社会实践和时间的考验，已自成体系，这也体现了非物质文化遗产的综合性特征。因此图书馆的非物质文化保护和传承工作中，要对各个非遗保护项目综合考量，从横向和纵向角度深度剖析，将系统化原则贯穿于整个体系建设中，力求将非物质文化遗产完整、全面地展现给读者。

2.4 创新原则

随着社会结构的变迁，社会发展产生和带来的公共文化需求将呈现多元化、多样性和高级化的发展态势[5]。在这种形势下，文化创新与保护传承结合已成为文化发展的基本思路。对于独特的非物质文化遗产，保护是根基，传承并激发创新是正确方式。我们在非物质文化保护和传承工作中，应在保持"原汁原味"的基础上，结合创新理念，提高价值体现，让非物质文化遗产在新时代的潮流中焕发活力。

3 图书馆非物质文化遗产保护和传承的路径

3.1 深化对非物质文化遗产保护传承的认知

非物质文化遗产蕴藏着巨大的历史和文化价值，是区域文化的集中体现，是群体和民族的深层次的精神结晶。图书馆非遗项目相关的工作人员，应当提高对非遗保护和传承工作的认知，增强对非遗的认同感，不断增加非遗相关的知识积累。非遗文献馆作为北京城市图书馆的重要分馆，应充分利用图书馆的平台优势，积极促进与非遗传承人、非遗保护专家、非遗爱好者等各方协同合作，加强宣传推广，畅通沟通机制，为非遗保护和传承工作凝聚更多的人力、物力支持。

3.2 建立非物质文化遗产特色馆藏，加强理论研究

文献资源是图书馆工作的重要内容和价值体现，同时也是衡量图书馆建设与发展的重要标准之一。北京城市图书馆作为国家级图书馆，其中非遗文献馆的馆藏建设是非遗保护工作的重要内容。建立非物质文化遗产特色馆藏，有利于充分发挥非物质文化遗产的历史价值、科学价值、艺术价值和社会价值，同时也是图书馆文化职能的直接体现。在非遗文献馆的特色馆藏建设中，需对非遗文献进行有计划地积累和布局。就宏观方面而言：①在文献资源布局方面，非遗文献馆的布局理念是打造世界意义的非遗文献主题馆，集中全国非遗文献，突出北京地区特色非遗文献。②在资源共享方面，充分利用各类文献资源共享，完善数字文献资源建设。建设数字文献资源可以对实体文献进行核对补缺，也能实现对濒危资源的抢救和长期保存。非遗文献馆的文献资源将非遗实体书籍和非遗文献数据库相结合，实虚结合，确保非遗文献馆藏的完整性和全面性。同时，非遗数据库中也可细化专题数据库，比如专设京剧项目数据库，结合本馆首都图书馆的自身馆藏，建设相关子库，如京剧术语数据库、京剧名家资源库和京剧老唱片资源库等，通过专项数据库建设对京剧进行全方位的深刻展现。③在资源经验借鉴方面，应结合"引进来"和"走出去"的思路。一方面，可以通过实地考察各地非遗特藏馆，定期举行专题专家研讨会，征集读者意见等方式，充分吸收各方关于非遗馆藏建设的意见和建议，把有利于非遗文献馆特色馆藏建设的经验"引进来"；另一方

面，可以加强馆际合作，如与非遗博物馆、燕京八绝博物馆、京城百工坊等非遗相关博物馆合作，将非遗文献馆的特色文献与实物展出相结合，这个过程会倒逼我们深化文献内容，不断丰富本馆特色馆藏的内容和意义。就微观方面而言，上架文献大致分为政策法规、图典名录、非遗项目与传承人、中华民族民间文艺集成、北京地方文献和其他共六个大类，其中非遗文献馆以本馆北京地方文献中心为依托，北京相关的特色馆藏已自成体系。除此之外，未来也可将一部分其他渠道采访所得的特色馆藏如捐献文献、竞拍文献等珍贵文献上架供读者阅览。目前非遗文献馆的文献资源以非遗分布架构为前提、文献价值为重点进行排架，未来可利用更新的智慧化技术，结合非遗相关的理论研究和实践，不断完善特色馆藏的微系统，为读者提供更多可读性与价值性兼具的文献。

3.3 结合地理位置优势，设置通州大运河非物质文化遗产专区

2014 年大运河申遗成功，这也是我国第 46 个世界级非遗项目。城市副中心依大运河而建，北京城市图书馆作为副中心三大文化建筑之一，旨在成为知识传播、城市智库和学习共享等功能于一体的文化综合体。非遗文献馆可结合地缘优势，设置大运河非遗文献专区，将大运河相关的文献做系统化的展示，结合相关展陈资源，促进运河文化理论的纵向研究。设置通州大运河非遗专区，从文化方面与《通州区大运河文化带保护建设规划》相呼应，展现运河文明的"历史文脉"，促进大运河非遗项目的保护和利用。此外，充分结合图书馆的文化传播功能，全方位展示运河文化的历史文化价值，引导更多读者了解大运河非物质文化遗产。

3.4 加强宣传力度，吸引年轻读者群体，探索非遗文献馆多元化服务模式

非物质文化遗产反映了一个时期技艺的至高点，也是民族审美的具体体现。但是随着时代的发展，非物质文化遗产的受众呈现老龄化态势，一些非物质文化遗产也在不断消亡。非物质文化遗产只有在当前传承的基础上，吸引更多的年轻群体加入，扩大影响力，才能更好地适应时代发展。对于保护、传承非物质文化遗产，年轻群体的力量不容小觑。图书馆作为信息和知识的聚藏地，有着广泛的读者基础。因此，公共图书馆这个优秀的宣传平台，不仅能为非物质文化遗产提供展示的平台，吸引年轻受众群体，提高读者对非物质文

化遗产的认同感，而且能提高图书馆的影响力，促使图书馆更好地履行保存人类文化遗产、实施社会教育的职能。当下，图书馆可以利用微博、抖音、微信公众号等年轻群体聚集的社交媒体平台进行非物质文化遗产的全方位宣传，并根据读者意愿开展非遗读书分享会，必要时可邀请相关非遗传承人做分享主讲人，吸引线上读者走入线下活动，使更多的年轻读者了解非物质文化遗产并置身其中；同时可设置非遗阅读打卡话题，创建非遗文献阅读粉丝群和非遗文献读者论坛，将主题打卡与奖励相结合，保持群内粉丝活跃度，培养读者阅读非遗文献的好习惯，同时吸引新的读者，打造年轻态的非遗文献馆。

3.5 结合"非遗+文旅"理念，在非遗文献馆内设置沉浸式非遗体验空间

2023 年 2 月，文化和旅游部发布《文化和旅游部关于推动非物质文化遗产与旅游深度融合发展的通知》[6]，提出了"加强项目树立、突出门类特点、融入旅游空间"等八项重点任务，北京城市图书馆也应顺势而为，将沉浸式体验与非遗文献阅读相结合。沉浸式体验兼具互动性和体验性，真实的沉浸感以受众的主动参与为基础[7]，更能吸引读者。北京城市图书馆作为以科技因素为亮点的图书馆，可借助自身的平台，探索沉浸式体验新玩法。非遗文献馆内可定期设置非遗沉浸式体验主题活动，充分体现故事性、艺术性和互动性特点，如融合馆内中医、美食、茶、乐舞类等文献，开设趣味性和实用性兼具的沉浸式展览，从读者视角来展示非物质文化遗产的文化内涵，引导读者关注相关非遗文献。另外，可设计非遗相关的文创产品，产品名片可征集读者设计填写，引导读者了解非遗文创产品背后的匠人匠心；开设图书馆非遗集市，招募非遗传承人摊主，将非遗艺术落地日常生活；设置非遗相关技艺培训课程，如剪纸、碑刻、书法等，吸引更多读者参与；也可引入直播模式，结合节日或者二十四节气对相关非遗文献进行详细介绍或者读书分享。

3.6 畅通捐赠渠道，丰富非遗馆藏，实现资源共享

图书馆的馆藏采访渠道丰富，有主动索要收集、专业及分散订购、文献征集、参与拍卖、接受捐赠等方式。目前在非遗文献馆中，以专业订购为主，文献征集和接受捐赠为辅。非遗文献不仅仅局限于已出版的文献资料，很多读者的私藏也体现出非遗文献的独特性和丰富性。图书馆畅通捐赠渠道，有助于把闲置在读者手中的非遗文献及部分实物资料回流，通过编目审校之后

上架，将非遗资源动态共享，从而实现非遗资源价值最大化。为此，北京城市图书馆可在官网主页中增加捐赠专栏，定期公布已接收文献的相关信息，回馈捐赠证书；非遗文献馆将对读者捐赠文献予以鉴别，明确接收标准，保证入藏文献质量；加强对捐赠文献流程管理，确保接收到捐赠文献能及时整理、编目、上架，方便读者阅览；对重要捐献文献资源进行数字化加工，从而对文献进行有效保存。非遗文献馆目前已发布了文献征集公告，明确了征集范围、方式和要求，旨在丰富非遗文献馆藏，吸引更多读者加入非物质文化遗产保护和传承的队伍中。

保护和传承非物质文化遗产任重而道远，北京城市图书馆应发挥自身优势，结合数字化技术，完善特色非遗馆藏，扩展宣传渠道，优化整合资源，融入创新思路，让非遗传承"新"起来，"活"起来。非遗文献馆员也应积极与非遗传承人、非遗专家和研究者沟通，在非遗馆藏方面能更好地服务读者；主动调研读者意见，在非遗展示方面更贴近读者；推动多样化活动，在非遗体验方面更好地回馈读者，让更多的读者了解、参与非物质文化保护和传承工作，与图书馆形成良性互动。

参考文献

[1]国务院办公厅关于加强我国非物质文化遗产保护工作的意见[EB/OL].[2024-04-15]. https://www.gov.cn/zwgk/2005-08/15/content_21681.htm.

[2]周文骏.图书馆学百科全书[M].北京：中国大百科全书出版社，1993：719-720.

[3]谢春.非物质文化遗产保护理念的当代变迁[J].艺术传播研究，2024（1）：32-40.

[4]王文章.非物质文化遗产概论[M].北京：文化艺术出版社，2006：323.

[5]孔伟.社会教育视域下的公共文化服务研究[M].济南：山东人民出版社，2014：56.

[6]文化和旅游部关于推动非物质文化遗产与旅游深度融合发展的通知[EB/OL].[2024-04-15].https://www.gov.cn/zhengce/zhengceku/2023-02/22/content_5742727.htm.

[7]王蕾，张林，石天旭.IP沉浸体验：主题乐园发展新路径[J].出版发行研究，2019（2）：32-36，14.

图书馆非遗文化短视频传播策略研究

刘 芳 (三峡大学) 朱 沙 (湖北三峡职业技术学院)

随着移动互联网技术的迅猛发展，社会步入全媒体时代。短视频凭借较强的趣味性、低门槛的内容生产、"裂变式"的传播、精确的算法推荐、强大的社交体验等特点深受公众的喜爱。非遗文化具有精神属性及教育意义，可以衍生出大量碎片化、浅思维的"轻知识""微话题"，成为读者喜爱的短视频素材。短视频形式下的非遗文化传播迎合大众阅读兴趣，为图书馆和读者营造面对面虚拟情境，促进了图书馆与读者、读者与读者之间的互动交流。本文从非遗文化短视频传播者（主体）、受众（对象）、传播内容（客体）、传播渠道（方式）、传播效果等方面开展短视频非遗文化传播策略优化研究，以进一步明确国家文化数字化战略下图书馆非遗文化短视频推广服务的目标定位，促进非遗文化保护和传承利用，实现非遗文化资源的全景呈现，大力弘扬社会主义核心价值观，积极应对互联网快速发展给文化建设带来的机遇和挑战。

1 图书馆短视频账号运营现状分析

本文以我国（不含港澳台地区）图书馆的官方认证账号为研究对象，调查抖音平台上图书馆非遗文化短视频推广服务的现状（调查截止时间为2024年2月29日）。

1.1 账号开通与建设情况分析

调查结果显示，185所图书馆开通抖音官方认证账号，其中公共图书馆

152 所，高校图书馆 33 所。从粉丝量、作品量来看，公共图书馆在抖音平台的运营情况整体好于高校图书馆，抖音平台成为图书馆进行非遗文化推广的最佳渠道。

抖音平台上，开通官方认证的图书馆账号命名规范，大多以图书馆 Logo、馆徽、标志性建筑物、吉祥物等作为账号头像，辨识度强。2018 年 4 月 10 日，杭州图书馆在抖音首发作品，成为首家开通抖音号的公共图书馆。从作品量来看，上海图书馆、广东省立中山图书馆、平凉市图书馆 3 个账号的作品数量超过 1000 条。从粉丝量来看，江西省图书馆、广东省立中山图书馆、浙江图书馆、国家图书馆等 4 个头部账号的粉丝数量超过 10 万。

1.2 账号运营效果分析

从账号获赞总量、播放总量来看，公共图书馆在抖音平台的运营情况整体好于高校图书馆。为综合反映图书馆短视频账号的整体营销效果，本文借鉴飞瓜指数对图书馆抖音号的传播营销效果进行评估。飞瓜指数（抖音）由账号近期的粉丝总量、粉丝增量、作品点赞等互动数据及其他维度数据加权计算获得[1]。飞瓜指数数值越大，账号综合价值越高。

抖音平台上，开通官方认证账号的 185 所图书馆中，江西省图书馆、广东省立中山图书馆、浙江图书馆、临沂市图书馆等 4 个头部账号的作品获赞总量超过 100 万次。其中，"江西省图书馆"抖音号获赞总量为 893.4 万次，飞瓜指数（抖音）达到 700.8，并推出非遗文化系列短视频，介绍石城彩灯、火老虎灯、萍乡采茶戏、湖口草龙、瑞昌剪纸、萍乡春锣、于都唢呐、瑞昌竹编、万载花爆、莲花打锡、南坑傩舞、井冈山客家山歌等江西非物质文化遗产。"华东师范大学图书馆"抖音号发布"江南文化小课堂：昆曲——词曲唱念与声腔"合集，播放量达 88.3 万次。

1.3 账号作品内容分析

作品内容始终是公众关注的重点。图书馆根据其属性、职能和读者类型进行视频主题设计、活动品牌建设，开展非遗宣传展示，举办非遗体验活动，传承中华优秀传统文化。从单个作品获赞量、评论量、收藏量和分享量来看，公共图书馆在抖音平台的运营情况整体好于高校图书馆。

抖音平台上，江西省图书馆、浙江图书馆等 2 所图书馆的 5 个作品获赞量超过 50 万。其中，江西省图书馆于 2020 年 12 月 30 日发布时长 42 秒的短视频"第 4 集：机器人吵架了，脾气都不好。#机器人#非遗过大年"，其获赞量达到 213.3 万次，评论 12.5 万条，转发 17.7 万次。江西省图书馆、浙江图书馆、广东省立中山图书馆等 3 所公共图书馆的 4 个合集播放量超过 1000 万次。其中，江西省图书馆"旺宝与图图的日常"合集播放量达到 2.7 亿次，浙江图书馆"大咖有话说"合集播放量为 6101.2 万次。以抖音号"广东省立中山图书馆"为例，时长为 9 秒的短视频"榫卯积木，让人们感受属于中国的建筑拼接方式的魅力"，介绍山西榫卯匠人刘文辉的故事，点赞量高达 16.8 万次。调查显示，抖音号的获赞量与播放量基本成正比。分析图书馆高播放量、点赞量、推荐量的"爆款"视频的运营数据可发现以下特点：一是保持常态化更新频率，注重内容时效性；二是"碎片化"内容迎合受众习惯，吸引读者参与互动讨论；三是选题角度紧密联系读者生活，内容优质，具有很强的实用性、知识性、趣味性，激发读者阅读兴趣；四是名人出镜效果较好，凸显其专业素养、表达能力和性格等个人魅力，通过"名人效应"提升读者的阅读兴趣。

2 图书馆非遗文化短视频推广服务存在的问题

在短视频平台上进行非遗文化推广的创作主体主要包括非遗传承人、各地非物质文化遗产保护中心、主流媒体、图书馆、文化馆以及部分个人创作者。在非遗文化推广领域，非遗传承人、文化名人、专家学者等拥有庞大的粉丝群体，通过优质的内容输出，精准触达目标群体，实现知识变现。调研结果发现，目前图书馆非遗文化推广类短视频在账号建设、运营模式、网络传播力及内容创作等方面仍存在不足之处，面临着一些亟待解决的问题和挑战。

2.1 账号定位不清晰，头部账号较少

从获赞量来看，非遗文化推广类短视频优势明显，涌现"江寻千（九月）"、非遗峨眉武术代表性传承人"凌云"、洞村竹编非遗传承人"非遗竹编"、非遗泥塑传承人"泥塑大师（奇人匠心）"等头部账号。以非遗峨眉武术代表性传承人抖音号"凌云"为例，其发布"江湖峨眉""你想看的打戏都在这'闯山门'""凌云安逸走四川""凌公子·游记"等合集，其中

"凌云安逸走四川"播放量达 12.5 亿次。

当前，较少图书馆能将自身优势、馆藏特色与短视频平台特征有效结合，打造有辨识度的账号"人设"。由于对主讲人的个人特色和形象的塑造的忽略，内容在信息传递过程中和读者有一定的距离感，难以吸引年轻读者群体的兴趣及关注。从粉丝量来看，图书馆与其他非遗文化推广类头部账号相比差距较大。抖音号"凌云"于 2019 年 9 月 28 日注册，第 929 天（2020 年 1 月 20 日）粉丝增至 1 万，第 1273 天（2020 年 12 月 30 日）粉丝增至 500 万，现有粉丝 1330.1 万。在抖音平台开通账号并通过官方认证的 185 所图书馆中，粉丝数量 1 万以下的账号占比 89%，视频数量较少，更新较慢，活跃程度较低。

2.2 运营效果不佳，网络传播力不高

在账号运营方面，较少有图书馆在一个平台上针对不同类型读者设置不同的账号，对不同主题的内容进行细分，构建品牌矩阵，在不同的流量池中获取更多的流量。从媒体矩阵建设情况来看，首都图书馆、上海交通大学李政道图书馆 2 所图书馆同时开通抖音、B 站、微信视频号、快手平台官方账号。浙江图书馆、湖北省图书馆、菏泽市图书馆、南开大学图书等 17 所图书馆同时开通抖音、B 站、微信视频号平台官方账号。图书馆对短视频平台的多元化选择有效保障了不同偏好类型用户的公共文化权益，满足多样信息需求。但大部分图书馆各视频平台间相互联动较少，在不同平台发布的作品内容重复，同质化严重。

在内容运营方面，图书馆发布的时事新闻、知识科普、服务指南、培训讲座、阅读推广等视频作品内容形式多样，但非遗文化类作品数量相对较少，内容较为零散，缺乏整体规划，未形成有影响的非遗文化品牌栏目，难以获得读者的持续关注。

在用户运营方面，大多数图书馆主要聚焦于报道非遗文化宣传活动，较少回复评论区的读者留言，或主动发起非遗文化方面的讨论话题，让读者通过评论、点赞、弹幕、转发、推荐等反馈，积极参与深层次沟通。部分图书馆开展非遗文化名家讲座、图书分享等直播活动时，主讲人与读者之间较少进行互动交流，对相关话题进行引导。单向的信息传播模式易使读者产生视觉疲劳，较难吸引受众的长时间关注。

2.3　爆款作品较少，缺乏优质内容

抖音号"江寻千（九月）"中，其合集"非物质文化遗产"的 26 个视频作品播放总量达 9.8 亿次，向读者推荐确山打铁花、苗族银饰、通草花、皮影戏、浏阳烟花、古法胭脂等传统非遗文化。其中，时长 3 分 58 秒的短视频"这一生总要现场看一次打铁花吧"播放量高达 858.9 万次，评论量 35.1 万条，转发量 211.2 万次。在非遗文化作品题材内容选择方面，当前大部分图书馆缺乏对读者阅读行为、阅读需求的深入分析和差异化选题策划，主题范围较宽泛，创作内容同质化严重，对读者的吸引力有限。

在作品内容展现方面，图书馆非遗文化类短视频多为活动现场图文介绍，节奏平缓、缺乏创意。调查结果显示，大部分图书馆缺乏非遗文化的深层次挖掘，没有形成特色主题和系列话题，与当前短视频信息碎片化、知识结构化、内容娱乐化的生态存在明显"错位"，读者的阅读兴趣不高，难以吸引流量。

在作品分发方式方面，大部分图书馆较少主动参加平台方组织的活动，较少借助热点事件发起非遗文化话题讨论，较少与文化馆、博物馆、非遗传承人合作，相互推荐引流，获得平台算法的流量支持，以触及不同类型的目标群体。

3　图书馆非遗文化短视频推广服务优化策略

传统非遗的文化价值及精神属性并非能在短时间内被读者所理解。当前，图书馆应立足自身服务特色和读者多元化信息需求，学习互联网思维，做好短视频账号内容定位，借助短视频及直播等传播手段，输出有价值、有影响力的作品，丰富非遗文化的表现形式，增强文化的传播力、吸引力、感染力。

3.1　坚持用户思维，明确账号定位

短视频平台上，图书馆的目标人群是全体互联网网民。不同图书馆由于目标受众定位的不同，制作的短视频内容呈现出差异化特征。图书馆非遗文化短视频传播的目标定位应将社会效益放在首位，通过"非遗+阅读"模式推介非遗文化，在平台算法推荐机制下不断拓宽阅读群体的受众面，进一步引

发读者深阅读行为，满足读者精神文化需求。图书馆应充分考虑不同短视频平台的特征，实现账号的差异化运营、作品的多平台分发，覆盖不同类型的用户群体，形成矩阵效应，以契合不同受众的多元需求。

抖音平台中，短视频作品以手机端播放为主。由于受到时长的限制，碎片化、娱乐化的短视频较多。图书馆可针对互联网用户开展非遗文化知识分享、非遗传承人推介、活动宣传、讲座预告等创意类短视频服务，通过持续输出优质内容引起用户的注意，满足受众碎片化学习的需求。

B站发布的视频时长较长，和抖音短视频区别较大，学习属性更强，社区氛围更浓，电脑端用户体验更好。其独特的弹幕文化，满足用户社交互动的需求，有较强的口碑效应和长尾效应。图书馆可针对互联网年轻用户开展非遗文化深度解读、非遗培训、学术讲座等知识类长视频服务。

微信视频号依托微信巨大的用户流量，结合"社交推荐"和"兴趣推荐"，与微信好友、微信群、朋友圈、小程序和公众号共同形成微信生态圈，具有较强的社交属性。图书馆可针对微信粉丝群体开展非遗文化活动宣传、图书推荐、讲座预告等视频服务和活动直播，引导服务区域内的读者关注图书馆动态，积极参与线下非遗文化推广活动。

3.2 深耕垂直领域，优化展现方式

短视频平台上，用户喜欢简单有趣、新鲜实用的内容。除满足娱乐需求外，其求知心理希望在碎片时间内能系统学习知识、丰富阅历，掌握新技能、拓宽知识面，以提升自我价值。截至 2023 年 5 月，抖音上平均每天有 1.9 万场非遗直播，平均每分钟就有 13 场非遗内容开播[2]。图书馆丰富的文献信息资源，为非遗文化短视频的创作提供不竭的创意灵感和内容素材。调查结果显示，账号粉丝数量的多少与作品的数量并无直接关系。优质内容是短视频的核心竞争力。图书馆视频创作者应结合办馆特色和地域文化，挖掘馆藏特色资源，融合大众喜爱的文旅风情、非物质文化遗产等中华优秀传统文化元素，让非遗文化走入大众生活。

在作品选题策划方面，非遗文化类短视频应结合账号前期的流量反馈，聚焦用户阅读偏好，细分主题和类型，借助非遗传承人采访、文旅景点等多元场景，提升公众文化素养。图书馆应充分利用读者的从众心理，将非遗文化推荐与热点话题相结合或借助热门影视作品上映的热度来推荐非遗文化，

积极参与平台主办的各类活动和流量扶持计划，增强非遗文化推广工作的时效性，吸引目标人群的持续关注。

在作品内容制作方面：图书馆应运用年轻人喜闻乐见的语言风格，契合用户的关注点；通过深入浅出的叙事表达，找准非遗文化推荐的切入点；提炼非遗文化价值和艺术内涵，增强视频内容的情绪感染力；设计艺术的呈现方式，吸引读者注意力，提高作品完播率；构建有趣的阅读场景，让读者在轻松的氛围中接受传达的信息，感受阅读的乐趣；发布简单的打卡任务，增加视频内容的交互性，提高用户的黏性。

在作品内容分发方面：图书馆应充分考虑读者认知差异，科学建立或适时调整账号标签、内容标签；设置非遗文化推广专题，创建作品合集，从多个角度对非遗文化进行深度解读；打造特色活动品牌，整合优质阅读资源，实现知识体系化、内容系统化，进一步拓宽提高非遗文化推广工作的广度和深度。

3.3 强化双向互动，拓宽推广渠道

社会化阅读环境中，用户呈现出多样化的角色。其在短视频平台上的播放、点赞、推荐、评论、转发、投币、收藏等互动行为，都是视频作品的重要组成部分。在图书馆非遗文化推广服务中，读者的角色从信息接收者转变为信息传播者、内容创作者。

在用户运营机制方面：图书馆应充分利用平台去中心化特点，鼓励和尊重用户的自由表达，积极在评论留言区与读者进行双向交流，主动答疑解惑；充分激发读者主体意识，为他们提供自我展示的平台；鼓励粉丝积极投稿，成为非遗文化推广的重要力量，构建基于共同兴趣爱好的社群化阅读圈，产生裂变式的传播效益。

在推广渠道选择方面，图书馆应主动寻求相关文化部门、地方媒体等机构的支持，充分发挥非遗文化传承人、专家学者的作用，合作开展系列非遗文化品牌活动，打破平台算法"圈层"限制，提高活动的影响力与受众的覆盖面。

在评价体系构建方面，图书馆应理性看待平台相关运营数据，坚持主流价值观。短视频平台的去中心化特征，让信息由传统的单向传播转变为双向的交互传播，大众话语权达到最大限度的释放。以抖音为例，内容创作者可以通过购买 DOU+，针对用户的性别、年龄、地域和兴趣定向投放流量，提升

视频的播放量和互动量。因此，作品的播放量不能作为评价图书馆账号运营效果的唯一指标。互联网环境中，账号运营容易受到多元价值观念侵扰，存在断章取义、侵权纠纷等风险。图书馆要坚持内容价值优先，加强内容审核；通过视频作品向读者传递社会主流价值观，避免对内容创作泛娱乐化的盲目迎合；借助短视频平台的传播优势，提升读者的认知水平，促进非遗文化和科技深度融合，探索图书馆知识传播、文化传承融合发展道路。

3.4 打造账号风格，提升媒体素养

非遗文化推广的各个环节不是相互孤立的，创作者是知识传播的重要部分。

在账号运营引流方面：图书馆创作者应加深对非遗文化内涵价值的深度理解，提升推荐的专业化水平；积极参加各平台举办的活动，注重视频制作的时效性；重视各平台用户体验，加强选题策划、内容设计、文案撰写、标签设置等能力的提升，保障优质内容输出的持续性，打造非遗文化推广活动品牌；并通过多元场景，轻量化呈现更加丰富、完整的非遗文化主题，增加视频的趣味性和亲和力。

在运营成效评价方面：图书馆应充分利用平台自带的后台统计或新榜数据、飞瓜数据等第三方平台进行数据分析，科学评估图书馆账号的运营效果；基于非遗文化视频作品的播放量、完播率、互动率等用户行为数据，对读者进行画像分析，研究读者阅读习惯和倾向；关注弹幕、评论和留言，根据用户反馈数据及时调整视频主题、发布频率、互动技巧等推广策略，丰富叙事主题和题材，满足用户差异化与个性化阅读需求。

在运营团队建设方面，图书馆应提升馆员数据思维、媒体素养，研究读者阅读习惯和倾向，学习视频营销知识。算法推荐时代不同于传统的订阅模式，作品内容的完播率、点赞率、评论率、转发率、关注比等核心指标成为影响算法推荐的关键。2019年，中国网络视听节目服务协会发布《网络短视频平台管理规范》[3]；2021年，协会发布《网络短视频内容审核标准细则（2021）》[4]，进一步规范短视频传播秩序，促进网络视听空间清朗。抖音"学习中心"提供"如何创作读书内容""如何增强粉丝黏性""抖音推荐算法系统是什么"等热门课程和"短视频拍摄剪辑技巧""新人创作建议""主播成长攻略"等精选专题[5]，帮助创作者了解"内容创作""规则与机制"，

学习账号运营的进阶技巧。B 站开设"创作学院"帮助 UP 主进行视频制作、账号运营、内容变现和分区创作[6]。图书馆短视频账号的运营人员应遵守相关的法律法规，学习平台规则算法，规范账号运营机制；充分利用平台课程资源，学习视频营销知识，提升馆员媒体素养；学习视频制作、后期剪辑技巧，控制叙事节奏，稳定作品更新频率；利用平台功能及流量扶持政策，提升视频完播率；统一设计风格，规范标题文字，设置话题标签，添加解说字幕，帮助读者消除信息理解偏差。

短视频并非时长缩短的视频，而是一种新的信息传播方式、社交互动模式。面临全民生产内容的短视频时代，图书馆非遗文化推广服务有了更广阔的传播范围、更丰富的传播路径、更显著的传播效果，拓展传播边界至公众工作、生活、学习、社交等各类场景中，帮助非遗传承实践回归社区、回归生活。图书馆应主动适应短视频时代舆论生态、文化业态、传播形态的深刻变化，坚持正确舆论导向，弘扬社会主流价值；以读者需求为根本，积极回应读者关切，提升服务体验；以图书馆资源为基础，立足优势领域精耕细作，打造非遗文化推广活动品牌；以读者资源为依托，凝聚强大的粉丝力量，调动公众参与非遗文化推广的积极性和主动性；以平台技术为支撑，统筹规划媒体矩阵，推动非遗文化推广渠道的集约化、差异化、高质量发展；以传播效果为导向，提高优质内容的阅读率和影响力；以创新管理为保障，规范短视频账号运营，创新内容呈现方式，提升公共文化服务数字化水平。

参考文献

[1] 飞瓜指数[EB/OL].[2024-03-15]. https://dy. feigua. cn/.

[2] 《好吃的非遗》热播中，展现非遗美食焕新传承[EB/OL].[2024-03-10]. https://mp. weixin. qq. com/s/arXLu9u HZk2w4GzHjKLK6A.

[3] 网络短视频平台管理规范[EB/OL].[2024-03-10]. http://www. cnsa. cn/art/2019/1/9/art_1488_22442. html.

[4] 网络短视频内容审核标准细则（2021）[EB/OL].[2024-03-12]. http://www. cnsa. cn/art/2021/12/16/art_1488_27573. html.

[5] 抖音学习中心[EB/OL].[2024-03-15]. https://creator. douyin. com/creator-school.

[6] B 站创作学院[EB/OL].[2024-03-15]. https://member. bilibili. com/academy/.

图书馆非遗保护和传承的路径探索

张 利（首都图书馆）

非物质文化遗产（以下简称"非遗"）保护的参与主体涵盖政府机关、博物馆、非遗文化传承中心、图书馆等机构。随着非遗保护研究工作的深入，在各类保护主体中，图书馆成为非遗传承与发展的基础，是十分重要的成员。

图书馆在非遗保护和传承的路径探索过程中，不断研析非遗保护的科学模式及可行方法，构建非遗文化生态空间，提升民众的文化自信，促进优秀的非遗文化根植于当代民众的理念之中。非遗保护和传承的路径应避免程式化和单一化，图书馆在探索非遗保护与传承过程中，应注重多维度、多元化、立体化，采取多种可行路径，实现活态化保护传承非遗文化，达成非遗保护的创新发展与可持续发展的目标，这是我国非遗保护的工作方向，亦是中华优秀传统文化可以传承延续的必经之路。

图书馆非遗保护和传承的路径呈现出多元化的特点。笔者从图书馆的角度进行研析，探索出在图书馆员参与下的非遗保护传承的多样化路径。这些路径主要包括六大方面：一是图书馆开展非遗保护传承研究，挖掘非遗文化内涵；二是图书馆利用文献资源促进理念文化认同感，增强整个民族的文化自信；三是加强非遗文献资源系统化管理；四是图书馆构建非遗体验馆，通过代表性非遗传承人演示等方式开展非遗文化传承推广活动；五是图书馆组织实现多主体参与的非遗传承与保护模式，促进当代非遗文化共同体建构；六是图书馆组织构建非遗和现代科技相结合的非遗保护模式。

多样化的路径实现了图书馆构建多维度保护和传承非遗的理念。图书馆只有采取多维度、多样化的保护路径，才能全面实现保护传承非遗的目标。

1 图书馆开展非遗保护传承研究，挖掘非遗文化内涵

我国在数千年的历史文明发展进程中，文化经过历代的传承、融合、创新，发展至今，逐步构成辉煌的文化宝库。然而，随着时代的发展更替，民众的文化观念及生活方式发生了根本性变化，一些传统文化资源失去了原生空间，传统文化形式日渐式微，濒临着消失、断代的危险。非遗的保护与传承面临着前所未有的挑战。非遗管理理论和实践应用研究还在起步阶段，理论层面缺乏构建，相关的理论研究与实际的保护工作脱节。需要相关部门尽快采取措施，重新认识传统文化，促进学术回归，并对其进行研究开发，挖掘这些传统文化的内涵。非遗保护与传承的最终目标就是从非遗中提炼优秀的传统文化内涵，使其成为中华民族的精神核心，从而提升本民族的文化自信和认同感，实现中华民族伟大复兴。

对于本身就担负着保存与传递人类文化遗产职能的图书馆而言，保护与传承非物质文化遗产更是其义不容辞的责任。图书馆参与地区非遗保护传承的学术研究，能拓宽图书馆员们的研究领域，提升其学术水平，可以培养更多致力于这方面的研究人才，壮大非物质文化遗产研究的力量。这些理论研究成果，增强了民众对于非遗保护传承的理念，激发了新时期民众的文化创造力。在文明传承与社会进步、传统文化与现代文明融合、历史继承与未来创新等多元价值视域下，实现非遗传承与现代社会文明的和谐发展。

2 图书馆利用文献资源促进理念文化认同感，增强整个民族的文化自信

图书馆能够为民众营造理念文化阅读环境，这种环境主导着人们对非物质文化遗产保护的思想意识、价值观念以及传承保护的信念等。与非物质文化遗产相关的物质载体有各种文献资源、文化艺术作品及科技信息化时代下的网络语言等。这些载体形式广泛，便于实现非遗资源共享，向读者呈现非物质文化遗产的信息，能让人们系统、全面地阅读和接受有关非物质文化遗产的各种知识，并且向民众传递保护非物质文化遗产的理念。

非遗保护与文化自信息息相关。文化自信是我们对本土文化传统、文化

价值观念的认同和践行。这种自信需要渗透到理论与制度的建设和发展当中，也应该渗透到人们的精神理念和日常活动之中。重视和加强非遗的保护与传承就是文化自信的表现，也是文化自信的具体行动。图书馆在非遗保护传承过程中，为读者搭建了非遗价值体现的知识平台，增强了民众的民族自信心，促使人们在非遗的陶冶和影响下，产生保护传承中华优秀传统文化的思想共鸣，促进理念文化认同感，从而增强整个民族的文化自信。

3 加强非遗文献资源系统化管理

非遗文献资源内容广泛，载体形式呈现出多样化、分散化的特征。纸质文献、口述资源、音像资源、数字化资源、网络资源、真人影像等多种载体资源分散性存储，不利于为读者开展系统阅读服务。

图书馆需要加强非遗文献资源系统化管理，可结合本馆馆藏资源、读者需求等因素，系统梳理整合非遗文献资源，突出资源特色；以馆藏文献为源头，梳理、整合非遗的各种载体资料，并且建立专门的非遗文献资源中心，充分发挥图书馆集群作用。加强多地区、多类型图书馆的合作，充分利用馆际协作新机制，汇聚相关图书馆的馆藏优势，利用科学信息化技术，使分散的非遗资源得以有序关联，推动非遗文献资源的整合与共享，实现优势互补。

在系统梳理馆内及馆际非遗文献资源的过程中，图书馆应关注资源载体的多样性和文献内容的丰富性。文献载体方面，注重多元化，整合汇集多方力量，载体模式呈现出传统载体与创新载体、动态载体与静态载体、原真载体与模仿载体高度交融的文献载体形态。文献内容方面，注重多维度，图书馆整合的文献资源应囊括与非遗相关的各个门类。如在范围方面，做到域内文献与域外文献的整合应用；在时间方面，做到古代文献与现代文献相融合。

以图书馆珍藏的古代典籍为例，其用纸为传统的手工造纸，其刷印技术也是传统手工技艺。为了保护古代典籍，衍生了古籍创新载体，如古籍仿真、再造善本、古籍数字化影像等，这些皆属于古籍的再生性保护成果。

近年来，经国家相关部门批准，《清敕修大藏经》文物保护项目正式启动。首先，将经版进行科学合理的保护。首次建设了现代化专业经版库房，首次补齐并修复了全部遗失破损的经版，首次建立《清敕修大藏经》数字化档案系统，并且利用这些经版原版刷印《清敕修大藏经》。其次，手工抄纸、制墨、刷印、装帧等诸多环节，全部使用中国传统手工艺方式，真正实现非遗技艺的现代传承。

作为古籍的衍生文献载体形式，它完善了图书馆的非遗馆藏体系，促进了非遗文化的保护传承，有利于图书馆非遗文献资源的系统化管理，更好地满足非遗保护与传承的多元需求，为读者提供更加便利的系统化文献服务。

4 图书馆构建非遗体验馆，通过代表性非遗传承人演示等方式开展非遗文化传承推广活动

非遗文化是动态发展的传统文化，呈现出动态传承及活态性特点。为此，图书馆需要构建立体化、多元化、大众化、开放化的非遗体验馆，突破非遗在宣传过程中的局限性。通过体感技术、人机互动技术等，来增强大众对非遗的体验效果。

图书馆可以开展以传统文化、非遗保护为主题的线上线下阅读体验活动，让读者主动参与非遗保护实践。图书馆聘请代表性非遗传承人来图书馆进行非遗技艺的演示传授。代表性非遗传承人全面系统地掌握非遗知识和技能，具有独特的专业能力，应当成为非遗传承保护的主体。代表性非遗传承人结合活动内容再现非遗传统技艺的创作场景，可以全面地呈现传统技艺的文化内涵和情境意义，引领读者感受非遗传统技艺的独特魅力，使读者形成对于非遗的价值认同。图书馆将传承人演示和体验推广活动进行有机结合，可以强化读者对于非遗技艺的认知，形成非遗保护与传承的良性循环。这样，既增强了传承人的使命感，又促进了非遗的活态传承。

以北京城市图书馆为例，其内部建造了非遗文献馆，这是全国第一家综合性非遗文献体验空间，馆藏资源涵盖非遗文献和北京地方文献，为读者提供非遗总目资源和非遗数据库等数字化资源，融入先进的科技理念，为受众群体提供集阅览、展陈、互动体验于一体的全新服务模式。

5 图书馆构建多主体参与的非遗传承与保护模式，促进当代非遗文化共同体建构

非物质文化遗产概念的广泛性和内涵的多元化决定了其保护主体的多元

性。主体可分为政府、专家学者、传承人、公共文化机构、社区等。加强不同主体之间的合作，以实现保护工作的全面性，是目前我国非物质文化遗产保护工作的总体趋势。无论是非遗保护政策的制定，还是非遗保护理论的构建，均需要多主体的参与才能不断完善，未来非遗保护研究应当对非遗保护的主体进行深入研究，这不仅有利于非遗保护研究体系的系统化构建，而且对于非遗保护的可持续发展具有重大理论价值和实践意义。

国内的公共文化机构已经形成系统、有序的非遗保护链。作为公共文化机构的图书馆，在非遗传承与保护中，需要变革图书馆服务方式，打破传统的被动服务模式，创造出新的知识服务增长点，构建多主体参与的非遗信息服务模式。构建起涵盖图书馆、政府机关、非遗传承中心、科研机构、文化馆、博物馆等非遗保护主体的当代非遗文化共同体，从而提升非遗文化的社会服务功能，增强其社会影响力，体现非遗文化的社会价值。

6 图书馆组织构建非遗和现代科技相结合的非遗保护模式

在科技应用方面，图书馆依靠数字化等高新技术推动非遗保护与传承发展。鉴于非遗保护和传承的客观原则和实际需求，图书馆需要遵循文化发展规律，构建非遗和现代科技相结合的非遗保护模式，加大科技与文化的有机融合。利用数字化技术对我国非物质文化遗产开展记忆、保存、传承等工作，是非物质文化遗产立足信息时代的必经之路。图书馆在非遗数字化保护与传承中，需要将保存的与非遗相关的文献资料、图片资料、影像资料、碑刻拓本等，进行分类整合，实现数字化储存，构建非遗文献资料数据库。

以首都图书馆为例，读者登录其官网，可以浏览到一些与古籍相关的数字化产品。古籍作为非遗技艺创作的文献资料，具有其他文献资源不可替代的历史文物价值，同时学术资料价值极高。为了保护这部分珍贵资源，首都图书馆自建了"古籍珍善本图像数据库"，提供本馆148部入选《国家珍贵古籍名录》的古籍善本的在线阅读。另外，首都图书馆自建了"古籍插图库"，从首都图书馆馆藏古籍文献中遴选插图进行制作，该库共计包含古籍插图数据一万条，每条数据包括插图全文影像和内容标引。

图书馆需要优化非遗数字化宣传渠道，建立数字化非遗网站、微信宣传平台等，将非物质文化遗产通过网络技术，实现跨时空式的传播。图书馆亦可以通过数字化云模式搭建云平台，社会各界人士可以在云平台提出非遗文化需求和创新理念，非遗云平台基于非遗项目信息，匹配合适的非遗专家、非遗传承人、设计师等主体。图书馆依托云平台，组建非遗保护团队，各部门之间联合起来，授权图书馆牵头组织，联合其他机构共同合作分工，互相辅助、充分发挥自身优势，采取资源整合的形式打破互相之间的界限，构建资源共享平台，通过数字化平台系统全面地呈现本地区非遗的特征；开展协同创意活动，完成非遗保护的数字化转型、创造性转化和创新性发展。数字化储存具有永久性、海量性、便捷性和快速性等优势，健全保护传承的"非遗"数字化体系，有助于非遗项目通过各种新颖的数字化手段被社会各界所认知。

图书馆亦可以利用元宇宙与非遗数字资源相结合，构建元宇宙平台，通过虚拟数字人实现非遗文化在元宇宙空间与读者的交互。元宇宙具有沉浸性和互动性的特点，利用元宇宙虚实空间交互融合技术可以增强受众的非遗文化体验感。图书馆在元宇宙空间构建多元立体的非遗主题艺术展，实现虚拟世界非遗原生创作空间的重塑。让年轻群体更容易接受现代化的非遗传承交互方式，能够有效促进优秀非遗文化的传承与可持续发展

参考文献

[1]詹双晖.我国"非遗"认定及传承人保护之问题与对策[J].汕头大学学报（人文社会科学版），2015（6）：82-86，97.

[2]陈兴贵.我国非遗保护中的社会分工与责任担当[J].广西师范学院学报（哲学社会科学版），2016（6）：117-123.

[3]段晓卿.系统视角下的非遗保护审视[J].系统科学学报，2021（4）：120-125.

[4]王芳.浅谈新形势下的非遗保护与传承[J].漯河职业技术学院学报，2012（4）：59-60.

[5]秦瑁.社会变迁下非遗保护方式的再检讨——以黎侯虎为例[J].长治学院学报，2017（6）：41-45.

[6]谢亚欣.浅析公共图书馆对非遗项目的宣传和推广——以广州图书馆为例[J].农业图书情报学刊，2017（6）：83-85.

图书馆非物质文化遗产保护与传承的实践路径研究

——以东莞图书馆为例

廖　瑜（东莞图书馆）

2021 年 8 月，中共中央办公厅、国务院办公厅印发的《关于进一步加强非物质文化遗产保护工作的意见》提出，"利用文化馆（站）、图书馆、博物馆、美术馆等公共文化设施开展非物质文化遗产相关培训、展览、讲座、学术交流等活动"[1]。非物质文化遗产（以下简称"非遗"）保护与传承是新时代公共图书馆的社会职责与必然使命。

1　图书馆非遗保护传承研究现状

我国学界关于"非遗"命题研究可从 1997 年詹正发在论文所使用的"非物质文化遗产的法律保护"这一表述中窥见[2]。随着国家对非遗的重视，图书馆保护、传承非遗的研究亦逐步深入，从研究内容看国内既往研究可归为以下几类：①图书馆与非遗的关系研究：包括图书馆与非遗关系、社会定位和作用研究等。蔡光龙从必然性、参与性与合作性探讨了图书馆保护非遗的社会定位[3]。康延兴认为图书馆应确立保护非遗的职能，并从保存文献、宣传信息和知识、提供场所和组织服务、参与调查研究等四方面提出图书馆保护非遗的措施[4]。②图书馆保护非遗的实证研究，包括国外图书馆保护非遗分析与启示、国内图书馆保护非遗案例研究等。陶琳以杭州图书馆对"西湖传说"实施保护管理的实践为案例，探讨公共图书馆参与非遗保护的必要性与可行性[5]。徐进从泰州市图书馆保护非遗实践出发，阐述公共图书馆参与非遗保护的内容与方式[6]。③图书馆非遗数字化研究，包括图书馆非遗数据库建立、数据关联等研究。王怀诗、胡文静、张华分析非遗数字图书馆建设的必要性，并应用 5S 模型构建非遗数字图书馆概念模型[7]。程焕文、陈润好、肖鹏分析后申遗时代非遗数据库的变化与发展，认为要建立与具有中国特色非遗名录保护机制相匹配的数字化保护机制[8]。

粤剧是世界级非遗。2005 年 9 月，全国首家粤剧图书馆在东莞图书馆正式启用。经过近 20 年的努力，东莞图书馆逐渐摸索出粤剧文化保护与传承的特色服务。鉴于此，本文以东莞图书馆粤剧文化保护与传承实践为案例，立足于非遗保护传承的时代特点，着力优化图书馆保护与传承非遗的服务路径，提升图书馆的文化服务水平，推动图书馆文化事业发展。

2 东莞图书馆开展粤剧非遗保护传承服务模式

2.1 主题图书馆服务模式

东莞图书馆粤剧图书馆（以下简称"粤剧图书馆"）是东莞图书馆精心打造的粤剧文化体验窗口，总面积 600 多平方米，以古朴、高雅、凝重的南国特色风格充分体现粤剧文化魅力，实现读者在视觉及体验上的沉浸式享受。截至 2023 年 12 月，粤剧图书馆收藏有粤剧粤曲图书、期刊、报纸、戏桥、海报、木鱼书、剧本、曲本、音像等多种类型资料达 12000 余件；开展文献阅览、专题咨询、展览展示、粤剧点播、即兴表演及个性化平台建设、数字图书馆服务等项目。建馆以来，粤剧图书馆重视粤剧文化阅读推广活动，以文献阅读和体验活动带动粤剧文化流通，形成了多个活动品牌，如"非遗传承　粤韵流芳""戏迷天地""我是粤剧小小传承人"等。

除全面收集各类粤剧文献外，粤剧图书馆还潜心对馆藏资源进行由浅至深的整理与开发。多年来，粤剧图书馆编辑出版了《南国红豆　莞邑飘香　莞籍粤剧名人录》《粤剧戏桥——东莞图书馆馆藏资料汇编（1934—1965）》《粤剧戏桥——东莞图书馆馆藏资料汇编（1965—2000）》《粤剧文献总览》《碟皇戏宝永流芳——卢华粤剧曲艺传承之路图片集》等文献。其中，2019 年出版的《粤剧文献总览》是我国首部粤剧专题类书目大全，共收录了我国 1949 至 2019 年正式出版的粤剧粤曲类图书文献 1236 条，全书按地域顺序编排，分两广地区、港澳地区和其他地区三大类别[9]，力求反映粤剧专题文献的概貌，是普通读者、粤剧专业人员及粤剧爱好者了解、研究粤剧不可多得的重要资料。

2.2 东莞市"粤剧黄金周"协助服务模式

"粤剧黄金周"是东莞市一年一度粤剧演出盛会，截至 2023 年已经成功举办了 21 届，成为推动东莞市粤剧曲艺文化高品质传承和发展的重要文化品牌。为主动融入本土粤剧非遗保护与传承，粤剧图书馆开展"粤剧黄金周"服务，以分会场主题展览展示及主题图书专题展的形式参与服务，具体包括设立东莞市"粤剧黄金周"主题系列展览、信息咨询、文献阅览、粤剧名伶信息收集、粤剧欣赏会活动等。例如，2021 年，第十九届东莞市"粤剧黄金周"活动以"百年心向党　奋进新时代"为主题进行展演，粤剧图书馆会场推出《红色粤剧七十年》大型展览，介绍经典红色粤剧剧目、赓续红色粤剧基因；并在微信公众号上开辟"红色粤剧"栏目，以推文形式普及红色粤剧知识。

2.3 校园嵌入服务模式

2021 年 7 月 24 日，中共中央办公厅、国务院办公厅印发的《关于进一步减轻义务教育阶段学生作业负担和校外培训负担的意见》要求，"完善家校社协同机制"[10]。公共图书馆是青少年社会教育的重要活动场所，有责任有义务参与家校社协同机制建设。近年来，粤剧图书馆探索校园嵌入服务，聚焦青少年美育素质教育，促进馆校融合。粤剧图书馆充分利用其馆舍优势、方位优势、馆藏优势，以陈列展示、图书文献和视听服务为内容，以"粤剧图书馆之旅"和"粤剧进校园"的形式，积极开展书香育人，营造粤剧文化审美氛围。同时，粤剧图书馆还以粤剧文化学科嵌入服务的方式助力中小学教师进行历史课题研究和课堂教学。粤剧图书馆的校园嵌入服务打破了传统的图书借阅和阅读空间的局限，将主题图书馆的功能和服务深度融入校园教育教学、青少年学习成长等多元化的应用场景，实现资源与需求的无缝对接，极大提升了主题图书馆服务的针对性、实效性和便捷性。

2.4 基于云平台的智慧型服务模式

图书馆利用各种不同的信息资源组织平台，对非遗文献信息资源进行收集、重组与发布，不仅能够推动非遗的保护和传承，满足数智社会广大读者日益增长的个性化需求；更有益于实现图书馆特色资源服务。目前，粤剧图书馆建有粤剧资料库和粤剧唱片库。粤剧资料库平台收录关于粤剧粤曲的报道、名人、戏桥和相关文献信息资源，截至 2023 年 12 月，共收录数据 10500 条，数字化文献 2000 页，老照片 500 张；粤剧唱片库收录有粤剧黑胶老唱片、VCD/DVD 等视频，共近 800 部戏剧。在日常服务中，粤剧图书馆以粤剧资料库和粤剧唱片库平台为基础，收集、整理和保护粤剧文献，整合现有馆藏粤剧文献资源，实现局域网内在线浏览、检索、阅读和视听，丰富了读者阅读、学习粤剧文化体验，已成为东莞市丰富群众精神生活、宣传粤剧文化艺术的重要力量之一。

3 新时代图书馆开展非遗保护传承路径探析

3.1 加强非遗文献信息资源建设

图书馆作为社会文化的重要载体，是传承人类文明的重要容器。加强非遗文献信息资源建设是图书馆参与非遗保护传承的根本和基础，也是图书馆优势所在。图书馆必须集聚海量优质非遗文献信息资源，为非遗文化创新提供资源支撑与保障。图书馆应在政策引导下，以强烈的责任感和使命感，积极推动非遗资源的系统化、规范化建设，做好非遗文献资源的采集、整理、保存和利用工作。

一是加强非遗文献信息资源全面系统的普查与征集。图书馆应联手政府部门、学术机构、民间团体以及非遗传承人，开展本地区非遗文献信息资源普查，广泛征集各种载体类型的非遗原始资料，重视散页薄册、注重非遗出版物的追踪；尤其要关注非遗其他形制文献。除了一般的书、刊、报外，粤剧非遗文献信息资源的采集还关注了一些其他形制的文献，如粤剧戏桥、海报、明信片、图照和戏票等。

二是加强非遗文献信息资源科学严谨的整理与编目。图书馆应对收集到的非遗文献信息资源的形式特征和内容特征进行著录和标引，建立结构清晰、检索便捷的馆藏目录体系，方便读者检索、阅览和利用。

三是加强非遗文献信息资源数字化建设。加快数字化发展进程，既是非物质文化遗产保护、传承和传播的内在需求，也是社会发展和科技进步的必然要求[11]。图书馆应深入贯彻非遗文献信息资源生态传承的大数据理念，优化非遗文献信息资源数字支撑，建设非遗文献信息资源数字平台。

3.2 促进非遗文献信息资源共建共享

非遗文献信息资源共建共享是当前信息化时代背景下提升非遗传播效率、优化资源配置的重要策略。图书馆应对丰富的非遗文献信息资源进行全面梳理和深度整合，通过系统化的数字化采集、整理与存储，加快互联互通基础设施系统、服务和功能升级，推动互联互通数据标准、技术标准、管理标准等体系建设，搭建共建共享平台，促进全社会深度合作，实现非遗资源的最大化利用与传播。

一是强化政策引导。必须坚持落实政府主体责任，加强统筹规划和条件保障，加大政策、资金、项目向非遗文献信息资源共建共享倾斜力度，制定有利的法规与政策，鼓励和推动各级图书馆、科研机构、高校等参与共建共享项目，打破信息孤岛。

二是强化标准引领。对非遗文献信息资源进行规范、系统的整理、记录、分类、评估等一系列活动，使之达到科学化、系统化、标准化的要求，以便于更好地保存、传承和发展。非遗文献信息资源分类、记录和存档、展示和传播模式等应当遵循标准化流程。

三是强化协同共建。非遗文献信息资源共建共享是全社会的共同责任，要推动形成政府统筹协调、社会有效支持的协同共建格局，落实各方相应责任及沟通机制，促进全社会各层面、多维度的合作。

3.3 推动非遗多元化阅读推广

阅读推广是图书馆在全民阅读背景下的一种新的阅读服务方式，是面向特殊人群的阅读服务，是活动化的阅读服务，是具备教育性、干预性的阅读服务[12]。图书馆应以多元化方式拓展非遗保护与传承服务维度，推动非遗多元化阅读推广，激发民众对非遗的兴趣，提升全社会对非遗的认知度和保护意识，深化全社会对人类文明成果的理解与传承。图书馆可运用不同的服务手段，针对不同群体对非遗文化知识的多元化需求，拓展非遗保护传承服务外延，可在"非遗+文艺表演""非遗+展览展示""非遗+体验活动""非遗+故事唱演""非遗+绘画"等方面着力，全面打造非遗保护传承多元化服务新模式。

随着社会的进步，新媒体逐步渗透到社会生活的方方面面，当前用于非遗文化的新技术新模式有 AR、3D 打印技术、VR 全息投影、5G 直播、短视频、话题、聚合页、流量池等方式，这些新媒介是非遗文化传播的新方式、新亮点。图书馆应根据自身条件，利用新科技新媒介和服务的深度融合，通过智能硬件、智慧应用系统的运用和新媒体的多功能宣传，打造科技引领的多功能深层次的非遗资源保存、文化展示展览宣传服务系统，利用互联网、大数据、虚拟现实等现代科技，将非遗文献信息资源转化为可视、可听、可互动的多媒体形态，让公众能够在手机、电脑等各种终端上随时随地接触和了解非遗。例如，开发非遗主题的 APP、网站，制作非遗纪录片、动画短片，构建非遗 VR 体验馆等，使非遗知识变得生动有趣，以获得更多的关注和参与。

3.4　构建非遗跨领域融合环境

在社会的发展进程中，融合发展凸显了重要作用。图书馆应全面提升合作开放度、包容度和多元度，与更多社会组织产生多层次、多维度、多形态链接，构建融合环境，促进资源的优化和整合，推动非遗文化融合互动、高效合作，实现非遗传承发展。第一，图书馆应与政府相关部门、博物馆、档案馆、社区、院校及其他非政府组织建立合作关系，并构建非遗保护传承协同体系，通过资源共建的方式，拓宽非遗传播渠道，共享资源，共同策划和实施非遗保护计划，共同推进非遗的保护与传承。第二，图书馆可寻求与中小学学校的融合，通过"非遗进校园""非遗主题研学""非遗学科嵌入服务"等模式助力学生非遗知识素养的提升。第三，图书馆也可加强与社会非遗传承人工作室的融合，联合开展非遗主题讲座、非遗主题展览展示、非遗口述文献建设等，逐渐形成资源互补、人才交流、项目共建的合作网络，全面提升非遗文化的传承传播。

3.5　助力非遗创新与研究

图书馆不仅是知识的宝库，更是学术创新与研究的重要支撑平台和服务体系，这是图书馆的优势。新时期，图书馆仍然能以其独特的优势从非遗文献信息资源保障、信息服务到科研支持等方面为非遗创新与研究提供全方位、多层次的服务。

一是依托馆藏资源，开拓多渠道文献服务。图书馆应立足文献信息资源优势，依托馆藏资源，以文献线索和佐证保障非遗认定，以原始素材助力非遗传承教材编制，以文献资料助推非遗文化创新创作，以非遗文献信息服务助力非遗科研人员把握领域研究前沿，让非遗文献信息资源真正"活起来"，充分发挥非遗文献信息资源存史、资政、励志、育人及对经济社会发展的重要促进作用。

二是拓展理论思维，推出研究成果。二次文献工作是图书馆开发文献资源的重要途径，是进行情报研究工作的基础。图书馆要加强非遗文献信息资源的二次编研工作，在研究方法方面要有新的开拓，如可进行二次专题文献目录的开发与利用服务、专题文献资料汇编等，全面提升非遗创新与研究，推动非遗文化保护传承。

2022年12月，习近平总书记对非遗保护工作作出重要指示，强调要扎实做好非遗的系统性保护[13]。图书、期刊、报纸、档案、手稿等非遗文献信息资源是非遗资源的重要类型，这些文献信息资源的保护是非遗系统性保护工作的重要一环，更是图书馆参与非遗保护传承的根本和基础，图书馆应充分利用资源优势挖掘、整理和整合非遗文献信息资源，积极开展非遗阅读推广，构建融合环境，提升非遗保护传承服务力度，切实推动非遗的可持续发展，这是图书馆践行新时代非遗传承保护的使命担当，也是贯彻落实《中华人民共和国公共图书馆法》的实际行动。

参考文献

[1] 中共中央办公厅　国务院办公厅印发《关于进一步加强非物质文化遗产保护工作的意见》[EB/OL]. [2024-04-12]. http://www.xinhuanet.com/politics/2021-08/12/c_1127755913.htm.

[2] 詹正发.非物质文化遗产的法律保护[J].武当学刊，1997 (4)：39-41.

[3] 蔡光龙.图书馆保护非物质文化遗产的社会定位[J].图书与情报，2007 (2)：21-22，31.

[4] 康延兴.论图书馆保护非物质文化遗产的职能[J].图书馆建设，2005 (6)：19-21.

[5] 陶琳.公共图书馆与非物质文化遗产的传承和保护——以杭州图书馆对"西湖传说"的保护为例[J].图书情报工作，2013 (6)：103-107.

［6］徐进.公共图书馆应积极参与非物质文化遗产的保护工作——兼谈泰州市图书馆保护非物质文化遗产的实践［J］.图书馆理论与实践，2007，（3）：134-136.

［7］王怀诗，胡文静，张华.非物质文化遗产数字图书馆建设初探［J］.图书馆论坛，2009（6）：147-151.

［8］程焕文，陈润好，肖鹏."后申遗"时代图书馆非物质文化遗产数据库建设进展［J］.图书馆论坛，2018（12）：1-7.

［9］东莞粤剧图书馆.粤剧文献总览［M］.贵阳：贵州人民出版社，2019：前言.

［10］中共中央办公厅　国务院办公厅印发《关于进一步减轻义务教育阶段学生作业负担和校外培训负担的意见》［EB/OL］.［2024-04-12］.http://www.moe.gov.cn/jyb_xwfb/gzdt_gzdt/s5987/202107/t20210724_546566.html.

［11］姚国章.非物质文化遗产的数字化发展及关键技术应用［J］.常州大学学报（社会科学版），2021（4）：106-116.

［12］范并思.从阅读到全民阅读：图书馆阅读推广的理论逻辑［J］.图书馆建设，2022（6）：44-52.

［13］习近平对非物质文化遗产保护工作作出重要指示［EB/OL］.［2024-04-12］.https://www.gov.cn/xinwen/2022-12/12/content_5731508.htm.